DIE GESCHICHTE DER
HINRICHTUNG

Titel der englischsprachigen Originalausgabe:
Hung, Drawn and Quartered

Hambakenwetering 8B
5231 DC 's-Hertogenbosch
Niederlande
www.librero-ibp.com

Ursprünglich herausgegeben von Quid Publishing,
einem Imprint von The Quarto Group

Aus dem Englischen von Markus Roduner
Lektorat: G & R Vilnius, Litauen

Printed in Huizhou, Guangdong, China. TT/Dec/2025

ISBN: 978-94-6359-623-7

FSC
www.fsc.org
MIX
Papier | Fördert gute Waldnutzung
FSC® C016973

DIE GESCHICHTE DER HINRICHTUNG

GEHÄNGT – GEKÖPFT – GEVIERTEILT

Jonathan J. Moore

Librero

INHALT

Einführung

Wenn heute noch öffentliche Hinrichtungen stattfänden – würden Sie hingehen? Würden Sie einen Unterschied machen zwischen der Exekution eines berüchtigten Serienmörders und der Hinrichtung einer jungen Mutter, die aus Verzweiflung ihr Kind getötet hat? Wäre es Ihnen gleichgültig, ob das Leben des Erhängten in Sekundenschnelle endet oder das Blut des Delinquenten umherspritzt, nachdem der Scharfrichter ihn geköpft hat? Auch in Europa und Nordamerika war es noch bis ins frühe 20. Jahrhundert üblich, die Todesstrafe in aller Öffentlichkeit zu vollstrecken; in einigen Ländern wie dem Iran, Saudi-Arabien oder China ist dies bis heute bei bestimmten Delikten der Fall.

Die Hinrichtung im Laufe der Jahrhunderte

Öffentliche Hinrichtungen dienten über Jahrtausende der Durchsetzung staatlicher Gesetze und gesellschaftlicher Konventionen. Schon die Jäger und Sammler exekutierten Stammesmitglieder, die gegen die Stammesregeln verstießen. So bildeten sich bei den australischen Aborigines mit ihrer innigen Beziehung zu ihrer natürlichen Umwelt mit der Zeit Regeln heraus, die auf ein harmonisches Zusammenleben innerhalb des Stammes abzielten. Brach ein Mitglied diese Regeln, so hatte es mit sehr unterschiedlichen Strafen bis hin zur öffentlichen Pfählung zu rechnen. Die antiken Römer legten Wert darauf, Hinrichtungen für ein Massenpublikum zu inszenieren – so stellten sie sicher, dass möglichst viele Bewohner des Reiches wussten, was bei Regelverstößen drohte. Als bekannteste Hinrichtungsmethode der Römerzeit darf die Kreuzigung gelten.

Nach dem Ende des Römischen Reiches tötete die Staatsmacht wieder weniger spektakulär: Europas Könige ließen vermeintliche Feinde und Kriminelle mit einem Minimum an Aufsehen hängen oder enthaupten. Mit dem Ende des Mittelalters kehrte die Theatralik öffentlicher Hinrichtungen zurück, bei denen professionelle Scharfrichter auf unterschiedliche Art und Weise mit roher Gewalt

LINKS: Die Hinrichtung des Märtyrers John Ogilvie, 1615. Seil, Messer und Galgen waren alles, was der Henker damals benötigte.

RECHTS: Die »Terrorherrschaft« der Französischen Revolution (1789–1799) war ein einziges Blutbad: Tausende wurden erhängt, erschlagen und natürlich guillotiniert.

Delinquenten töteten. Erst während der Französischen Revolution zog die Hinrichtung Dutzender Verurteilter die Öffentlichkeit erneut in ihren Bann. Napoleon setzte die Exekution per Guillotine aus, was nicht heißt, dass es nicht trotzdem zu Hinrichtungen gekommen wäre: Der Kleinadlige Louis Antoine Henri de Bourbon, Herzog von Enghien, wurde im März 1804 nach seiner Verurteilung in einem Schauprozess erschossen, was den russischen Zaren in seiner Überzeugung bestätigte, der korsische Tyrann müsse als gottloser Herrscher definitiv gestürzt werden.

Im ausgehenden 19. Jahrhundert fanden Hinrichtungen in weiten Teilen Europas und Nordamerikas bereits hinter verschlossenen Türen statt, nachdem in Frankreich, Großbritannien, den USA und in anderen Ländern die Sensationsgier der Bürger zu Gerangel um die besten Plätze und Krawallen mit Todesopfern geführt hatten. Blutrünstige Diktaturen wie die der Bolschewiken und Nationalsozialisten fanden großen Gefallen an Hinrichtungen unter Ausschluss der Öffentlichkeit, da sie so rücksichtslos gegen Oppositionelle vorgehen konnten. In der NS-Zeit ahnten die Verhafteten der Gestapo, dass ihnen das Fallbeil drohen könnte, während sich die Verhafteten des NKWD in der stalinistischen Sowjetunion darauf gefasst machen mussten, in irgendeinem Keller durch Genickschuss exekutiert zu werden.

In den USA werden bis heute Hinrichtungen vollstreckt, wobei es jetzt nicht mehr darum geht, die Sensationsgier der Menge zu stillen. Dem Verurteilten steht das Recht zu, in zahllosen Gerichtsverhandlungen und Berufungen zu versuchen, sein Leben zu verlängern oder sogar eine Begnadigung zu erwirken. In totalitären Staaten werden Dissidenten und Kriminelle dagegen diskret unter Ausschluss der Öffentlichkeit getötet.

Lebendige Geschichte

Wir können hier die Geschichte der Hinrichtungen natürlich nur in groben Zügen nacherzählen und werden uns dabei auf einige Methoden konzentrieren. Schriften und Bilder aus der Römerzeit vermitteln uns ein genaues Bild vom Schicksal der Verbrecher im Römischen Reich. Dagegen ist aufgrund der spärlichen Quellenlage über die Bestrafungs- und Hinrichtungsmethoden im frühen Mittelalter nur wenig bekannt.

Dank der Erfindung des Buchdrucks wurde von den grausamen Folter- und Hinrichtungsmethoden des ausgehenden Mittelalters und der Renaissance häufiger detailliert berichtet. Dazu gehörten unter anderem Kochen bei lebendigem Leib, Steinigen, Hängen, Ertränken, Ausweiden, Pfählen und Vierteilen. Auf dem

THIS
IS OUR
GOD
WAR ETERNAL WA

OBEN: Instrumente der Hinrichtung waren in Europa omnipräsent. Jede Stadt hatte ihre eigenen Hinrichtungsstätten mit Galgen und/oder Schafott.

europäischen Kontinent wurde meist mit dem Schwert enthauptet, während die Engländer die Axt bevorzugten. Alle genannten Hinrichtungsarten und einige mehr sind in diesem Buch beschrieben.

Seit der frühen Neuzeit kamen »humanere« Hinrichtungsverfahren hinzu, etwa der »lange Fall« beim Hängen in Großbritannien oder das Fallbeil in Frankreich und Deutschland. Auch in den USA wollte man die Qualen der Hinrichtung verringern und entwickelte so den elektrischen Stuhl, die Gaskammer und schließlich die Giftspritze. Ob diese Methoden das Leiden der Delinquenten wirklich gemindert haben, ist zweifelhaft: Einige der furchtbarsten Hinrichtungen in der Geschichte sind verpfuschten Exekutionen zuzuschreiben.

Todesstrafe heute

Die Todesstrafe wird bis heute in vielen Teilen der Welt vollstreckt. 2014 wurden in 54 Ländern etwa 2500 Menschen zum Tode verurteilt und 607 hingerichtet. Die tatsächliche Zahl dürfte durch außergerichtliche Hinrichtungen, die insbesondere Dissidenten betreffen, deutlich höher liegen. In jüngerer Zeit warten etwa 20 000 Verurteilte in den Todeszellen auf ihre Hinrichtung. Am häufigsten werden Todeskandidaten derzeit gehängt, erschossen oder mit der Giftspritze getötet. Die meisten Hinrichtungen vollzogen 2018 China mit über 1000, Iran mit mindestens 253, Saudi-Arabien mit 149, Vietnam mit mindestens 85 und Irak mit mindestens 52.

Neben den genannten Staaten vollstreckten 2018 auch Afghanistan, Ägypten, Belarus, Botswana, Japan, Nordkorea, Pakistan, Singapur, Somalia, Sudan, Südsudan, Thailand und Jemen die Todesstrafe. 108 Länder haben die Todesstrafe abgeschafft; im vergangenen Jahrzehnt exekutierten bis zu 25 von 198 Staaten Verurteilte.

RECHTS: In den USA warten zum Tode Verurteilte nicht selten bis zu zwei Jahrzehnte in der Todeszelle auf die Hinrichtung.

KAPITEL 1

Rohe Gewalt

Schon im alten Rom hatte man eine Vorliebe dafür, Delinquenten mit roher Gewalt hinzurichten. Im europäischen Spätmittelalter und in der frühen Renaissance erreichte diese Praxis ihren Höhepunkt. Einige Scharfrichter erlangten mit ihren Exekutionen sogar eine gewisse Berühmtheit. Man scheute weder Kosten noch Mühen, Hinrichtungen zu publikumswirksamen Events zu machen. Nur die Gesetze, die die dem Verurteilten zugefügten Qualen beschränkten sollten, setzten den Henkern Grenzen.

EIN THEATER DES TODES

Öffentliche Hinrichtungen dienten im alten Rom dazu, Gesetzesbrechern die Folgen ihres Handelns vor Augen zu führen. Mit der Expansion des Römischen Reiches nahmen Raffinesse und Theatralik der Hinrichtungen zu. Im republikanischen Rom durfte ein Sklavenhalter jeden seiner Sklaven unter einem beliebigen Vorwand öffentlich hinrichten lassen. Zu den Arten, wie die in Ungnade gefallenen Sklaven den Tod fanden, gehörte die *damnatio ad bestias* (Verurteilung zu den wilden Tieren), bei der die Unglücklichen von Pferden zertrampelt oder von Wildschweinen zerfleischt wurden. 61 n. Chr. regelte der berühmt-berüchtigte Kaiser Nero diese Form der Bestrafung und verfügte, dass dafür ein Gerichtsbeschluss erforderlich sei.

Während der Römischen Republik wurde der »Verwandtenmord« (lateinisch: *parricidium*) mit der sogenannten »Säckung« geahndet. Dabei wurde der Verurteilte zunächst ausgepeitscht, dann sein Kopf mit einem Wolfspelz bedeckt und schließlich Hände und Füße fest zusammen gebunden. Anschließend steckte man ihn mit einem Tier, etwa einer Schlange, einem Hahn, einem Hund oder einem Affen, in einem Ledersack, den man vernähte. Der Sack wurde schließlich in einen Fluss oder See geworfen, wo das Opfer, malträtiert von seinem tierischen Leidensgenossen, ertrank.

In der 27 v. Chr. beginnenden Römischen Kaiserzeit wichen diese eher provinziell anmutenden öffentlichen Belustigungen organisierten Massentötungen – die Herrscher suchten die Gunst des Publikums mit blutigen Spektakeln zu erlangen und so den Pöbel bei Laune zu halten. Während dem Adel entstammende Verbrecher kurzerhand geköpft wurden (falls sie sich nicht schon selbst »ins Schwert gestürzt« hatten), ging man mit Vertretern des einfachen Volkes deutlich rücksichtsloser um.

Bei Gladiatorenkämpfen denken wir zuerst an das berüchtigte Kolosseum in Rom, doch Amphitheater im ganzen Reich dienten als Bühne tödlicher Schauspiele. So ist aus Pompeji die Ankündigung von Hinrichtungen

UNTEN: Der Tod war im Römischen Reich allgegenwärtig. Brutale Hinrichtungsarten wie die *damnatio ad bestias* wurden oft öffentlich vollzogen.

OBEN: Die Beliebtheit eines römischen Kaisers konnte auch von der Anzahl der im Kolosseum zu Tode gekommenen Menschen abhängen.

erhalten, nach der an einem 5. und 6. Oktober vierzig Gladiatoren in Cumae kämpfen sollten – nebst Kreuzigungen und einer »Tierhetze« (*venatio*). In den Pausen wurden oft geflohene Sklaven, Diebe oder Verräter hingerichtet, während das Publikum zuschaute oder die Toiletten aufsuchte. Besonderen Gefallen an diesen »Pausenvergnügungen« fand Kaiser Claudius, der von 41 bis 54 n. Chr. regierte. Zunächst wurden des Mordes überführte Bürger hingerichtet – meist schnell mit einem Schwerthieb in die Eingeweide oder den Kopf (*ad gladium*). Bei Nichtbürgern erwartete das Publikum ein größeres Spektakel: Sie wurden gekreuzigt, verbrannt (*ad flammas*) oder wilden Tieren vorgeworfen. Hinrichtungen zur Unterhaltung des Volkes waren bis ins 7. Jahrhundert n. Chr. im Römischen Reich verbreitet. Da das Publikum auch schon damals nach immer neuem Nervenkitzel gierte, ließen sich die für die Tötung der Gefangenen Verantwortlichen regelmäßig neue Methoden einfallen – sonst landeten auch sie in der Arena. Ein wichtiges Element des Spektakels war stets die Demütigung der Verurteilten – die Zuschauer sollten nur noch Verachtung für sie empfinden.

Die Tötung mit dem Schwert kannte zahlreiche Formen. Wer Glück hatte, wurde als römischer Bürger von einem Profi in Windeseile enthauptet. Das Ganze konnte aber auch langsamer und qualvoller ablaufen: So ließ man zwei Gefangene, die oft über kein oder nur wenig Erfahrung verfügten, mit Schwertern ohne Rüstung miteinander kämpfen, bis einer tot war. Der Sieger musste ohne Verschnaufpause gegen einen weiteren Verurteilten antreten, und das immer weiter, bis kein weiterer Gegner mehr vorhanden war. Aber selbst dem letzten Sieger wurde keine Gnade zuteil – ein gepanzerter Berufsgladiator tötete ihn auf Befehl. Bei einer Variante wurde der eine Verurteilte unbewaffnet und nur im Lendenschurz vom anderen gejagt und getötet, worauf jener sein Schwert abgeben musste und selbst zum Gejagten wurde.

Tiere wurden so abgerichtet, dass sie ihre Opfer, meist Sklaven und Nichtbürger, angriffen. Ursprünglich kam diese Hinrichtungsart beim Militär zur Anwendung: Elefanten zertrampelten gefesselte Deserteure. In der Arena nahm die *damnatio ad bestias* vielfältige Formen an: Zum Beispiel wurden die Gefangenen im Gänsemarsch in Ketten und Halseisen in die Arena geführt, bevor die gefräßigen wilden Tiere auf sie losgelassen wurden. Oder man band die Sklaven an Pfähle und fuhr sie auf Miniaturwagen in die Arena, wo schon die Leoparden und Löwen auf sie warteten. Bei einer weiteren Abart band man den Verurteilten blutige Felle um den Oberkörper, damit sie ein Rudel wilder Hunde anfiel und zerfleischte.

Andere Verurteilte brachte man starr vor Angst mit gefesselten Händen zu den Raubtieren in die Arena. Oder die zum Tode Verurteilten wurden nackt auf den Rücken von Stieren gebunden, worauf Leoparden Tier und Mensch zerfleischten.

Da bei der Kreuzigung der Tod erst nach längerer Zeit eintrat, dürfte sie in der Arena mit anderen Methoden kombiniert worden sein. So rissen Raubtiere mit ihren Fängen Fleischstücke aus Rumpf und Beinen der am Kreuz Hängenden oder man verbrannte sie zugleich bei lebendigem Leib (*damnatio ad flammas*).

UNTEN: Unzählige Christen wurden in römischen Amphitheatern von Raubtieren zerfleischt. Und falls jene nicht taten, was man von ihnen erwartete, wurden ihnen die Trainer zum Fraß vorgeworfen.

RÄDERN

Das insbesondere im Heiligen Römischen Reich praktizierte Rädern (auch: Radebrechen) blieb unter anderem in Bayern, Kurhessen und Preußen bis ins 19. Jahrhundert in Gebrauch. Bei dieser Hinrichtungsart konnte die Dauer im Voraus festgelegt werden. So bestimmte ein Richter in Toulouse 1762, dass Jean Calas, ein für den Mord an seinem Sohn verurteilter Kaufmann, erst nach zwei Stunden Knochenbrechen den Gnadenstoß erhalten sollte. In einigen Fällen soll das Opfer sogar mehrere Tage weitergelebt haben.

Zuerst wurde der Verurteilte so auf ein großes Wagenrad gebunden, dass seine Glieder zwischen den Speichen zu liegen kamen. Dann brach der Scharfrichter diese der Reihe nach an mehreren Stellen mit langen Eisenstangen. Da er den Verurteilten erst nach der im Urteil der städtischen oder fürstlichen Gerichte bestimmten Zeit zu Tode bringen durfte, musste er lebenswichtige Organe schonen und den Blutverlust möglichst gering halten. Deshalb wurden oft zuerst die Oberschenkel- und Oberarmknochen gebrochen, gefolgt von Schienbeinen und Handgelenken, da hierbei die Gefahr eines Blutverlustes durch Splitter beim Zertrümmern mehrerer Knochen deutlich größer war. Die Höllenqualen, die der Verurteilte dabei erlitt – und das noch bevor der Henker Kniescheiben, Ellbogen und Hände mit seinen Eisenstangen in Angriff nahm –, kann man sich kaum ausmalen.

Das Radebrechen »von unten« sollte das Leben bei maximalen Qualen verlängern. Dabei wurden Füße, Beine, Hände und Arme der Reihe nach zerschmettert, bevor ein tödlicher Schlag auf den Hals oder Kopf erfolgte. Das Opfer war meist schon bewusstlos oder tot, bevor alle Gliedmaßen zertrümmert waren. Die Richter legten in ihrem Urteil das anzuwendende Verfahren im Voraus fest – zum einen, damit die Strafe dem verübten Verbrechen angemessen wäre, zum anderen unterschied sich auch das Entgelt des Scharfrichters für die Exekution je nach angeordneter Methode. So erhielt 1782 ein serbischer Scharfrichter 20 Gulden für eine Hinrichtung durch Rädern »von unten« und 18 Gulden für eine »von oben«.

OBEN: Gerädert zu werden war eine äußerst qualvolle Art zu sterben und fand stets unter den Augen einer gaffenden Öffentlichkeit statt.

LINKS: Die heilige Katharina von Alexandrien (3. oder frühes 4. Jahrhundert) wurde zum Tod durch das Rad verurteilt. Der Legende zufolge zertrümmerte jedoch ein Engel die Räder. Letztendlich enthaupteten sie die Römer.

Nach Ablauf der festgelegten Zeitspanne setzte der Scharfrichter dem Leben des Übeltäters auf unterschiedliche Weise ein Ende. Dazu reichten meist einige Schläge auf die Brust über dem Herzen, doch wesentlich effektvoller war das Abschlagen des Kopfes mit der halbmondförmigen Klinge eines Richtrads. Bei dieser »Showvariante« wurde der Leichnam mit der Klinge in Stücke gehackt, die man noch dampfend auf dem Rad auftürmte und zur Schau stellte. Manchmal wurden die zerhackten Gliedmaßen auch auf das Rad geflochten und der Kopf auf einen Dorn an der Nabe aufgespießt, bevor man jenes an einer Stange emporhievte. So sah die deutsche Version des Galgens (siehe Seite 25) aus. Viele der Schaulustigen werden sich wohl Besserung gelobt haben, damit sie nicht dasselbe Schicksal ereilte. Manchmal wurde anstelle der Eisenstange auch ein kleines Richtrad verwendet, um die Gliedmaßen zu brechen.

In Frankreich konnten barmherzige Richter dem Urteil ein Retentum hinzufügen, eine geheime Unterklausel, der zufolge der Verurteilte nach einigen Schlägen heimlich erdrosselt wurde. Als pures Gegenteil eines Retentums präsentiert sich die in Russland, der Türkei und in Teilen Osteuropas praktizierte Form des Räderns. Der Henker brach dort dem auf dem Rad sitzenden Verurteilten die Gliedmaßen mit einem Schlägel (Holzhammer). Anschließend verdrehte er sie, bis er sie durch die Speichen auf das Rad flechten konnte. Auf Illustrationen zeigen Oberkörper und Kopf nicht selten in eine Richtung, die Gliedmaßen dagegen in die entgegengesetzte. Das Rad mit dem noch lebenden Verurteilten wurde auf einen im Boden verankerten hohen Pfahl gehoben. Es folgte ein langsamer, qualvoller Tod – noch verschlimmert durch Vögel, die dem auf das Rad Geflochtenen die Augäpfel herauspickten.

LINKS: Sobald die Knochen gebrochen waren, wurden die Glieder auf das Rad geflochten und der Kopf oft auf den Dorn in der Mitte aufgespießt.

Pranger

Die öffentliche Demütigung sollte das Verhalten der Menschen in der Stadt beeinflussen. Auch wenn diese Form der Bestrafung nicht der Hinrichtung diente, waren die Verurteilten am Pranger der Willkür des Pöbels ausgesetzt, was durchaus tödlich enden konnte.

Der Pranger in den Dörfern und Städten Europas sah mitunter sehr verschieden aus, aber das zentrale Loch für den Kopf und je ein kleineres Loch zu beiden Seiten für die Handgelenke fehlten nie. Letztere verhinderten, dass der Täter seinen Kopf vor Wurfgeschossen schützte. Manchmal nagelte man auch die Ohren an das aufklappbare Holzbrett, damit der Übeltäter sich nicht ducken konnte. Mit fixiertem Hals und Handgelenken, manchmal auch Beinen, erlitt er qualvolle Krämpfe. Bei kleinen Verurteilten konnte es am Schandpfahl auch zum langsamen Tod durch Ersticken kommen. Die Pranger standen meist auf dem Marktplatz und dienten auch als äußeres Zeichen der Gerichtsbarkeit einer Stadt. In Schottland hatte der Pranger, dort *juggs* genannt, die Form eines einfachen Halseisens, mit dem der Verurteilte an eine Kirchenwand oder einen Baum gekettet wurde. Ein Vorhängeschloss verhinderte sein Entkommen.

In England und seinen Kolonien kamen auch die beweglichen *stocks* (Stöcke) zur Anwendung, zwischen denen die Knöchel eingeklemmt waren. Der an den Pranger Gestellte musste je nach Ansehen in der Gemeinschaft mit unterschiedlichen tätlichen Angriffen rechnen. Seine Mitbürger bewarfen ihn mit verdorbenen Lebensmitteln, Tierdärmen, toten Katzen, menschlichen Exkrementen oder auch Steinen und Ziegeln. Einen unbewachten Verurteilten konnte ein jeder verprügeln, der einen Groll gegen ihn hegte. Bei den so geahndeten Vergehen handelte es sich meist um Bagatelldelikte wie den Verkauf von Gammelfleisch oder sonstiges Übervorteilen von Kunden. Auf schwerere Vergehen standen andere Strafen. Manchmal wurden am Pranger Stehende auch gebrandmarkt, oder man schnitt ihnen Ohren oder Finger ab. Einige Pranger, wie der auf der geschichtsträchtigen Kreuzung Charing Cross in London, ermutigten geradezu zur Gewalttätigkeit. Der Verurteilte saß hier nicht in Bodennähe, sondern war am Pranger festgebunden, der seinerseits auf einem Podest stand, und wurde so zur verlockenden Zielscheibe.

Kochen bei lebendigem Leib

Diese äußerst qualvolle Hinrichtungsart war kennzeichnend für das England der Tudorzeit (1485–1603). Dabei wurde ein Kessel mit Wasser, Öl, Talg oder geschmolzenem Blei gefüllt und der Verurteilte entweder sofort eingetaucht oder erst, wenn man die Flüssigkeit zum Kochen gebracht hatte. Alternativ briet man ihn in einer zur Hälfte mit Öl gefüllten großen Pfanne langsam zu Tode.

Richard Roose oder Rice, der Koch des Bischofs von Rochester, wurde 1531 in London bei lebendigem Leib gekocht, weil er einem Kessel mit Brei Gift beigemischt und so 19 Menschen ermordet hatte. In England dachte man bei dieser Hinrichtungsart später meist an einen Giftmord. Der englische König Heinrich VIII. verurteilte Roose außergerichtlich zum Tode – ohne Anspruch auf den Schutz der Kirche (ein Rechtsmittel, mit dem Verurteilte der Todesstrafe entgehen konnten). Da Roose in kühles Wasser gelegt und dieses ganz langsam erhitzt wurde, dauerte es zwei qualvolle Stunden, bis er tot war. Die zeitgenössische *Chronik der Greyfriars* berichtet,

Kein Blutvergießen

Im Mittelalter kochten die Mongolen Anführer bei lebendigem Leib, damit kein Blut vergossen und sie nicht entehrt wurden. Dschingis Khans Rivale Jamukha Gurkhan (gest. 1204) ließ 70 Adlige in je einem Kessel kochen. Einen feindlichen Anführer, den er besonders hasste, ließ er dagegen enthaupten und den Rumpf als Zeugnis seiner Verachtung von einem Pferd über den Boden schleifen.

Die Mongolen kannten mehrere Hinrichtungsmethoden ohne Blutvergießen. So nähte man einer Adligen, die man eines Komplotts gegen Dschingis Khan (ca. 1162–1227) beschuldigte, alle Körperöffnungen zu, bevor man sie in eine Decke gewickelt in einen Fluss warf. Als sich Rukn ad-Din Churschah, Imam der Nizariten (einer ismailitisch-schiitischen, im christlichen Mittelalter als Assassinen bekannten Glaubensgemeinschaft) 1256 den Mongolen ergab, wurden die Wachen mit dem Schwert getötet, während man den Imam zu Tode prügelte, ohne seine Haut zu verletzen. Nach der verlorenen Schlacht an der Kalka ergaben sich die Adligen aus der Rus unter der Bedingung, dass kein Blut vergossen würde. Die Mongolen hielten Wort: Sie fesselten sie, warfen einen auf den anderen in eine Grube und legten eine schwere Holzplattform auf den Menschenstapel. Auf dieser feierten die Mongolenführer ihren Sieg, während ihre Gegner zu Tode gequetscht wurden.

Roose sei in Ketten gelegt und an einem Galgen wiederholt emporgezogen und heruntergelassen worden, bis er tot war. Nach dieser Hinrichtung ließ die Obrigkeit mehr »Barmherzigkeit« walten und die Verurteilten direkt in kochendes Wasser tauchen.

OBEN: Der japanische Geächtete Goemon Ishikawa wurde 1594 samt Familie vor einem buddhistischen Tempel bei lebendigem Leib gekocht.

Im 14. Jahrhundert wurde in Europa die Todesstrafe durch Kochen in siedendem Öl für Falschmünzerei und Münzverschlechterung eingeführt. Im Museum de Waag im niederländischen Deventer steht noch der Kessel, in dem unter anderem der Münzmeister der dortigen Münzstätte 1434 sein Ende gefunden haben soll.

Lebendig begraben/Ertränken

Diese Arten der Todesstrafe standen im Mittelalter auf Kindsmord und ähnliche Verbrechen. Einigen Berichten zufolge wurden Frauen in Mitteleuropa aber auch noch im 17. Jahrhundert lebendig begraben oder ertränkt. Zu dieser Zeit war eine formelle Trauung mit Eheversprechen in Anwesenheit eines Kirchenvertreters noch nicht Pflicht, sondern es reichte auch ein einfacher Ehevertrag, gefolgt vom Vollzug der Ehe (*consummatio*), um Mann und Frau in einer rechtsgültigen Ehe zu verbinden. Allerdings missbrauchten viele Männer diese eher informelle Regelung, indem sie junge Frauen ins Bett lockten und sie dann fallen ließen. Angesichts des drohenden Verlustes der bezahlten Anstellung griffen diese jungen Frauen, wenn sie schwanger wurden, aus Verzweiflung nicht selten auf den Kindsmord zurück – ein Verbrechen, das mit dem Tod bestraft wurde. Da der Anblick der Unterwäsche einer Frau oder gar ihres nackten Unterleibs die Schaulustigen hätte schockieren können, wurden Kindsmörderinnen nicht gehängt, sondern unter dem Galgen oder an Kreuzungen lebendig begraben.

Natürlich kämpften viele verurteilte Frauen gegen diesen langsamen und qualvollen Tod an. Um 1500 soll in Nürnberg eine Verurteilte sich so heftig gewehrt haben, dass sie sich große Hautfetzen von Armen, Händen und Füßen riss, während andere auf den Henker einschlugen. Allzu widerspenstige Verurteilte fesselte man und trieb einen Holzpflock durch ihr Herz.

Viel häufiger aber band man die verurteilte junge Frau in einen Hanfsack und warf sie in ein Gewässer – von einem Boot aus, wie in der Schweiz, oder von einem eigens dafür gebauten Steg wie in Nürnberg. Allerdings verliefen auch solche Hinrichtungen nicht immer reibungslos, denn wenn sie sich wehrte, konnte man die Verurteilte nur mit viel Mühe unter Wasser halten. Im 16. Jahrhundert soll in Nürnberg die Stange des Henkersgesellen gebrochen sein, sodass die Verurteilte immer wieder laut schreiend auftauchte und erst nach einer knappen Dreiviertelstunde ertrank. Daselbst soll sich um 1500 eine Verurteilte unter Wasser aus dem Sack befreit haben und zum Hinrichtungssteg zurückgeschwommen sein. Sie sagte, sie habe nur überlebt, weil sie zuvor vier Liter Wein getrunken habe. Die Obrigkeit ließ sich jedoch nicht davon beeindrucken und verurteilte sie dazu, lebendig begraben zu werden.

Besonders grausam verlief 1588 die Hinrichtung von Margaretha Hörnlein, die wegen Beihilfe zum Mord an zwei Neugeborenen ertränkt wurde. Sie war die Frau von Georg Hörnlein, der mit seinem Komplizen Jobst Knau und anderen Kumpanen durch die fränkischen Wälder zog, um Wanderer und Bürger zu überfallen, auszurauben und zu ermorden. Eine ihrer Gefährtinnen

LINKS: Auf den Marktplätzen europäischer Städte erledigte man nicht nur seine Einkäufe, sondern begaffte auch brutale Hinrichtungen

OBEN: Manche christlichen Märtyrer wurden nicht Raubtieren zum Fraß vorgeworfen, sondern gefoltert und ertränkt.

gebar in Hörnleins Haus ein Kind, und Knau taufte es, um ihm dann bei lebendigem Leib die Hand abzuschlagen, die Kehle durchzuschneiden und den armen Säugling im Garten zu verscharren. Als später Margaretha ein Kind gebar, erwürgte Knau dieses ebenfalls und schlug ihm die Hand ab. Nach der Tat versorgte Margaretha die Räuberbande weiter mit Essen und Alkohol, in der Hoffnung, dass sie das Geschehene nicht melden würden. Darauf ließ der Nürnberger Rat für Margaretha die Strafe durch Ertränken wieder in Kraft treten, die er erst kürzlich abgeschafft hatte, während die Männer der Bande schon nach zwei Schlägen mit einer brennenden Zange auf dem Rad den Tod fanden.

Die Begründung, die Knau und Hörnlein unter Folter für das Abschneiden der Hände angaben, zeugen von altem Aberglauben. Sie behaupteten, die Hand eines neugeborenen Jungen bringe Glück und mache, wenn man sie acht Tage lang – vorzugsweise in einer Scheune – vergrub, als Talisman den Träger unsichtbar. Knau hatte schon oft davon Gebrauch gemacht und die kleinen Finger als Kerzen benutzt, um bei einem Einbruch nicht ertappt zu werden. Hörnlein hatte zudem ein Stück Henkerseil gestohlen, denn er glaubte, so könnten Schüsse ihn nicht mehr verletzen.

Vielerorts trat die Enthauptung an die Stelle des Ertränkens, wobei die Köpfe der Frauen ans Schafott genagelt wurden. Zuletzt schufen die Schweiz und Böhmen, nach anderen Quellen Russland und Island, den Tod durch Ertränken als Strafe ab.

GIBBETING

Das Gibbeting diente ursprünglich der öffentlichen Hinrichtung. Verräter, Mörder und Vatermörder wurden in eiserne Käfige gesteckt und an der Stadtmauer oder auf dem Marktplatz aufgehängt, bis sie verhungerten oder erfroren. In Europa wurde das Gibbeting als Hinrichtungsmethode im 17. Jahrhundert abgeschafft, in der Folge diente es nur noch der Zurschaustellung der Leichen von hingerichteten Schwerverbrechern. Wenn der Schmied auftauchte und sie vermaß, wussten die zum Tode Verurteilten, dass ihre Zeit bald abgelaufen war. Für die zur Schau Gestellten brauchte man keinen Sarg, denn sie wurden meist am Fuß des Galgens begraben, sobald ihre Überreste verwest waren, oder man verstreute ihre nackten Knochen in der Umgegend. Nicht selten wurden die Verurteilten am Ort ihres Verbrechens zur Abschreckung aufgehängt.

Das Gibbeting fand im gesamten Britischen Weltreich Anwendung. So wurden Ankömmlinge zur See im tasmanischen Hobart um 1815 von den sterblichen Überresten von John (oder James) Whitehead, dem Anführer einer berüchtigten Bande von Bushrangern, begrüßt, zu dem sich schon bald Richard McGuire, ein weiteres Bandenmitglied, gesellte. Die beiden hingen eine Zeit lang an Galgen auf Pinchgut Island, bevor man sie in die Nähe der Stadt verlegte, damit alle Bewohner der Strafkolonie ihre verrottenden Leichen sahen.

Als Letzter im Empire wurde John McKay im Mai 1837 derart zur Schau gestellt. Das Gibbeting war zwar seit einigen Jahren abgeschafft, aber McKays kaltblütiger und brutaler Mord an Joseph Edward Wilson bewegte den tasmanischen Gouverneur dazu, die Strafe wiedereinzuführen. Die Leiche wurde in der Nähe der Hauptstraße bei der Kleinstadt Perth in einem eisernen Kasten an einem sieben Meter hohen Galgen aufgehängt. Schon bald aber schlug die Schaulust in Abscheu um, denn ganze Fliegenschwärme drangen in benachbarte Häuser ein. Die Anwohner baten

RECHTS: **Piraten hängte man zur Warnung in der Nähe von Wasserstraßen zur Abschreckung aus – so auch Captain William Kidd 1701 in England.**

um die Entfernung der Überreste, doch die Behörden ließen McKay erst im September begraben.

In anderen europäischen Ländern ging man noch teuflischer vor. Über dem »schwarzen Loch«, der Folterkammer der Prager Burg hängt ein Galgen mit verstellbaren Bein- und Armschellen. Der Verurteilte wurde aus dem Loch hochgezogen und mit allerlei barbarischen Instrumenten gefoltert, bevor er samt Galgen wieder darin verschwand.

Enthauptung mit dem Beil

Die seit der Antike weitverbreitete Enthauptung mit Beil/Axt oder Schwert ist in wenigen Ländern auch heute noch vom Gesetz vorgesehen. In Hollywood-Filmen erscheint der Scharfrichter meist als muskulöser Hüne mit Lederhaube, der seine riesige Axt wie ein Profi schwingt und den Kopf des fügsamen Gefangenen mit einem einzigen kräftigen Hieb mühelos vom Körper trennt.

Nichts könnte weiter von der Wahrheit entfernt sein. Oft war der Henker ein Kleinkrimineller oder Landstreicher, den man von der Straße holte und mit Alkohol vollgepumpt mit einer Aufgabe betraute, die aus Angst vor Vergeltung niemand übernehmen wollte (die Lederkapuze bietet keinen narrensicheren Schutz vor dem Erkanntwerden). So wird denn auch von zahlreichen grauenvollen Fiaskos berichtet. Nicht nur der Henker konnte betrunken und/oder unerfahren sein, sondern auch die Axt stumpf, sodass die Tortur entsprechend länger dauerte. Das nicht gerade handliche und schlecht ausbalancierte Richtbeil verdrehte sich im Laufe der Bewegung gern, sodass der Henker den eher kleinen Nacken nicht selten verfehlte. Infolge des Rückstoßes des Richtblocks oder falls das Opfer sich bewegte, musste der Henker neu zielen. Brachten die Hiebe auf die zähen Sehnen des Halses nicht den gewünschten Erfolg, versuchte der Henker die Axt mit einer sägenden Bewegung

LINKS: Der Duke of Somerset wurde 1471 auf Geheiß des englischen Königs Eduard IV. enthauptet.

OBEN: Die Gräfin von Salisbury war für ihr Alter sehr rüstig. Der Henker brauchte viele Anläufe, um sie zu enthaupten.

und unter Einsatz seines Körpergewichts durch den Hals zu treiben. Die Enthauptung war im Grunde genommen Adligen Verurteilten vorbehalten, da sie als ehrenvoller galt als das Hängen – allerdings war das kaum ein Grund, sich glücklich zu schätzen.

Auch das Opfer der Hinrichtung konnte einem »sauberen Tod« im Weg stehen. Margaret Pole, Gräfin von Salisbury, war fast 70 Jahre alt, als sie 1541 aufgrund von vermutlich gefälschten Beweisen wegen Hochverrats zum Tod durch das Beil im Tower von London verurteilt wurde. Die zuvor zwei Jahre lang bei Wasser und Brot im Tower eingesperrte Katholikin blieb sich bis zum Ende treu. Sie weigerte sich, den Kopf auf den Richtblock zu legen, und erklärte dem Henker: »So sollten es Verräter tun, und ich gehöre nicht zu ihnen.« Wenn er ihren Kopf wolle, so müsse er ihn sich schon selbst holen. Der Henker jagte sie wie besessen herum, schlug wild auf sie ein und überwältigte sie schließlich nach einem wahren Marathon.

RECHTS: Die Sammlungen vieler europäischer Museen enthalten Richtbeil und -block – klobige und grob behauene Hinrichtungsinstrumente.

Ganz anders verhielt sich Catherine Howard, die fünfte Frau Heinrichs VIII. Sie wollte so würdevoll wie nur möglich sterben. Als Königin konnte sie darauf bestehen, dass ihre Hinrichtung 1542 in der Abgeschiedenheit des Tower Green im Londoner Tower erfolgte. Außerdem forderte sie, möglichst viele Generalproben abzuhalten. So wurde der Richtblock in der Nacht vor ihrer Enthauptung in ihre Gemächer gebracht, damit sie so lange üben konnte, sich dem Block zu nähern, zu beten und ihren Hals darauf zu legen, wie sie brauchte, um den Ablauf sicher zu beherrschen. Am Tag der Hinrichtung fiel denn auch ihr Kopf schon beim ersten Axthieb.

Eine ähnliche Gelassenheit im Angesicht des Todes musste Thomas Howard, 3. Duke of Norfolk, an den Tag legen, der 1572 wegen Hochverrats an Königin Elisabeth I. zum Tode durch das Richtbeil verurteilt wurde. Viermal wurde seine Hinrichtung anberaumt und wieder abgesagt – Howard bereitete sich jedes Mal auf den Tod vor. Erst beim fünften Termin wurde er schließlich im Juni 1572 hingerichtet.

Der Tower Hill diente mindestens von 1381 bis 1747 als Hinrichtungsstätte. Zwei völlig verpfuschte Hinrichtungen verdienen besondere Erwähnung: Als erste die von James Scott, 1. Duke of Monmouth, der 1685 wegen Rebellion gegen seinen Halbbruder König Jakob II. zum Tode verurteilt wurde. Er erniedrigte sich zwar selbst und flehte vor seiner Verurteilung um Gnade, schritt aber würdevoll zum Schafott, wo er darum bat, die Tauglichkeit der Axt überprüfen zu dürfen. Er strich mit den Fingern über die Klinge und gab die Axt an den Henker Jack Ketch zurück, worauf dieser jedoch alles verpfuschte. Seinen ersten Schlag führte Ketch so ungeschickt, dass James aufstand, sich umdrehte und ihn vorwurfsvoll ansah. Auch mehrere weitere Schläge gelangen nicht – am Ende musste er James' Kopf mit einem Messer abtrennen. Ketchs Name wurde zum Synonym für den Tod, den Teufel und den Henker.

Mazzolata

Die am längsten im Kirchenstaat praktizierte Form der Mazzolata erforderte keinerlei Geschicklichkeit seitens des Henkers: Der Verurteilte wurde auf das Schafott gebracht und mit dem Kopf auf einem Block festgenagelt. Anschließend versetzte ihm der Henker einen Schlag mit dem Streitkolben, der Axt oder dem Hammer. Falls der Schädel nicht eingeschlagen war und das Opfer noch lebte, schnitt er ihm wie einem Schwein die Kehle durch, bevor man ihn in den bereitstehenden Sarg legte. Im Kirchenstaat sprach man natürlich ein Gebet für die Seele des armen Unglücklichen, bevor ihm der Kopf eingeschlagen wurde.

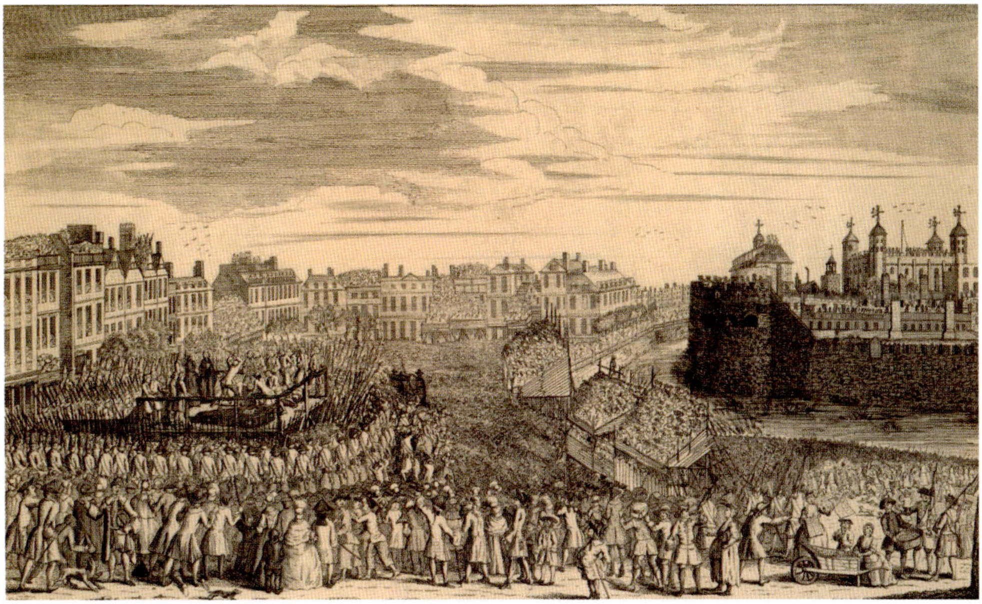

OBEN: Auf dem Tower Hill in unmittelbarer Nachbarschaft des Tower von London wurden Verräter und Adlige hingerichtet. Gewöhnliche Verbrecher ließen ihr Leben dagegen in Tyburn. Dieser Stich zeigt die Hinrichtung von Rebellen nach dem Jakobitenaufstand von 1745 bis 1746.

Während Ketch zumindest auf eine langjährige Berufserfahrung zurückblicken konnte, qualifizierte John Thrift allein seine Verurteilung als Mörder für diesen Job. Als er vor die Wahl gestellt wurde, Scharfrichter zu werden oder am Galgen sein Leben zu lassen, entschied er sich natürlich für Ersteres. Die Lords Balmerino und Kilmarnock, die als Beteiligte des gescheiterten Jakobitenaufstands von 1745 versucht hatten, die im Exil lebende Stuart-Dynastie auf den britischen Thron zurückzubringen, landeten als Erste auf seinem Richtblock. Kilmarnock musste Thrift mehrmals auffordern, sich doch zusammenzureißen. Nach Betreten des Schafotts fiel der Henkersnovize in Ohnmacht, musste mit Wein wieder zur Besinnung gebracht werden, ließ die Axt fallen, brach erst in Tränen aus und dann erneut zusammen, wofür er die beiden Lords um Vergebung bat. Schließlich gelang es ihm, Kilmarnock mit einem Hieb zu köpfen, während er bei Balmerino deren drei brauchte.

ALS KÖNIGIN KONNTE SIE DARAUF BESTEHEN, DASS IHRE HINRICHTUNG 1542 IN DER ABGESCHIEDENHEIT DES TOWER GREEN IM LONDONER TOWER ERFOLGTE. AUSSERDEM FORDERTE SIE, MÖGLICHST VIELE GENERALPROBEN ABZUHALTEN.

OBEN: Der englische König Karl I. hatte das Glück, vom professionell agierenden Henker Richard Brandon hingerichtet zu werden.

Dagegen darf die 1649 erfolgte Enthauptung König Karls I. durch Richard Brandon und seinen Gehilfen William Lowen nach seiner Niederlage im englischen Bürgerkrieg als beispielhaft gelten. Brandon hatte offenbar aus Vorsicht einen nur zehn Zoll hohen Block bestellt und ließ vier große Ösen auf dem Schafott anbringen, damit er den König am Boden festzurren lassen konnte, falls er Widerstand leistete. Jener aber zeigte große Würde. Er verteilte Geschenke an Adlige, gab Brandon einen Wecker und erteilte seine letzten Anweisungen. So solle Brandon erst zuschlagen, wenn er die Arme ausgestreckt habe. Der König zog eine weiße Satinkappe über, unter die er sein langes Haar steckte, um den Hals zu entblößen. Bevor er den Kopf auf den Block legte, wies er den Henker an, seine Arbeit sauber zu erledigen, was Brandon mit einem Nicken quittierte. Karl brachte seinen Hals in Position und begann zu beten. Er rief: »Wartet auf das Zeichen! Wartet auf das Zeichen!« Es folgte eine Pause, bevor er seine Arme weit ausstreckte. Brandon erfüllte seine Pflicht mit tödlicher Präzision. »Und so flog sein Kopf mit einem Schlag von seinen Schultern.« Lowen hob in anmaßender Überschreitung seiner Kompetenzen den Kopf an den Haaren empor und rief der klagenden Menge zu: »Seht den Kopf eines Verräters.« Brandon sammelte die mit dem königlichen Blut vollgesogenen Sägespäne ein und verkaufte sie als Souvenir.

Der Parlamentsführer und spätere Lordprotektor des Commonwealth Oliver Cromwell suchte den Leichnam auf, während er noch auf die Beerdigung wartete, und hob den Kopf in die Höhe. 1813 wurde Karls Grab auf Schloss Windsor neben dem von Heinrich VIII. und Jane Seymour versehentlich geöffnet und der Tote inspiziert. Der Schnitt der Axt war auf dem gut erhaltenen Leichnam noch deutlich zu sehen, und es gab Hinweise darauf, dass auch nach der Beerdigung noch Blut ausgetreten war. Der königliche Arzt Sir Henry Halford nahm eine Haarlocke als Andenken mit – ebenso den freigelegten vierten Wirbel, aus dem er einen Salzstreuer herstellen ließ. Als Königin Victoria nach drei Jahrzehnten davon erfuhr, forderte sie Halford empört auf, ihn an seinen rechtmäßigen Platz zurückzubringen.

Verdeckter Einsatz

Die Massen liebten das Schauspiel der Hinrichtungen, aber der Henker hatte eine zuweilen undankbare Aufgabe. Wenn die Schaulustigen der Meinung waren, dass er seine Sache nicht gut machte, taten sie ihren Unmut kund oder lynchten ihn in einigen Fällen sogar. Außerdem wurden Henker gern mit Schimpfwörtern und allen möglichen Dingen beworfen. Kein Wunder also, dass sie sich vor dem Erkanntwerden schützten. So trug 1554 der Henker von Lady Jane Grey, der blaublütigen Teenagerin, die man dazu überredet hatte, sich zur Königin zu erklären, um nur neun Tage später abgesetzt zu werden, ein eng anliegendes schwarzes Wollgewand mit einer Teufelsmaske, die sein Gesicht bedeckte, sowie eine schwarze Kapuze. Andere Scharfrichter machten ihre Gestalt unkenntlich, indem sie unter Umhängen und Gewändern Körbe auf dem Rücken trugen, die ihnen ein buckliges Aussehen verliehen und sie auch vor Wurfgeschossen aus dem Publikum schützten. Neben Masken waren auch falsche Bärte und Perücken üblich.

UNTEN: Lady Jane Grey wird von einem maskierten Henker hingerichtet. Paul Delaroche schuf dieses Gemälde 280 Jahre nach dem Ereignis und stellte es fehlerhaft dar.

Hängen, Ausweiden und Vierteilen

Zu den grausamsten je praktizierten Hinrichtungsmethoden gehörte das Hängen, Ausweiden und Vierteilen, das in England den Kapitalverbrechen Hochverrat und Falschmünzerei vorbehalten war und erst 1816 aus den Statuten gestrichen wurde. Nur äußerst erfahrene Folterknechte, die den Verurteilten am Leben erhalten konnten, nachdem man ihn gehängt, wiederbelebt und ausgeweidet hatte, wurden mit der Durchführung betraut. Das Opfer musste nämlich noch zusehen können, wie seine Eingeweide und Genitalien vor seinen Augen auf einem Kohlebecken verbrannt wurden – um mit den Worten eines Todesurteils aus dem Jahr 1660 zu sprechen:

> *… dass du an den Ort zurückgebracht wirst, von dem du gekommen bist, und von dort auf einem Gatter zur Hinrichtungsstätte geschleift wirst; dort sollst du am Hals aufgehängt und noch lebend abgeschnitten werden, und man soll deine Eingeweide aus deinem Körper entfernen und selbige (während du noch immer lebst) vor deinen Augen verbrennen, und dein Kopf soll abgeschnitten und dein Körper in vier Teile geteilt werden.*
>
> Thomas Bayly Howell, *A Complete Collection of State Trials and Proceedings for High Treason and Other Misdemeanors*, Band 5, 180

GANZ LINKS: Hingerichtete wurden nicht selten in Stücke zerteilt, die man zur Warnung für alle Gesetzesbrecher am Galgen verrotten ließ.

LINKS: In frühen Zeiten benutzten einige Henker zwei Leitern. Sobald man den Gefangenen zum Richtplatz gezerrt hatte, brachte man ihn zum Hängen.

Damit der Verurteilte überlebte, wurde er statt mit einem langen Seil meist mit einer kurzen Schlinge gehängt, doch nicht immer lief alles nach Plan. So ersparten Verwandte ihm manchmal die volle Tortur, indem sie an seinen Füßen zogen, oder er stürzte sich vom Schafott und brach sich das Genick wie der wegen Hochverrats im Gunpowder Plot von 1605 zum Tode verurteilte Guy Fawkes. Noch einfallsreicher war der wegen Königsmordes verurteilte Generalmajor Thomas Harrison: Er boxte seinen Henker, bevor man ihn ausweiden konnte, worauf jener ihm den Kopf abschlug. Außerdem wird von einem unfähigen Henker berichtet, der die Gedärme nur in kleinen Portionen zu entfernen vermochte.

UNTEN: Professionell agierende Henker ließen die Pulververschwörer, die am 5. November 1605 das englische Parlament in die Luft sprengen wollten, die volle Härte des Gesetzes spüren.

Wenn das Opfer endlich tot war, hackte der Henker seinen Körper in vier Teile, die im ganzen Königreich öffentlich ausgestellt wurden. Offenbar wurden dazu die beiden Beine an der Hüfte abgetrennt und die Wirbelsäule in der Mitte gespalten.

Polydore Plasden, ein in Rom ausgebildeter katholischer Priester und einer der später heiliggesprochenen vierzig Märtyrer von

England und Wales, wurde wegen Hochverrats gegen Elisabeth I. verurteilt, als er heimlich ins protestantische England zurückkehrte. Er erwirkte ein gnädiges Ende für sich, indem er vor der Hinrichtung der Königin die Treue schwor. Deshalb befahl Sir Walter Raleigh, Hauptmann der königlichen Leibwache, Plasden sofort bis zum Tod zu hängen. Der mit ihm hingerichtete Eustace White hatte nicht so viel Glück. Als der Henker ihn niederschlug, versuchte er aufzustehen, doch jener schlug ihn erneut nieder, und zwei Gehilfen standen auf seinen Armen, während er ausgeweidet wurde.

OBEN: Thomas Armstrongs Hängung und Vierteilung in London, 1684. Leichen wurden bis zur Unkenntlichkeit zerhackt. Hier ein niederländisches Bild dieser englischen Barbarei von 1698.

In Frankreich wurden Königsmörder – auch bei versuchtem Mord – wie in England gehängt, ausgeweidet und schließlich von vier Pferden gevierteilt, die man an je einer

Gliedmaße anband und in verschiedene Richtungen davontrieb. Robert-François Damiens übte 1757 ein missglücktes Attentat auf König Ludwig XV. aus. Er wurde gefoltert und eingekerkert, bevor man ihn auf das Schafott brachte. Dort rissen der Henker und sein Gehilfe mit rot glühenden Zangen Fleischfetzen von Brust, Oberschenkeln, Waden und Armen und gossen anschließend geschmolzenes Blei, kochendes Öl, flüssiges Harz, Wachs und Schwefel auf seine Wunden. Man musste Damiens Arm- und Beinsehnen mit einem Dolch durchtrennen, bevor die Vierteilung gelang. Sein zerstückelter Leichnam wurde verbrannt und die Asche in alle Winde verstreut.

Nicht selten wurde der Kopf zur Schau gestellt, so derjenige des 1305 hingerichteten schottischen Rebellen William Wallace über dem Zugbrückentor der London Bridge. Es war das erste Mal, dass dies an dieser Stelle geschah, und schuf einen Präzedenzfall für die nächsten 350 Jahre.

Den Kopf kochte man zusammen mit Kümmel sowie anderen Kräutern und Gewürzen, um ihn zu konservieren und für die Vögel unappetitlich zu machen. Im Falle des Erzbischofs von Canterbury Simon Sudbury, der 1381 von aufständischen Bauern getötet wurde, nagelte man ihn vor der

UNTEN: **In Frankreich wurden Verbrecher häufig gevierteilt.**

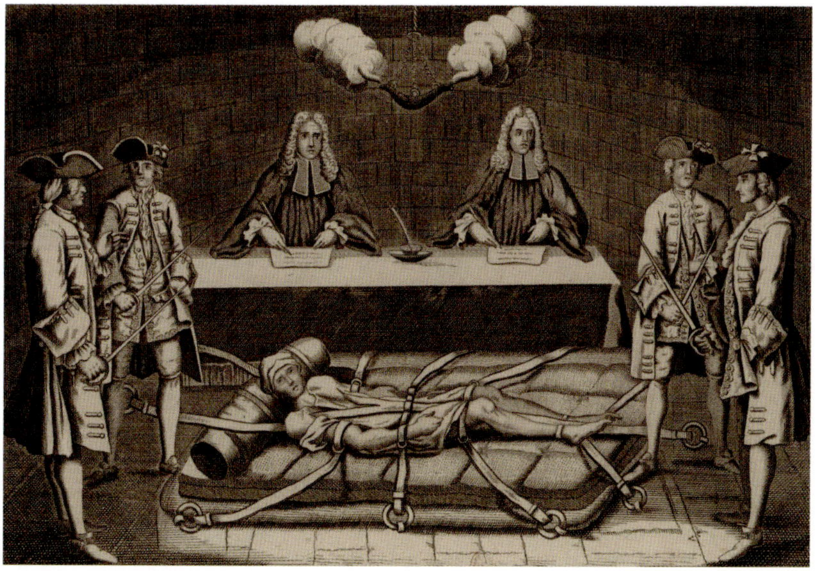

Zurschaustellung auf dem Zugbrückentor seine Mitra an den Kopf. Die Köpfe konnten natürlich nicht sehr lange dort oben bleiben, denn nicht selten fielen sie auf die Menschenmenge herab und sorgten so für helle Aufregung. So berichtete ein Korrespondent des Morning Chronicle 1772, als der schwarze, unförmige Klumpen heruntergefallen sei, hätten Frauen geschrien und Männer vor Entsetzen nach Luft geschnappt. Eine Frau in seiner Nähe sei ob dieses Anblicks in Ohnmacht gefallen.

OBEN: Robert-François Damiens im Châtelet in Paris, 1757. Den Angeklagten wurde vor Gericht jegliche Würde aberkannt.

Die mit solch gruseligen Mahnmalen geschmückte London Bridge war für Besucher aus Übersee der Hauptzugang zur Stadt. Für die Pflege der zur Schau gestellten Köpfe, deren Rekordzahl bei 34 lag, war der »Keeper of Heads« verantwortlich, der den frisch eingetroffenen Kopf auf einem Pfahl aufspießte und den Tag festlegte, an dem er das widerliche Exponat in die Themse werfen

RECHTS: Der St. Thomas's Tower, umgangssprachlich »Tor der Verräter« genannt. Der »Keeper of the Heads« sorgte dafür, dass die zur Schau gestellten Köpfe von Verrätern nicht auf die Passanten fielen.

würde. Die mit freier Kost im Pförtnerhaus und einer kleinen Rente entlohnte Stelle war äußerst begehrt. Die meisten zur Schau gestellten Köpfe stammten von Männern, insbesondere Staatsmännern wie Thomas Morus (1478–1535) und Thomas Cromwell, 1. Earl of Essex (um 1485 bis 1540). Zu den wenigen weiblichen Köpfen gehörte der von Elizabeth Barton, einer 1534 hingerichteten religiösen Visionärin.

Auch auf dem Dach des *Temple Bar*-Tors am Westrand der Stadt wurden bis in die 1770er-Jahre Köpfe zur Schau gestellt. Hier konnten Tagesausflügler Spionagegläser mieten, um sie besser sehen zu können.

Um die Mitte des 16. Jahrhunderts waren einige deutsche Metallarbeiter der *Royal Mint* davon überzeugt, dass sie arbeitsbedingte Krankheiten durch das Trinken aus Schädeln heilen konnten. Diese Mitarbeiter waren so wertvoll für die Münzanstalt, dass sie ihnen die Erlaubnis erteilte, Köpfe von der Brücke zu entfernen und sie zu Trinkgefäßen zu verarbeiten. Es wird jedoch kaum von Genesungen berichtet.

Einen König töten

Die Königsmörder, darunter Oliver Cromwell, der 1649 den Hinrichtungsbefehl für König Karl I. unterzeichnet hatte, wurden nach der Restauration der Monarchie im Jahre 1660 ihrerseits gehängt und gevierteilt – nicht wenige mussten dazu aus ihren Gräbern exhumiert werden, da sie schon vor Jahren verstorben waren. So schrieb der royalistische Pamphletist Sir George Wharton 1662:

> *Die widerwärtigen Leichen von O. Cromwell, H. Ireton und J. Bradshaw wurden am Jahrestag der Hinrichtung von Karl I. auf Schlitten nach Tyburn gezogen, dort aus den Särgen gehoben und bis zum Sonnenuntergang an verschiedenen Ecken des Triple Tree aufgehängt. Dann wurden sie heruntergenommen, enthauptet und ihre widerlichen Rümpfe in ein tiefes Loch unter dem Galgen geworfen. Ihre Köpfe stellte man auf Stangen aufgespießt auf dem Dach der Westminster Hall aus.*
>
> THOMAS CROMWELL, *OLIVER CROMWELL AND HIS TIMES*, 1822

LINKS: 1661, drei Jahre nach seinem Tod, wurde Oliver Cromwells Leiche exhumiert und exekutiert.

Gerechtigkeit nach dem Tod

Wie wir gesehen haben, entkamen selbst Tote nicht grausamer Bestrafung. Henry Percy (»Hotspur«), ein kühner Soldat, der gegen seinen Gönner König Heinrich IV. von England rebellierte, wurde 1403 in der Schlacht von Shrewsbury getötet. Zum Beweis, dass er wirklich gefallen war, ließ der König seinen Körper mit Salz konservieren und auf dem Stadtmarkt zur Schau stellen. Darauf wurde er gehängt, ausgeweidet und gevierteilt. Die vier Teile schickte man nach London, Newcastle, Bristol und Chester, den Kopf spießte man auf einem Stadttor von York auf.

Doch Gerechtigkeit nach dem Tod war keine Erfindung der Engländer. 897 exhumierte man Papst Formosus, säuberte seine Leiche und kleidete sie in die päpstlichen Gewänder. Dann wurde er wegen einer kleinen Ketzerei vor Gericht gestellt, verurteilt, verstümmelt, begraben, erneut exhumiert, in den Tiber geworfen, gerettet und wieder begraben. Nach einem Jahrzehnt ließ Papst Sergius III. ihn erneut exhumieren, verurteilen, enthaupten und in den Tiber werfen – ein Leben nach dem Tod oder vielleicht eher ein Tod nach dem Tod nach dem Tod.

LINKS: Henry Percy starb als Held und Rebell auf dem Schlachtfeld. Zum Beweis, dass er tot war, und um mögliche weitere Rebellen abzuschrecken, wurde sein Leichnam in ganz England zur Schau gestellt.

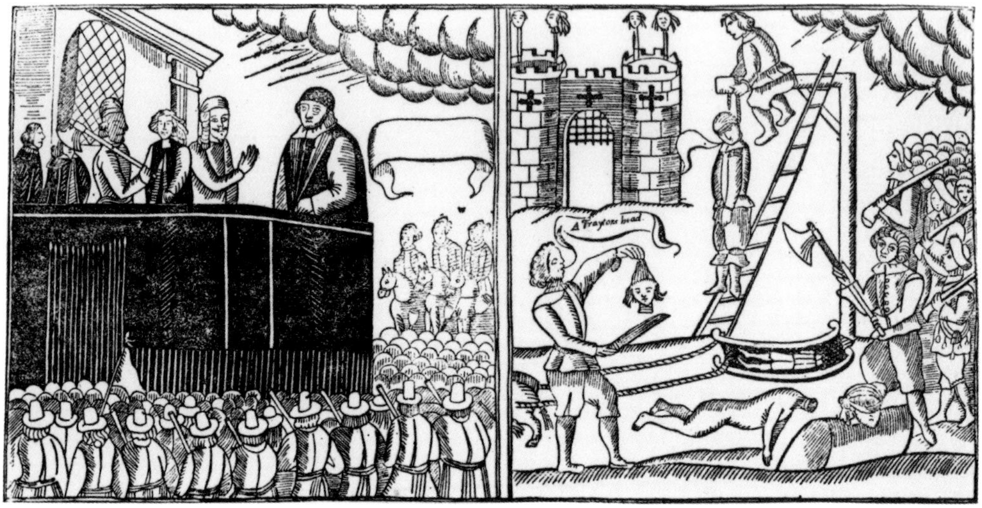

OBEN: Nach der Wiederherstellung der Monarchie durch Karl II. erlitten die Königsmörder (Unterzeichner des Todesurteils gegen Karl I.) unvorstellbare öffentliche Torturen.

Cromwell hatte das Glück, dass er bei seiner öffentlichen Hinrichtung bereits tot war – im Gegensatz zu einigen Mitstreitern, die die volle Tortur von Hängen, Ausweiden und Vierteilen am eigenen Leib erleben mussten. Am 16. Oktober 1660 wurden John Cooke, der Hauptankläger im Prozess gegen König Karl I., und Hugh Peter(s), ein bekannter royalistischer Prediger, zum Schafott am Charing Cross in London geführt. Peters kam als strenger Puritaner nur schwer mit der Situation zurecht, deshalb meldete sich Cooke freiwillig zur ersten Hinrichtung. Er wurde kurz gehängt, heruntergeholt, entkleidet, auf die Bank gelegt und gestreckt. Dann schnitt man ihm seine Genitalien ab und hielt sie ihm vor die Augen, gefolgt vom Herausnehmen seiner Gedärme, die man mit dem Rest der Eingeweide verbrannte.

Im Gegensatz zu Cooke fehlte dem Henker jedes Feingefühl. Er ließ Peters näher heranführen, damit er Cookes Bestrafung in allen Einzelheiten mitverfolgen konnte. Dann näherte sich ihm der Henker mit ausgestreckten blutigen Händen und fragte ihn: »Wie gefällt Ihnen das, Mr Peters, wie gefällt Ihnen meine Arbeit?«

Der bei allen Hinrichtungen anwesende König Karl II. entschied, wo man die Köpfe zur Schau stellen sollte. Der Tagebuchschreiber John Evelyn berichtet: »Die hingerichteten Verräter waren Scot, Scroope, Cooke und Jones. Ich habe ihre Hinrichtung nicht gesehen, aber ich habe ihre Viertel gesehen, wie sie in Körben vom Galgen auf das Gatter gebracht wurden.« (Das Gatter, auf dem die Verurteilten zum Galgen geschleift wurden). Bei seinem Besuch in London 1661 erblickte der niederländische Maler und Reisende Willem Schellinks auf der London Bridge auch ein Jahr nach ihrer Hinrichtung noch 19 oder 20 Köpfe von Cromwells Leuten auf Pfählen aufgespießt. Als er am Tag darauf die Stadt durch Moorgate verließ, sah er »viele Gliedmaßen von Verrätern oder Komplizen von Oliver Cromwell … auf Pfählen aufgespießt«.

Die Cato-Street-Verschwörer

Die Hinrichtung durch Hängen, Ausweiden und Vierteilen wurde im 18. Jahrhundert schrittweise abgeschafft. 1820 wurden die Cato-Street-Verschwörer als letzte Briten gehängt und öffentlich enthauptet. Sie wollten das gesamte britische Kabinett ermorden und eine provisorische Regierung bilden.

Die Männer wurden in ihrem gemieteten Treffpunkt in der Cato Street in Westminster verhaftet und dazu verurteilt, gehängt und vor dem Newgate-Gefängnis enthauptet zu werden. Man erwartete unzählige Schaulustige, zumal die Schüler der Westminster School schulfrei bekamen, um das Spektakel mitverfolgen zu können. Auf dem Schafott standen hinter fünf Schlingen fünf Särge bereit, während man den Richtblock für die Zuschauer gut sichtbar platzierte. Arthur Thistlewood und James Ings lutschten bei ihrem Gang zum Schafott an Orangen und brachten so ihre Verachtung für das Verfahren zum Ausdruck, einer der anderen Verurteilten brach dagegen vor Schreck zusammen und musste an der Schlinge festgehalten werden. Ings und John Brunt starben langsam – der Henker musste sie an ihren Beinen ziehen, damit sie erstickten.

Nach einer Stunde nahm man die Leichen herunter. Ein vermummter Chirurg legte ihre Köpfe der Reihe nach auf den Block, enthauptete sie mit einem Chirurgenmesser und hielt sie hoch, während der Henker der Menge zurief: »Dies ist der Kopf von (Name des Verurteilten), einem Verräter«, bevor er ihn ins Sägemehl warf. Der Maskierte erntete viel Spott bei der Menge, als er einen Kopf versehentlich zu früh fallen ließ. Einige riefen: »Was für ein Tollpatsch!«

MITTE: Arthur Thistlewoods hübscher Kopf landete in einem Haufen blutiger Sägespäne.

RECHTS: Die letzte Hinrichtung einer Gruppe von Verrätern nach dem althergebrachten Ritual erregte große Aufmerksamkeit. Hier ihre zum gruseligen Maibaum aufgespießten Köpfe.

KAPITEL 2

TÖDLICHE SCHWERKRAFT

ALS VIELLEICHT BLUTRÜNSTIGSTER Henker darf Vlad III. Drăculea mit dem Beinamen »der Pfähler«, gelten, der möglicherweise als Vorbild des literarischen Grafen Dracula diente und für die Massenhinrichtungen seiner Gegner bekannt war. Er ließ seine Opfer bevorzugt auf Pfählen aufspießen, wobei ihr Todeskampf mitunter tagelang dauerte. Herbeigeführt wurde der qualvolle Tod mithilfe der Schwerkraft. Schon die Römer hatten die aus der Pfählung hervorgegangene Kreuzigung genutzt, um an politischen Gegnern Exempel zu statuieren. Erst später im Mittelalter wurden Gefangene mithilfe schwerer Gewichte zu Geständnissen gezwungen, was häufig zu ihrem Tod führte.

KREUZIGUNG

Zu den bekanntesten Hinrichtungsmethoden gehörte im alten Rom die Kreuzigung, eine Fortentwicklung der bei den Assyrern und Persern beliebten Pfählung (siehe unten). So wurden nach der endgültigen Niederschlagung des Spartacus-Aufstands 71 v. Chr. 6000 überlebende Sklaven an der Via Appia zwischen Capua und Rom gekreuzigt. Dies sollte andere Sklaven, die vor ihrem Herrn fliehen oder ihn gar töten wollten, zumindest zum nochmaligen

UNTEN: In der Renaissance wurde die Kreuzigung von Märtyrern meist glorifiziert. Dieses Gemälde von Caravaggio deutet die Qualen nur an.

INRI
1511

GANZ LINKS: **Jesus wurde wie Hunderttausende andere von den Römern gekreuzigt. Nicht selten verwandelte man die Verurteilten durch Anzünden des Kreuzes noch in menschliche Fackeln.**

LINKS: **Allein die Fantasie des Henkers setzte den Variationen der Kreuzigung Grenzen.**

Überdenken ihrer Pläne bewegen. Diese Hinrichtungsmethode war allen im Reich so vertraut, dass Julius Cäsar bei seiner Gefangennahme durch Piraten 75 v. Chr. versicherte, er werde zurückkehren und sie alle kreuzigen lassen. Die Piraten verspotteten den anmaßenden Jüngling, als sie das Lösegeld kassierten, doch er hielt schon bald Wort. Cäsar gestattete jedoch, dass man einigen Piraten, die ihn gut behandelt hatten, die Kehle durchschnitt, damit sie nicht so lange leiden mussten.

Neben der allseits bekannten T-Form kannten die Römer das Kreuz auch in anderer Gestalt, beispielsweise als X, und wer stehend gekreuzigt wurde, hatte Glück, denn oft hängte man die zum Tode Verurteilten auch kopfüber auf. Manchmal wurde das Opfer auch nach vorne oder hinten gerichtet an einen einzelnen Pfosten genagelt oder gebunden. Der jüdisch-hellenistische Historiker Flavius Josephus berichtete im 1. Jahrhundert n. Chr. davon, römische Legionäre machten sich einen Spaß daraus, jüdische Rebellen in »ulkigen« Posen ans Kreuz zu nageln.

Wer gekreuzigt wurde, erlitt einen erniedrigenden Tod in aller Öffentlichkeit, zum Beispiel am Rand einer Hauptverkehrsachse oder auf einem Hügel außerhalb der Stadtmauern. Im alten Rom setzte man auf hervorragend ausgebildete Henkerkommandos mit jeweils anderen Aufgaben, die die Leiden des Gekreuzigten wirksam zu maximieren wussten.

Vor der Kreuzigung setzten sich die vier Männer eines Kommandos, die *quaternio*, zusammen und nahmen das *ientaculum*, eine aus einem herzhaften Brei mit Käse und Honig bestehende Mahlzeit mit reichlich Wein, Brot und Bier ein. Für die bevorstehenden Strapazen gestärkt, holten die römischen Soldaten (Hilfstruppen oder Legionäre) den Verurteilten aus seinem Gefängnis und begaben sich zum Pfahl der Geißelung. Dabei handelte es sich um einen in den meisten römischen Festungen vorhandenen niedrigen Steinpfosten mit einem an der Spitze befestigten Ring, an den Handgelenke und Arme des Gefangenen gebunden wurden, nachdem man ihm die

Kleidung abgenommen hatte. Der Gefangene war kniend festgebunden und konnte sich den Hieben nicht entziehen.

Mit dem einen Meter langen Flagrum, einer Geißel mit einem kräftigen Holzgriff und zwei oder drei Kordeln oder Lederriemen, deren untere Enden mit scharfen Metall- oder Knochenstücken beschwert waren, wurde dem Verurteilten die Haut in Fetzen vom Rücken gepeitscht. Bei besonderen Gefangenen brachte man flache Bleigewichte (*plumbatae*) an den Riemen an, damit die Höllenqualen möglichst lange andauerten. Einige Geißler prahlten damit, dass sie die inneren Organe und Eingeweide vor der gaffenden Menge freigelegt hätten, ohne den Gefangenen zu töten – damit auch der letzte Akt stattfinden konnte. Ein anderer Soldat führte mithilfe eines Abakus Buch über die zugefügten Schläge, während der dritte im Kommando als Ablösung des Geißlers bereitstand. Der Vierte, genannt *exactor mortis* (»Aufseher des Todes«), wachte über die Einhaltung der Protokolle. Aber diese *verberatio* (Geißelung) war nur die Ouvertüre.

OBEN: Ein Flagrum. Mit diesem Folterwerkzeug peitschten die Römer den zum Tod am Kreuz Verurteilten die Haut in Fetzen vom Rücken.

Nach der Geißelung band man den Verurteilten vom Pfosten los und bürdete ihm das Marterholz (*patibulum*) auf, den Querbalken, an dem er am Kreuz emporgezogen werden sollte. Die Splitter dieser einfachen, grob behauenen Balken, die in seinen zerfetzten Rücken stachen, fügten dem Opfer weitere Schmerzen zu. Die Querbalken waren zwar nur bis zu 1,2 Meter lang, wogen aber zwischen

RECHTS: *Die Geißelung Christi* von William-Adolphe Bouguereau. Ihr folgten als letzter Akt die oft tagelangen Qualen am Kreuz.

LINKS: Jesus wurde mit einer Lanze durchbohrt, während er am Kreuz hing. Oft brach man den Gekreuzigten auch Arme und Beine, um die Qualen zu vergrößern, oder missbrauchte sie als Ziel für Schießübungen.

30 und 50 Kilo. Der *exactor mortis* führte die Verurteilten dann zur Hinrichtungsstätte.

Man legte den Querbalken auf den Boden und anschließend den Torso des Verurteilten darauf. Zwei Soldaten streckten seine Arme über den Balken aus, während ein weiterer sie daran festnagelte, indem er etwa 15 Zentimeter lange Nägel oder auch Pfähle zwischen Elle und Speiche durch das Handgelenk trieb. So konnte der Verbrecher hochgezogen werden, ohne dass ihm die Nägel Hautstücke herausrissen.

Unterdessen wurde der etwa zweieinhalb Meter hohe, senkrechte Pfahl (*staticulum*) aufgerichtet. Wenn beide Teile vorbereitet waren, bohrte man ein Loch in den Querbalken, das zu einem Vorsprung zuoberst auf dem Ständer passte. Zwei Soldaten ergriffen die Enden des Querbalkens, während ein weiterer das Opfer an der Taille umfasste. Zu dritt hoben sie das Marterholz mit dem daran festgenagelten Verurteilten empor und befestigten es am *staticulum*. Der Vierte im Bunde stellte sicher, dass das Loch im Querbalken so zu liegen kam, dass der Gefangene gut fixiert war. Sollte er langsam sterben, brachte man auf halber Höhe ein »Sitzchen« (*sedile*) an und band seine Füße an den Pfahl. Wollte man einen schnellen – aber schmerzhafteren – Tod herbeiführen, wurden auch die Knöchel angenagelt, sodass das ganze Körpergewicht auf Brustkorb und inneren Organen lastete.

Während man im antiken Palästina den Gekreuzigten einen Teil ihrer Würde ließ, indem man ihre Leichen unmittelbar nach dem Tod entfernte, um den örtlichen Bestattungsbräuchen Rechnung zu tragen, ließ man sie in den meisten Teilen des Römischen Reiches hängen und gab sie den Aasgeiern preis, während sie verrotteten.

UNTEN: Langsam verwesende Gekreuzigte waren an den Straßen im Römischen Reich ein häufiger Anblick.

OBEN: In vielen Kulturen war die Pfählung eine gängige Hinrichtungsmethode. Diese Szene aus Südindien stellt in verschiedenen Posen aufgespießte Opfer dar.

PFÄHLUNG

Die Perser des Achämenidenreiches (6. bis 4. Jahrhundert v. Chr.) übernahmen diese Hinrichtungsform für Diebe und Verräter von den Assyrern und verbanden sie mit anderen grausamen Bestrafungsmethoden: Nachdem man dem Opfer die Augen ausgestochen hatte, schnitt man ihm Zunge, Ohren und Nase ab. Auch Hände und Füße wurden oft entfernt, bevor man die Wunden verätzte und den Verräter aufspießte.

Die Perser spießten den Verurteilten nicht vollständig auf, sondern bevorzugten den eingeölten Pfahl, der nur so weit in den Anus oder die Vagina eingeführt wurde, dass das Opfer in einer aufrechten Position blieb. Die scharfe Spitze des Pfahls drang immer tiefer ein, je mehr sich der oder die Gepfählte vor Schmerzen wand. Je nach seiner Lage konnte der Pfahl eher schnell zu den inneren Organen vordringen und so einen relativ raschen Tod herbeiführen. Wenn keine lebenswichtigen Organe tangiert wurden, konnte der Tod aber auch erst nach Tagen eintreten. Ein geschickter Pfähler gab sich alle Mühe, die Qualen möglichst zu verlängern.

DIE PERSER SPIESSTEN DEN VERURTEILTEN NICHT VOLLSTÄNDIG AUF, SONDERN BEVORZUGTEN DEN EINGEÖLTEN PFAHL, DER NUR SO WEIT IN DEN ANUS ODER DIE VAGINA EINGEFÜHRT WURDE, DASS DAS OPFER IN EINER AUFRECHTEN POSITION BLIEB.

Pfählen in Europa

Im Westen Europas wurde die Pfählung als Hinrichtungsmethode kaum praktiziert, sondern stellte meist eine Fortführung der Bestrafung nach dem Tod dar. Glaubt man zeitgenössischen Gerüchten, so fand König Eduard II. 1327 als wohl berühmtester Engländer durch Pfählung den Tod. Nachdem seine Frau und Roger Mortimer, 1. Earl of March, ihn zugunsten seines Sohnes Eduard III. entthront hatten, ließen sie ihn in Berkeley Castle in Gloucestershire einkerkern. Da sie ihn als potenzielle Bedrohung sahen, versuchten sie ihn auf verschiedene Weise zu töten: Er wurde ausgehungert, über Tierkadavern aufgehängt und in eine Grube mit verwesenden menschlichen Leichen geworfen. Da all das nicht den gewünschten Erfolg brachte, entschied man sich für eine todsichere Methode. 1327 sollen einige von Mortimers Gefolgsleuten ihn unter eine Matratze gesteckt und ihm ein eingeöltes Horn und durch dieses eine glühenden Eisenstange in den Anus geschoben haben. Eduards Schreie waren Berichten zufolge meilenweit zu hören.

So kam es, dass seine loyalen Angehörigen den ehemaligen König äußerlich unversehrt begraben konnten und sich die Ansicht durchsetzte, Eduard sei eines natürlichen Todes gestorben. Ein pikantes Detail sollte hier aber nicht unerwähnt bleiben: Gerüchten zufolge soll Edward im Rahmen seiner homosexuellen Beziehungen eher den Unterwürfigen gespielt und seine Rolle genossen haben. Sein knabenhafter Geliebter, Lord Despenser, wurde 1326 zur Strafe für seine angebliche Affäre mit Eduard kastriert – sowie anschließend gehängt, ausgeweidet und gevierteilt.

Eine andere bekannte Pfählung trug sich in Bayern zu. Um 1600 wollte Herzog Maximilian I. von Bayern im Namen von Recht und Ordnung ein Exempel statuieren. Man fand die Sündenböcke in der Landfahrerfamilie Pämp (Pappenheimer) und beschuldigte sie zahlreicher Verbrechen wie Mord, Diebstahl, Brandstiftung und Hexerei. Nachdem ihre Mitglieder jede Schuld von sich wiesen, ließ sie der Feldherr und Hexenjäger Alexander von Haslang foltern – an den Armen aufhängen (Pfahlhängen) und ihnen Verbrennungen zufügen. Schon bald gestand die Familie. So gab Paulus, der Patriarch, die Ermordung von mindestens 100 Säuglingen, 44 Erwachsenen und zehn Alten zu, seine Frau den Mord an 100 Kindern und 19 Alten sowie das Verursachen von Unwettern, die Vergiftung von Vieh und die Zerstörung von Ernten.

Nachdem alle gestanden hatten, wurde die Familie zur Hinrichtung geführt. Als Jüngster wurde der zehnjährige Hänsel zum Zusehen gezwungen (und noch im selben Jahr selbst hingerichtet). Paulus, dem Ältesten, riss man mit einer heißen Zange Fleischstücke aus dem Körper, während man seiner Mutter Anna erst die Brüste abriss, um sie dann zu rädern und bei lebendigem Leib zu verbrennen. Paulus wurde schließlich ein kurzer Spieß in den Anus gestoßen, worauf man ihn am Boden herumkriechen ließ, bis er starb.

RECHTS: Dieser Stich aus dem 19. Jahrhundert zeigt eine Pfählung in Tunesien. Die Verurteilten werden hier auf Eisenhaken aufgespießt, die an der Wand angebracht sind.

Die Osmanen

Die Osmanen setzten die Pfählung als Mittel der Unterdrückung ein – von der Belagerung Konstantinopels 1453 bis zu den Völkermorden an den Assyrern und Armeniern während des Ersten Weltkriegs. Aufmüpfige Untertanen fanden oft auf diese Weise den Tod, um anschließend zur Schau gestellt zu werden. So wurden 1814 mindestens 200 Rädelsführer eines gnadenlos niedergeschlagenen Aufstands der Serben zu beiden Seiten einer nach Belgrad führenden Hauptstraße gepfählt. Der Henker pfählte sie derart, dass ihre Füße den Boden zwar nicht berührten, die Hunde aber Beine und Füße der Sterbenden zerfleischen konnten.

Ein besonders anschaulicher Bericht über eine türkische Pfählung findet sich in Ivo Andrićs historischem Roman *Die Brücke über die Drina*. Darin beschreibt der Autor, wie ein Acht-Fuß-Eichenpfahl mit scharfer Spitze gut mit Schmalz eingefettet wurde, bevor man den Gefangenen fesselte und mit dem Gesicht nach unten hinlegte. Dann wurden seine an den Knöcheln mit Seilen festgebundenen Beine nach außen und zur Seite gezogen, sodass sich die Beine weit öffneten. Scharfrichter Merdžan legte den Pfahl auf zwei Holzklötze, sodass er zwischen die Beine des Gefangenen zeigte, und schnitt mit einem breiten Messer einen Schlitz in seine Hose. Anschließend trieb er den Pfahl mit einem Holzhammer mit gemessenen Schlägen in den Körper des Gefangenen, wobei er immer wieder innehielt, um seine beiden Assistenten daran zu erinnern, langsam und gleichmäßig an den Seilen zu ziehen. So sollte sichergestellt werden, dass der Pfahl keine wichtigen inneren Organe durchbohrte. Die so in die Länge gezogenen Qualen schildert Andrić plastisch: »Der Körper des Bauern, mit gespreizten Beinen, wand sich krampfhaft; bei jedem Schlag des Hammers verdrehte und verbog sich seine Wirbelsäule, aber die Stricke zogen an ihr und hielten sie gerade.« Der Bericht basiert offenbar auf den Aufzeichnungen und Illustrationen des englischen Tagebuchschreibers Peter Mundy, der 1620 bei einem Besuch in Istanbul Zeuge solcher Hinrichtungen wurde und sie zeichnete.

Als im späten 19. Jahrhundert Österreich-Ungarn weitere Teile des Balkans unter seine Kontrolle brachte, übernahm es die Praxis des Pfählens. Österreichische Scharfrichter erhielten 18 Kronen für das Pfählen eines toten und 24 Kronen für die Pfählung eines lebenden Rebellen – plus Spesen.

DER HENKER PFÄHLTE SIE DERART, DASS IHRE FÜSSE DEN BODEN ZWAR NICHT BERÜHRTEN, DIE HUNDE ABER BEINE UND FÜSSE DER STERBENDEN ZERFLEISCHEN KONNTEN.

Vlad der Pfähler

LINKS: Vlad der Pfähler durchlebte eine von Gewalt und Krieg geprägte Kindheit. Dies könnte seinen späteren Blutdurst zumindest teilweise erklären.

Als berüchtigtster Pfähler gilt Vlad, geboren um 1431 als Sohn von Vlad II. Dracul (*Vlad des Drachen*, wobei rumänisch *drac* nicht nur »Drache«, sondern auch »Teufel« bedeutet), der 1447 von lokalen Adligen ermordet wurde. Kurz darauf setzten die Osmanen den 17-Jährigen als Vlad III. auf den Thron des Woiwoden der Walachei, die sein ganzes Leben lang ein Zankapfel der Türken, Ungarn und Deutschen blieb. Er schüchterte nicht nur seine Gegner mit Terror ein, sondern schien auch Gefallen daran zu finden, seine eigenen Bürger aus Rache und zum eigenen Vergnügen zu töten.

Vlad schlug sich zuerst auf die Seite der Türken, um 1456 zu den Ungarn zu wechseln. Sechs Jahre lang führte er einen blutigen Krieg gegen die Osmanen und trieb die Ausmerzung der Deutschen in der Region voran. Auch die Bojaren (Adligen), die er als Verräter seines Vaters ansah, waren ihm ein Dorn im Auge.

Gepfählt wurde unter Vlad, indem man die Beine des Opfers an je einem Pferd festband und einen spitzen Holzpfahl in seine Eingeweide trieb, meist durch das Gesäß oder den Anus. Die geölte Spitze trat durch den Mund oder am Rücken wieder aus. Manchmal trieb man den Pfahl auch durch den Rücken, die Brust oder den Mund in den Körper. Bei Eintritt durch den Mund trat er am Gesäß aus, und der Gefangene hing mit dem Gesicht nach unten am aufgerichteten Pfahl. Wollte Vlad ein Exempel an einer Familie statuieren, wurden Säuglinge und kleine Kinder über ihren Eltern aufgespießt.

Durch Pfählung wollte er auch sein Reich von Alten, Gebrechlichen und Behinderten »säubern«. Des Ehebruchs überführten Frauen schnitt man Genitalien und Brüste ab, häutete sie lebendig und durchbohrte sie mit glühenden Eisenpfählen durch das, was von ihren Fortpflanzungsorganen noch übrig war.

1462 setzten ihn die überlebenden Adligen schließlich ab. Er flüchtete nach Ungarn und verbrachte dort zwölf Jahre in Hausarrest. Zurück in der Walachei, wurde er 1476 in einer Schlacht getötet.

Zerquetschung

Diese im Französischen als *peine forte et dure* (»strenge und harte Strafe«) bezeichnete Praxis kam offenbar im 15. Jahrhundert nach England. Heutzutage kann ein Angeklagter vor Gericht auf schuldig oder nicht schuldig plädieren – oder auch die Aussage verweigern. Bei einer Aussageverweigerung wird angenommen, dass er auf unschuldig plädiert. Die Verhandlung kann in jedem Fall stattfinden und endet mit einem Urteil. Im Mittelalter war für eine Gerichtsverhandlung jedoch ein Geständnis erforderlich. So konnten insbesondere der Ketzerei Beschuldigte durch Aussageverweigerung ihren Prozess auf unbestimmte Zeit hinauszögern. Die Obrigkeit musste also dem Angeklagten ein Geständnis entlocken – und was eignete sich dazu besser, als den Beschuldigten mit schweren Gegenständen zu quetschen, bis seine inneren Organe barsten und Knochen brachen? Manchmal erstickte der Gefolterte allerdings auch unter der Last oder am eigenen Blut.

Bei bestimmten Verbrechen wurde im Falle des Schuldspruchs das Vermögen zugunsten der Krone beschlagnahmt, sodass die Erben leer ausgingen. Deshalb verweigerten Angeklagte auch in diesem Fall nicht selten die Aussage, damit der Prozess nicht fortgesetzt werden konnte.

Das Zerquetschen ersparte dem Gefolterten die Demütigung einer öffentlichen Hinrichtung. Der Verurteilte wurde in einen Kerker gebracht, entkleidet und auf den Boden gelegt. Seine vier Gliedmaßen wurden mit Seilen an den vier Ecken des Raumes fixiert, sodass seine Beine weit gespreizt waren. Wenn der Foltermeister besonders rachsüchtig war oder den Vorgang beschleunigen wollte, konnte er einen kleinen Stein unter der Wirbelsäule des Gefangenen platzieren. Dann legte man ein Brett auf den Angeklagten und darauf Steine oder andere Gewichte. Hin und wieder flößte man dem Gefangenen Essensbrocken und schmutziges Wasser ein. Falls diese Tortur mit dem Tod endete,

LINKS: Diese 1881 im *Journal des Voyages* veröffentlichte Illustration zeigt eine eher aufwendige Technik zum Zerquetschen von Verurteilten.

waren dafür mitunter nicht die Gewichte, sondern der Hunger verantwortlich. In den seltenen Fällen, in denen sich der Gefangene schnell schuldig bekannte, wurden die Gewichte entfernt, bevor dauerhafter Schaden entstand.

OBEN: Margaret Clitherow starb relativ schnell: Man legte ihr einen kleinen Stein unter den Rücken, der ihr die Wirbelsäule brach.

Die 1586 in York hingerichtete katholische Märtyrerheilige Margaret Clitherow wurde auf einen spitzen Stein gelegt und starb eine Viertelstunde, nachdem man sie mit 800 Pfund schweren Gewichten belastet hatte. In London zwang 1722 das in seinen Kopf strömende Blut den Straßenräuber William Spiggot zum Geständnis. Er wurde darauf in Tyburn hingerichtet. 1735 überlebte John Weekes die Zerquetschung mit 400 Pfund, worauf der Scharfrichter die Geduld verlor, auf die Gewichte sprang auf und so die Akte schloss. Der 1658 des Mordes angeklagte Major Strangways starb, als sich Freunde, die er eingeladen hatte, seinem Tod beizuwohnen, auf ihn setzten. Cecilia Ridgeway hingegen stellte einen schrecklichen Rekord auf, indem sie 40 Tage Zerquetschung ohne Nahrung und Wasser überlebte. König Edward III. von England begnadigte sie dafür.

Nur ein einziges bekanntes Opfer fand im kolonialen Amerika durch Zerquetschen den Tod: Giles Corey, der dem Gericht während der Hexenprozesse von Salem die Anerkennung und die Aussage verweigerte. Seine letzten Worte sollen gelautet haben: »Mehr Gewicht.« In England machte 1772 eine Gesetzesänderung diese Folter überflüssig, nach der Aussageverweigerer umgehend zu verurteilen waren.

KAPITEL 3

TOD DURCH DAS SCHWERT

IM MITTELALTERLICHEN EUROPA GALT DAS SCHWERT ALS INBEGRIFF DES Rittertums. Da sich nur eine kleine Elite der Gesellschaft solche Waffen leisten konnte, war auch die Hinrichtung mit dem Schwert dem Adel vorbehalten. Das Schwert in den Händen eines geübten Henkers garantierte einen schnellen und beinahe schmerzlosen Tod, der in krassem Gegensatz zu dem stand, was nichtadelige Verurteilte bei ihrer Hinrichtung erleiden mussten. Mit dem allmählichen Zusammenbruch des Feudalsystems während des 15. Jahrhunderts und der Renaissance, in der sich humanistische Ideale durchsetzten, wurde immer mehr Menschen aus den unteren Schichten ein »gnädiger« Tod durch den Schwerthieb zuteil.

Der Mann mit dem Schwert

Scharfrichter, die gekonnt mit dem Schwert umgingen, waren äußerst gefragt. Anders als bei der Axt handelte es sich beim Schwert um ein scharfes, ausbalanciertes Richtwerkzeug, mit dem man den Verurteilten mit einem Hieb enthaupten konnte. Meist hatte es eine Länge von etwa 110 Zentimeter und wog rund zwei Kilo. Mit seinem langen Griff konnte es der Henker mehrmals um den Kopf schwingen, bevor er den tödlichen Schlag führte. Als Besonderheit des Spätmittelalters und der Renaissance gelten Richtschwerter mit abgerundeter, stumpfer Spitze, da sie als »unehrliche« Waffe nicht für den Kampf gedacht waren. Meist stand der Scharfrichter hinter dem Verurteilten, der seitlich vor ihm kniete. Damit der Scharfrichter richtig zielen und so ekelerregende Fleischwunden und weitere Schwerthiebe vermeiden konnte, musste der Verurteilte stillhalten. Das Gewicht des Schwertes machte es in geübten Händen zur tödlichen Waffe. So schlug 1654 Meister Matthias Perger einem Verurteilten mit einem Hieb nicht nur den Kopf, sondern auch die Hände ab, die der

UNTEN: ***Das Fest des Herodes und die Enthauptung des Täufers*** **von Giovanni Baronzio. Geübte Henker verdienten sich das Vertrauen ihres Herrn.**

Gefangene zum Schutz seines Halses erhoben hatte.

Die Richtschwerter trugen Namen und Sinnsprüche wie »In Gerechtigkeit wird das Land florieren/In Gesetzlosigkeit kann es nicht existieren« oder »Wenn ich mein Schwert erhebe/Wünsche ich dem Sünder ewiges Leben«. Auch Symbole wie Köpfe, Galgen, Rad oder Christus und die Jungfrau Maria wurden eingraviert, manchmal auch der Name des Scharfrichters, der jede Hinrichtung mit einer Kerbe markierte. Auf dem Schwert des berühmten Henkers der Französischen Revolution Charles-Henri Sanson war auf einer Seite das Wort »Justicia« zu sehen, auf der anderen ein Folterrad.

OBEN: Die Enthauptung von Georg Scherter. Hinrichtungen waren von Fanfaren begleitete öffentliche Spektakel, denen die ganze Stadt beiwohnte.

Vor seiner ersten Hinrichtung eines Verurteilten absolvierte der Scharfrichter eine Ausbildung bei einem strengen Meister. Jener hielt zuerst Katzen, Schafe und Schweine aufrecht vor seinen Lehrling, die jener enthaupten musste. Sobald er seine grundlegenden Fähigkeiten unter Beweis gestellt hatte, kamen große Hunde als letzte Prüfung an die Reihe. Dem frischgebackenen Henker wurde für seine ersten Exekutionen angeraten, die Verurteilten auf einem Stuhl festgeschnallt zu enthaupten, um das Fehlerrisiko zu minimieren. Für die Enthauptung des aufrecht knienden Todeskandidaten war schon einige Erfahrung erforderlich, während nur Meister des Handwerks die Hinrichtung mit dem Schwert im Stehen durchführen sollten. Der Nürnberger Scharfrichter Franz Schmidt (siehe Kasten auf Seite 75), auch Meister Franz genannt, vermerkte seine ersten fünf erfolgreichen »Kappungen« im Stehen (lateinisch *poena capitis* oder *poena capitalis*) in seinen Tagebüchern. Als erfahrener Scharfrichter schenkte er der Haltung seiner Opfer kaum mehr Beachtung. Im Laufe seiner Karriere hielt das Sitzen auf dem Richterstuhl vermehrt Einzug, insbesondere im Falle von weiblichen Verurteilten, die sich weniger ruhig verhielten.

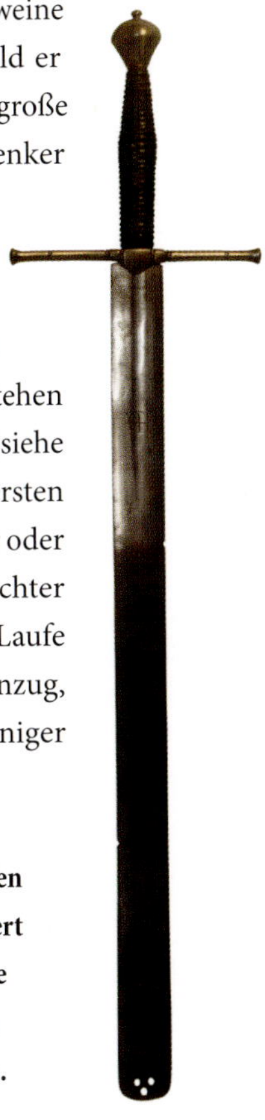

LINKS: Die Enthauptung der Heiligen Lucia. Im Mittelalter ging es besonders grausam zu. Doch Gewalttaten Adliger blieben oft ungesühnt.

RECHTS: Mit seinem stumpfen Ende taugte das Richtschwert nicht für den Kampf. Solche Schwerter hatten nur einen Zweck: Köpfe abzuschlagen.

OBEN: Fantasiedarstellung einer Enthauptung. Sobald der Kopf abgehackt war, schoss das Blut wie ein Springbrunnen hervor und bedeckte das Schafott.

Natürlich passte sich der Henker den Umständen an. So fragte sich der von Heinrich VIII. für die Hinrichtung von Königin Anne Boleyn bestellte französische Scharfrichter, ob ihr Hals als Ziel nicht zu klein sei. Deshalb soll er nach rechts gezeigt haben und ihr, als sie nachsehen wollte und ihren Hals lang machte, den Kopf mit einem Hieb abgeschlagen haben. Im engen schwarzen Anzug, mit der Halbmaske, die sein Gesicht bedeckte, und dem hohen Zylinderhut wirkte der Franzose imposant. Sein Schwert hatte er im Stroh versteckt, als Anne das Schafott bestieg, um sie nicht zu erschrecken. Als Annes Kopf in die Höhe gehalten wurde, sollen sich ihre Augen und Lippen krampfhaft geöffnet und geschlossen haben.

Aus Serbien sind mehrere Enthauptungen aus den 1840er-Jahren bekannt. Dabei kam eine eigentümliche Methode, die Axt- und Schwerttechnik kombinierte, zur Anwendung: Dem Gefangenen wurden die Hände hinter dem Rücken gefesselt, bevor man ihn mit angezogenen Beinen an einen Holzpfahl band. Dann führte der Henkersknecht ein Holzband erst um das Kinn herum bis hinter die Ohren und dann weiter um den Hinterkopf, um den Kopf des Verurteilten nach vorne ziehen zu können. So legte er den ausgestreckten Hals frei, der sich nun dem Scharfrichter mit dem Schwert als perfektes Ziel für einen Überkopfschwung präsentierte.

Das Hinrichtungsritual

In Deutschland begann das Hinrichtungsritual vom Hochmittelalter bis ins 19. Jahrhundert damit, dass der Verbrecher einem Kleriker seine Sünden beichtete und Reue zeigte. War er verwundet oder krank, wurde er gesund gepflegt. Einige Tage vor dem Hinrichtungstermin wurde der Gefangene in eine komfortablere Zelle verlegt, wo ihn Verwandte und Freunde oder auch Opfer und deren Angehörige besuchten. Priester und Besucher sangen vor der Zellentür fromme Lieder und beteten für seine Seele. Der Gefängniswärter und seine Frau tischten dem Verurteilten anschließend in einer Zelle mit Stühlen und gedeckten Tischen eine üppige »Henkersmahlzeit« auf. Nicht fehlen durften alkoholische Getränke in Hülle und Fülle. Nach dem ausgiebigen Mahl zog der Henkersknecht dem Verurteilten ein weißes Hinrichtungskleid über (ohne Kragen) und rief den Henker. Mit den Worten: »Der Henker ist da!«, betrat jener die Zelle und bat um Vergebung, bevor er mit dem Gefangenen anstieß. War der Gefangene fügsam, fesselte man seine Hände mit einem Strick, bevor man ihn zum Blutgericht führte, das sein Urteil bestätigte. War er dagegen widerspenstig, fesselte man ihn an einen Stuhl und setzte ihn über Nacht auf einen Karren (für Dung und menschliche Exkremente – eine weitere Demütigung). Schließlich wurde der Verurteilte in einem eine Meile langen Festzug unter den Augen von Tausenden Schaulustigen zum Galgen geführt.

RECHTS: *Der letzte Tag eines Verurteilten* von Mihály von Munkácsy. In Ungarn durften Freunde und Familie am Vorabend der Hinrichtung eine letzte Mahlzeit mit dem Todeskandidaten einnehmen.

Ein guter Tod

Den Kopf auf einmal abzuschlagen, erforderte viel Geschick. Nach einem letzten Gebet des Kaplans wählte der Henker sorgfältig seine Standposition – ähnlich einem Golfspieler, der sich auf den perfekten Schlag vorbereitet – und richtete den Blick auf die Mitte des Halses seines Opfers. Dann holte er aus und durchtrennte mit einem eleganten Hieb, typischerweise von hinten rechts, zwei Halswirbel und schlug den Kopf vom Körper. Dabei sprach er die Worte einer gängigen juristischen Formel: »Er soll den Kopf abhacken und mit einem Schlag zwei Stücke daraus machen, sodass ein Wagenrad zwischen Kopf und Rumpf passieren könnte.« Wer sagt denn, dass Angehörige der Justiz keinen Sinn für Humor haben?

OBEN: Nur die erfahrensten Scharfrichter konnten den Verurteilten im Stehen enthaupten. Meist kniete oder saß jener.

Ein sauberer Schnitt bewahrte den guten Ruf. Ein deutscher Henker verbesserte den seinen, indem er zwei Köpfe mit einem Schwung rollen ließ. Sobald der Kopf zu Boden fiel, sprang der Scharfrichter weg, damit ihn das aus dem Torso strömende Blut möglichst wenig befleckte. Der Vorteil eines sitzenden Todeskandidaten bestand darin, dass sein Blut nicht in alle Richtungen spritzte, während ein stehender in jede Richtung umfallen konnte. So verdarb er das Spektakel des »guten Todes«, bei dem die Prozession zum Galgen, das Verhalten des Verbrechers und die Effizienz des Scharfrichters die juristische Macht des Staates veranschaulichten. Dazu trug in deutschen Landen auch ein Frage-und-Antwort-Spiel am Ende der Enthauptung bei. Der Scharfrichter wandte sich an den anwesenden Richter und fragte ihn, ob er recht gerichtet habe. Die routinemäßige Antwort des Richters lautete: »Du hast recht gerichtet, wie Urteil und Gesetz es geben und wie der arme Sünder es verschuldet hat.«

Der Henker wählte sorgfältig seine Standposition – ähnlich einem Golfspieler, der sich auf den perfekten Schlag vorbereitet – und richtete den Blick auf die Mitte des Halses seines Opfers. Dann holte er aus und trennte den Kopf vom Körper.

Der Löw

In Deutschland wurde der erste Gehilfe des Scharfrichters als *Löw* oder *Löwe* bezeichnet – dieser Name verweist aber nicht etwa auf das gleichnamige Raubtier, sondern geht auf Gotisch *lêvjan* »Büttel« zurück. Zu seinen Pflichten gehörte es, Straftäter vor Gericht und auf das Schafott zu schleppen und sie bei Bedarf dort zu stützen. Das war nicht ungefährlich, denn wenn der Scharfrichter nicht traf, konnte das Schwert leicht seine Hand abtrennen. Außerdem übernahm der Löw Aufgaben, die Scharfrichter als unter ihrer Würde ansahen, wie die Bändigung von Trunkenbolden und Randalierern, die Verbrennung der Leichen von Selbstmördern und die Beseitigung von Unrat von den Plätzen der Stadt. Bei Hinrichtungen oblagen ihm das Aufschließen des Zugangs zum Schafott, das Bereitstellen des Sargs oder den Verurteilten mit einer Stange unter Wasser zu halten, falls sein Tod durch Ertränken eintreten sollte. Vor seiner Hinrichtung im frühen 16. Jahrhundert bot der Pferdedieb Hans Porstner dem Löwen ein Paar Schuhe und fünf Gulden an, wenn er zustimmte, auf dem Schafott die Plätze zu tauschen.

UNTEN: Ein erfahrenes Exekutionsteam. Jeder kennt seine Rolle und sorgt für einen reibungslosen Ablauf, das Publikum schaut anerkennend zu.

LINKS: Titelseite von Honoré de Balzacs Erzählung *El Verdugo* (»Der Scharfrichter«, 1831). Nicht alle Hinrichtungen verliefen reibungslos.

Ein Musterbeispiel für einen »guten Tod« ist die Hinrichtung der 1615 wegen Kindsmordes verurteilten Margaretha Lindtnerin, deren Tapferkeit Meister Franz Schmidt in seinen Notizen rühmte. Anders als viele andere, die sich je dem Schafott vor den Toren Nürnbergs näherten, überwand sie ihre Angst. Zwar erschrak sie, als sie die Hinrichtungsstätte mit den vier Pfosten und den vermutlich gut sichtbaren Zeugnissen früherer Hinrichtungen erblickte, aber statt zusammenzubrechen, hob sie zu einem Gebet an, das sie immer wiederholte, bis sie vor Schmidt stand. Die Verurteilte segnete die Menge und bat um Vergebung. Ohne dazu aufgefordert zu werden, setzte sie sich auf den Stuhl und hielt Schmidt ihren Hals hin.

Nicht alle Verurteilten verhielten sich so kooperativ. So bereitete der in den 1590er-Jahren hingerichtete Brandstifter Lienhard Deürlein Schmidt viel Ärger. Er trank während des ganzen Gangs zum Schafott weiter, beschimpfte die Zuschauer und urinierte sogar einmal auf das Schafott. Er bot an, gegen vier Wachen zu kämpfen, und griff nach einer weiteren Flasche. Dieses Saufen habe so lange gedauert, bis der Scharfrichter ihm endlich den Kopf abgeschlagen habe, während die Flasche noch an seiner Lippe hing.

Und Georg Mertz erlitt auf dem Weg zum Schafott offenbar einen Nervenzusammenbruch und bereitete Schmidt und seinen Gehilfen jede Menge Ärger. Als man ihn aus dem Kerker unter dem Nürnberger Rathaus holte, wütete er und versuchte, sich aus den Fängen der Kerkermeister zu befreien. Zwar konnten sie ihn schließlich auf dem Stuhl oben auf dem Wagen festschnallen, aber er gab weiterhin bestialische Laute von sich, stampfte mit den Füßen und trat sogar einige Gefängniswärter. Er wehrte sich so heftig, dass der Stuhl mehrmals vom Wagen fiel, verzog die ganze Zeit über das Gesicht, fletschte die Zähne und streckte der Menge die Zunge heraus.

FRAUEN VERSUCHTEN DAS UNVERMEIDLICHE HINAUSZUZÖGERN, INDEM SIE EINE SCHWANGERSCHAFT VORTÄUSCHTEN. SO FAND DIE HINRICHTUNG VON ELISABETH PUFFIN ERST NACH 32 WOCHEN STATT, NACHDEM MAN IHRE LÜGE AUFGEDECKT HATTE – NACH NICHT WENIGER ALS 18 BESUCHEN DES »KOMITEES VEREIDIGTER FRAUEN«.

Elisabeth Mechtlin begann zu jammern und zu brüllen, als sie sich dem Richtstuhl näherte. Als man sie festgeschnallt hatte, schrie sie wild umher und fuchtelte so stark mit den Armen, dass Meister Franz ganze drei Hiebe benötigte.

Frauen versuchten das Unvermeidliche hinauszuzögern, indem sie eine Schwangerschaft vortäuschten. So fand die Hinrichtung von Elisabeth Puffin erst nach 32 Wochen statt, nachdem man ihre Lüge aufgedeckt hatte – nach nicht weniger als 18 Besuchen des »Komitees vereidigter Frauen«. Sie muss wohl entweder eine sehr gute Schauspielerin oder außerordentlich dick gewesen sein.

OBEN: Eine Darstellung von Charles-Henri Sanson aus *Un épisode sous la Terreur* von Honoré de Balzac.

Verpatzte Hinrichtungen

Selbst der erfahrenste Scharfrichter patzte gelegentlich. So musste der Henker Charles Sanson die Hinrichtung der 1699 wegen Mordes an ihrem Gatten verurteilten Angélique Tiquet infolge eines Gewitters aufschieben. Er führte sie in Deckung und nach einer halben Stunde zurück auf das Schafott. Dort wies er sie an, sich hinzuknien und das Haar aus dem Nacken zu streichen. Das tat sie auch, aber während er zum tödlichen Hieb ausholte, drehte sie sich um und rief: »Verunstalte mich nicht.« Sein Schlag ging prompt daneben und schlitzte nur die Seite des Halses auf. Nach einem zweiten Patzer trennte er ihr erst mit dem dritten Schlag unter lautem Gejohle der Menge den Kopf ab. Vermutlich war sie schon vor dem letzten Hieb zusammengesackt, sodass er das Schwert wahrscheinlich wie eine Axt über dem Kopf schwang.

Charles-Henri, gleichfalls ein Mitglied der Sanson-Henkersdynastie, ging 1776 bei der Hinrichtung des Comte de Lally-Tollendal ähnlich ungeschickt vor: Sein erster Hieb traf nur den Kiefer und die Zähne des Mannes. Ein Gehilfe ergriff den Comte und hielt ihn an den Ohren hoch, worauf Jean-Baptiste, der Vater von Charles-Henri, ihn köpfte. Und 1626 rollte der Kopf des Comte de Chalais erst nach 29 Schwerthieben. Kein erstrebenswerter, aber ein Rekord.

Auch von einer verpfuschten Enthauptung in Nürnberg im Jahre 1641 wird berichtet. Der frischgebackene Scharfrichter Valentin Deuser hatte Glück, mit dem Leben davonzukommen. Er wusste im Voraus, welch heikle Aufgabe vor ihm lag. Als man die junge Verurteilte, die bereits die Sympathie der Menge auf ihrer Seite hatte, zum Schafott geführt hatte, ließ sie sich nur mit Mühe auf den Richtstuhl setzen. Der Name der jungen und außergewöhnlich schönen Frau lautete Margaretha Voglin. Sie war wegen Kindsmordes, eines damals unter Frauen nicht gerade seltenen Verbrechens, zum Tode verurteilt worden. Sie stammte aus gutem Elternhaus und hatte sich gerade deshalb – um dessen Ehre willen – gezwungen gesehen, zu verzweifelten Maßnahmen zu greifen. Anstelle eines zielgerichteten Hiebs ließ Deuser sein Schwert wie die Katze um den heißen Brei um den Kopf der armen Frau kreisen. Dann stellte er sich an ihre Seite und nahm mit seinem Schwert am Hals sorgfältig Maß – doch leider mit mäßigem Erfolg. Er schwang das Schwert mehrmals im Kreis, um die erforderliche Geschwindigkeit zu erreichen, und sein Opfer zuckte jedes Mal zusammen, wenn die Waffe an seinen Ohren vorbeiflog.

Als der Scharfrichter schließlich zuschlug, versagte er kläglich und traf den Pfosten des Stuhls, sodass sein Schwert nach oben abprallte, den Hals verfehlte und ein etwa münzgroßes Stück des Kopfes abschlug. Die Frau sank in sich zusammen und bettelte, doch nach Hause gehen zu dürfen, da sie ihre Strafe bereits erhalten habe. Die Menge wurde unruhig und forderte die Freilassung der Frau.

Deuser und sein Assistent schubsten sie zurück auf den Stuhl, und der Henker schlug erneut mit dem Schwert auf ihren blutigen Kopf ein. Auch dieser Hieb tötete die arme Frau nicht, sondern fügte nur ihrem Nacken eine Fleischwunde zu. Margaretha stürzte zu Boden und schrie: »O weh, Gott erbarme dich.«

Doch Deuser zeigte kein Erbarmen. Während sein Gehilfe die junge Frau am Boden hielt, hackte und sägte er mit seinem für ein solches Gemetzel völlig ungeeigneten Schwert an ihrem Hals herum.

Blutüberströmt flohen die beiden unter dem Schutz der Wachen vor der steinewerfenden Menge und kamen knapp mit dem Leben davon. Zwar wurde Valentin vor dem Mob gerettet, schwang aber nie mehr das Schwert – auch wenn er sich darauf berief, Margaretha habe ihn verhext (eine gängige Ausrede). Zweifellos wünschten sich die Nürnberger Behörden den alten Meister Franz Schmidt (siehe Seite 75) zurück.

In einigen deutschen Landen nahm der Henker den Platz des Opfers ein, wenn er mehr als drei Hiebe benötigte. Es gab allerdings zahlreiche Ausreden für einen Pfuscher: So konnte er behaupten, der Teufel habe ihm drei Köpfe vorgesetzt, das Opfer habe gezuckt oder die Menge habe mit Gegenständen nach ihm geworfen.

Das Schwert war dem Strang nichtsdestotrotz bei Weitem vorzuziehen. Die anfangs den Adligen vorbehaltene »gnädige« Enthauptung wurde zur Zeit von Meister Schmidt (siehe Seite 75) allmählich allen Ständen gewährt, gehängt wurden nur noch die abscheulichsten Verbrecher. In Nürnberg war ein Todeskandidat so erleichtert, als man ihm die Enthauptung statt des Erhängens zugestand, dass er Tränen der Dankbarkeit vergoss und auf dem Weg in den Tod beinahe fröhlich war, sodass er die Zuschauer und auch den Henker selbst zu Mitleid rührte. Das Schwert galt bis zur Einführung der Guillotine in Westeuropa als effizientestes Hinrichtungsinstrument.

Piraten

Bei der Hinrichtung der verhassten Seeräuber, die im 14. bis 16. Jahrhundert in Nord- und Ostsee ihr Unwesen trieben, brauchte der Henker sich nicht zu verstecken. Mit großen Flotten zerstörten sie manchmal ganze Städte, so 1392 bei der Plünderung von Bergen. Hamburg und die anderen Hansestädte schlossen sich mit Dänemark, Schweden und England zusammen, um dieser Freibeuter Herr zu werden. Zu den berüchtigtsten Seeräubern gehörte Klaus Störtebeker (»Stürz den Becher«), auf dessen Schiffsflagge zwei gekreuzte Trinkgläser prangten. 1401 wurde er von einem Verband hamburgischer Schiffe gefangen gestellt und samt seiner Mannschaft zum Tod durch das Schwert verurteilt. Der Legende nach versprach der Hamburger Bürgermeister Störtebeker, denjenigen

OBEN: Seefahrernationen wie die Niederländer waren auf den internationalen Handel angewiesen, um ihren Wohlstand zu sichern. Für Piraten kannte man keine Gnade.

von seinen Männern das Leben zu schenken, an denen er nach seiner Enthauptung vorbeimarschiere. Sein Leichnam stolperte ohne Kopf die Reihe gefesselter Kameraden ab, bis der Henker ihm ein Bein stellte – angeblich kam er bis zum elften Mann. Dennoch wurden alle enthauptet.

Eine andere Legende handelt von der Gefangennahme des Seeräubers Klein Henszlein durch die Hamburger Behörden 1573 und seiner Enthauptung mit 33 Kumpanen innerhalb von 45 Minuten vor den Augen der interessierten Hamburger Bürgerschaft auf einem eigens dafür gebauten Richtplatz. Das Blut strömte in Mengen und bedeckte die Schuhe des Henkers.

KAPITEL 4

Die Kunst des Folterns

Zu den wichtigsten Aufgaben eines Henkers gehörte das Foltern. Denn die Hinrichtung eines Verbrechers stellte nur den Endpunkt eines manchmal langwierigen Verfahrens dar. Oft wurde der Beschuldigte zu Beginn der Verhandlung in eine kleine Zelle unterhalb des Gerichtsaals geführt, um ihm dort das Geständnis zu entlocken. Gab es keine Beweise, etwa ein Mordinstrument, Wunden von einem Kampf oder verlässliche Augenzeugen, war es Aufgabe des Scharfrichters, für ein Geständnis zu sorgen.

Ein Geständnis erwirken

In Nürnberg verband ein schmaler Gang die im Volksmund »Kapelle« genannte, etwa zwei Meter breite und fünf Meter lange Folterkammer mit ihrer hohen Gewölbedecke mit einem darüberliegenden Raum im Rathaus, damit die Geschworenen den Verdächtigen befragen konnten, ohne der Folterung zusehen zu müssen.

Im 12. bis 18. Jahrhundert gehörte das Foltern mit allen möglichen Werkzeugen in ganz Europa zur Urteilsfindung. Die auch für die Folterung zuständigen Henker hatten meist ihre bevorzugten Verfahren, kannten sich aber alle in den im Weiteren erläuterten Techniken aus. Im Idealfall knickte das Opfer schon beim bloßen Anblick der vor ihm aufgereihten Foltergeräte ein, deren Funktionen und Wirkungsweise ihm, falls nötig, bis ins kleinste Detail beschrieben wurden. Deshalb reichte oft schon dieser erste von fünf Schritten, um ein Geständnis zu erwirken. Falls nicht, folgten deutlich unangenehmere Methoden.

UNTEN: **Eine Folterkammer der spanischen Inquisition, in der man mutmaßlichen Ketzern die Füße versengte oder sie an einem Flaschenzug aufhängte.**

OBEN: Anders als hier dargestellt, waren die Folterkammern oft dunkle, feuchte Kellergewölbe. Die Schreiber, die Geständnisse protokollierten, saßen meist hinter Schirmen.

Strappado

Die Deutschen verfeinerten das in England gängige Pfahlhängen, bei dem man den Gefangenen stundenlang an den Handgelenken oder Daumen an einem Balken hängen ließ, sodass er schlimme Schmerzen in Schultern und Brust erlitt. Bei der neuen Version, dem Strappado oder Pendel, fesselte man ihm die Hände auf dem Rücken und zog ihn mit einem Flaschenzugmechanismus empor. Als wäre dies nicht schon schmerzhaft genug, konnte der Folterknecht auch noch eine Sperre lösen und den Gefangenen zu Boden stürzen lassen. War er auch jetzt noch nicht zu einem Geständnis bereit, beschwerte man seine Füße mit Gewichten. Das Hochziehen und

DEM GEFANGENEN WURDEN, AUF EINEM SCHEMEL STEHEND, HANDSCHELLEN ANGELEGT, DIE WEITER OBEN AN DER WAND BEFESTIGT WAREN. NACH DEM WEGZIEHEN DES SCHEMELS LITT DER GEFOLTERTE ÜBER STUNDEN HÖLLENQUALEN, DA SEINE GLIEDMASSEN IMMER MEHR GESTRECKT UND DIE GELENKE AUSGEKUGELT WURDEN.

Fallenlassen führte zur Luxation (Ausrenkung) der Schultergelenke und Ellbogen. Bei einer anderen Variante wurden dem Gefangenen, auf einem Schemel stehend, Handschellen angelegt, die weiter oben an der Wand befestigt waren. Nach dem Wegziehen des Schemels litt der Gefolterte über Stunden Höllenqualen, da seine Gliedmaßen immer mehr gestreckt und die Gelenke ausgekugelt wurden.

Ein Opfer dieser Prozedur erzählt:

> *[. . .] am meisten tat es in Brust, Bauch, Armen und Händen weh. Ich glaubte, das ganze Blut in meinem Körper sei in die Arme geströmt und beginne schon, aus den Fingerspitzen zu spritzen. Ich irrte mich; aber meine Arme schwollen an und Panzerhandschuhe (gantelets) bohrten sich ins Fleisch. Nachdem ich eine Stunde so dagehangen hatte, wurde ich ohnmächtig; und als ich wieder zu mir kam, sah ich, dass mich die Henker mit den Armen abstützten: Sie stellten die Holzklötze wieder unter meine Füße, doch sobald ich mich erholte, entfernten sie sie wieder. So hing ich insgesamt fünf Stunden lang, während derer ich acht oder neun Mal ohnmächtig wurde.*
>
> JOHANN FRANZ LEPAPE VON TREVERN: *DÉFENSE DE LA DISCUSSION AMICALE, EN RÉPONSE AUX DIFFICULTÉS DU ROMANISME DE M. STANLEY-FABER*, PARIS, 1829

UNTEN: Die Folterkammer in der Prager Burg. Oft entlockte allein der Anblick der furchterregenden Geräte dem Angeklagten ein sofortiges Geständnis.

Die unendliche Vielfalt der Foltermethoden

Es gab noch viele andere Methoden, um ein rechtskräftiges Geständnis zu erlangen. So konnte man Nadeln oder Holzsplitter unter die Fingernägel drücken, den Angeklagten zum Essen von Fäkalien oder Würmern oder zum Trinken von Urin zwingen, Wachs oder geschmolzenes Blei auf seinen nackten Körper tröpfeln, eine flammende Kerze unter die äußerst hitzeempfindliche Achselhöhle halten oder ihn – in jüngster Zeit als Waterboarding zu zweifelhaftem Ruhm gelangt – simuliert ertränken.

Auch das Foltern durch Schrauben war gängig. So konnte der Peiniger eine Eisenplatte langsam auf ein empfindliches Gelenk schrauben und immer mehr Druck ausüben. Daumen- und Knieschrauben waren die Quelle stundenlanger Qualen und hinterließen oft bleibende Schäden, wobei in der deutschen Variante eine Nadel zusätzlich die Nagelhaut durchstach. Die Mundbirne, auch Folterbirne oder Spreizbirne genannt, wurde als teuflisch vielseitiges Werkzeug in den Mund, das Rektum oder die Vagina eingeführt, wo man sie spreizte, bis Organe rissen oder der Kiefer ausgerenkt war. Der »Kranz« (auch »Krone«) war ein Metallband, das man waage- oder senkrecht um den Kopf legte und immer enger zog, um den Schädel oder die Kieferknochen zu brechen. Er gehörte als typisch deutsches Folterinstrument mit großer Wahrscheinlichkeit zum Repertoire des Nürnberger Scharfrichters Franz Schmidt (siehe Seite 75). Durch

UNTEN: Da die Achselhöhlen und Fußsohlen besonders empfindlich sind, traktierte sie der Henker mit Peitschen oder Feuer (links). Wie hier zu sehen, gab es so etwas wie das Waterboarding (rechts) schon früher.

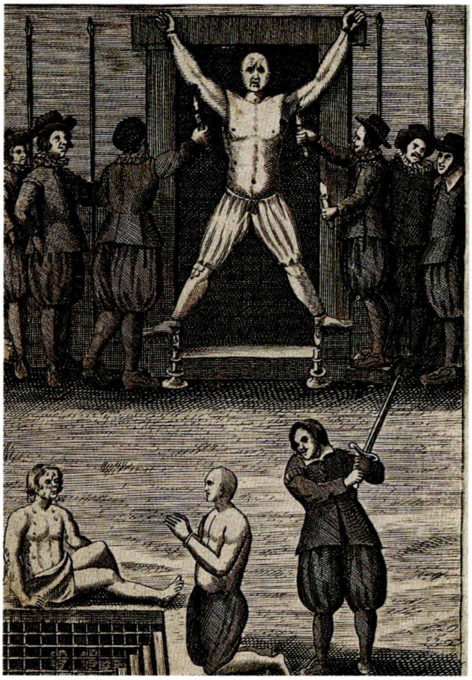

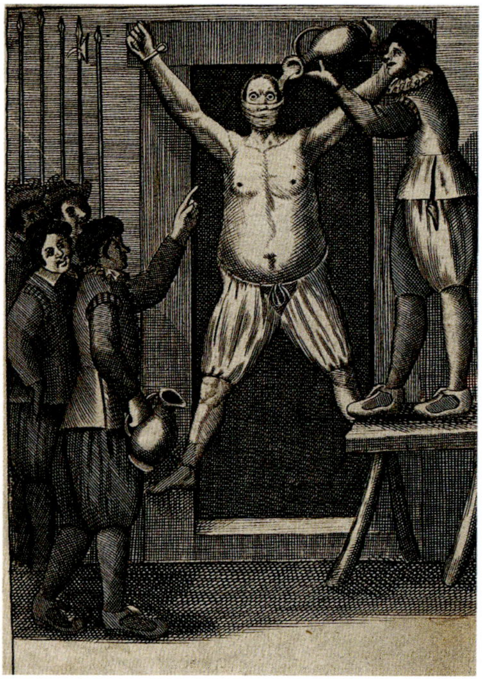

Schläge mit Eisenstangen konnten Folterknechte kaum zu ertragende Schockwellen vom Kopf durch die Wirbelsäule bis zu den Extremitäten des Gefangenen schicken. Qualvollen Druck verursachte außerdem der spanische Stiefel, auch Schraubstiefel oder Beinschraube genannt. Dieses in ganz Europa verwendete Folterinstrument bestand meist aus zwei Eisenplatten, die auf Füße und Unterschenkel geschnallt wurden. Anschließend trieb man Keile in den Spalt zwischen Stiefeln und Beinen, was Knochenbrüche und Fleischwunden verursachte.

OBEN: **Verschiedene Formen der Folter: Geißelung, Enthauptung, Verbrennung, Erhängen, Ertränken, Vierteilen, Verstümmelung und Strecken auf der Folterbank.**

Auch die Streckbank diente dem Erwirken eines Geständnisses. Der Gefangene wurde auf die Bank gelegt und sein Körper durch Drehen einer großen Winde mit Seilen oder Ketten gedehnt. Dabei wurden nicht selten Knochen aus ihren Gelenken gelöst. Die diagonal an einer Wand stehende Streckleiter erwies sich als nützlich für kleine, überfüllte Folterkammern.

RECHTS: **Daumenschrauben gab es in verschiedenen Formen und Größen. Diese einfach wirkenden Folterinstrumente verursachten teuflische Schmerzen.**

Glühende Zange

In Mitteleuropa bestraften Scharfrichter die Todeskandidaten auf dem Weg zum Galgen meist zusätzlich mit der heißen Zange, indem sie ihnen an wichtigen Orientierungspunkten auf dem Weg zum Galgen Fleischstücke herausrissen. Wie hart diese Strafe war, lässt sich daraus ersehen, dass die extreme Peinigung mit vier Zangenstichen meist bereits vor der Enthauptung zum Tod durch Blutverlust oder Schock führten. Zweimal mit der Zange reißen, an Armen oder Oberschenkeln, war dagegen eine gängige Strafe, aber auch schon dies konnte zu Bewusstlosigkeit oder einem Zusammenbruch führen.

Um hartgesottene Verbrecher zu brechen, war ein ganzes Repertoire an Foltermethoden erforderlich. So streckte man einen Gefangenen in Nürnberg sechsmal auf der Leiter und stellte Kerzen unter seine Achselhöhlen, während sein Schwager mit Daumenschrauben, zweimal mit Feuer und viermal mit dem Kranz gefoltert wurde. Der Henker sollte zwar ein Geständnis erwirken, aber zugleich auch sicherstellen, dass keine Schäden zurückblieben, die das Opfer am Gang zum Schafott hinderten. Eventuelle schlimme Verletzungen mussten geheilt werden, damit der Scharfrichter einen »guten Tod« (siehe Seite 62) herbeiführen konnte.

UNTEN: Diese großformatige Illustration zeigt die Folterung und Hinrichtung von Franz Seuboldt durch Meister Schmidt 1589.

Meister Franz Schmidt

Das Tagebuch von Franz Schmidt (ca. 1555–1634) vermittelt uns einen einzigartigen Einblick in das Wirken eines Scharfrichters im 17. Jahrhundert. Meister Franz führte während seiner Amtszeiten 1573 bis 1578 in der Gegend von Bamberg und bis Ende 1617 in Nürnberg detailliert Buch über seine Hinrichtungen und seine anderen Bestrafungen. Zu seinen Aufgaben gehörte auch die Durchsetzung der Sittengesetze.

Ein in Ungnade gefallener Adliger zwang Schmidt Vater zu einer Hinrichtung, sodass er und auch seine Nachkommen keine ehrbaren Berufe mehr ausüben durften. So unterwies der Vater Franz in den grundlegenden Fertigkeiten seines Handwerks – auch in so banalen Pflichten wie Reinigen, Schleifen und Ölen der Ausrüstung, Besorgen von Vorräten, Zubereiten von Essen und Getränken für sich und seine Gehilfen oder Aufräumen.

Außerdem oblag Schmidt auch die Vollstreckung weniger harter Strafen: Er peitschte Wiederholungstäter aus, schnitt Zungen, Ohren oder Nasen ab und stellte Verbrecher an den Pranger. In manchen Jahren gab es mehr zu tun als in anderen. 1585 zum Beispiel führte er 19 Auspeitschungen und elf Hinrichtungen durch. In seinem ersten Jahrzehnt als Scharfrichtermeister in Nürnberg enthauptete er 48 Verurteilte, erhängte 71, räderte elf und schnitt dazu fünf die Finger und drei die Ohren ab.

OBEN: Auf dieser Zeichnung enthauptet Meister Franz Schmidt 1591 Hans Fröschel.

Schmidts glanzvolle Scharfrichterkarriere begann 1573 mit seiner ersten Hinrichtung und dauerte bis 1618, als er mit geschätzten 394 Hinrichtungen in den Ruhestand ging. In seiner 45-jährigen Karriere musste er bei seinen 187 Enthauptungen mit dem Schwert nur viermal ein zweites Mal zuschlagen.

Auch wenn er bei der Stadtbevölkerung durch seine Rolle eine gewisse Angst hervorrief, schätzte man ihn in Nürnberg sehr. Als Abstinenzler pflegte er keinen Umgang mit Kriminellen, worin er sich von vielen anderen seiner Zunft unterschied. Er wohnte umsonst im Scharfrichterhaus an der Pegnitz und zählte zu den Bürgern. Nicht selten bat er die Behörden, die humanere Methode des Enthauptens statt des Ertränkens oder Erhängens zuzulassen.

Kapitel 5

Der Scheiterhaufen

Gibt es etwas Schlimmeres, als bei lebendigem Leib verbrannt zu werden? Man stelle sich nur einmal das Grauen vor, das jemand empfindet, den man an einen Pfahl bindet, während Helfer rundherum Brennholz aufstapeln. »Hexen« wurden in Europa und in den Kolonien europäischer Länder zu Tausenden bei lebendigem Leib verbrannt. Und die Inquisition verdammte vor allem in Spanien und in der Neuen Welt hunderte Opfer zum Tod auf dem Scheiterhaufen. Die Konquistadoren verurteilten die Azteken für ihre blutigen Menschenopfer, während die katholische Kirche bis ins 18. Jahrhundert hinein »Hexen« zum Tode verurteilte. Hexenverfolgung und -verbrennung erreichten ihren Höhepunkt zwischen 1560 und 1650.

Auf dem Scheiterhaufen

Diese grausame Hinrichtungsart kam weltweit zur Anwendung und diente insbesondere dazu, Angst in der Bevölkerung zu verbreiten. So verbrannten in Nordamerika einige Indianerstämme Feinde und weiße Siedler, damit diese nicht mehr in ihr Gebiet einfielen, und aufrührerische Sklaven wurden im 17. und 18. Jahrhundert als Exempel öffentlich verbrannt. Im alten Rom wurden Verbrecher am Kreuz im Kolosseum als grausige Bühnenbeleuchtung verbrannt – ihre Kleider wurden in eine brennbare Substanz getaucht, bevor man sie ans Kreuz nagelte. Im Verlauf der schauerlichen Abendvorstellung wurden sie wie lebende Fackeln angezündet. Die Pyrrhicharii waren Gefangene, die in ähnliche Gewänder gekleidet wurden und in Flammen stehend für das Publikum tanzen mussten.

UNTEN: Die katholische Kirche pflegte Ketzer verbrennen zu lassen. Der böhmische Reformator Jan Hus starb 1415 in Konstanz auf dem Scheiterhaufen.

Ein qualvoller Tod

»Tod durch das Feuer« steht für verschiedene Arten, auf dem Scheiterhaufen zu sterben. Die extreme Hitze konnte das Opfer bewusstlos machen, oder es starb an einem hypovolämischen Schock: Wenn das Blut aus den versengten Gliedmaßen austrat, hörte das Herz auf zu schlagen, ein Krampfanfall folgte. Außerdem führten giftige Gase aus den lodernden Flammen oft zum Erstickungstod.

Nach Augenzeugenberichten brannte das Feuer die Wunden aus, wenn es Hände, Arme und Unterschenkel verzehrt hatte; die Opfer hätten mit Stummelgliedmaßen herumgefuchtelt, während daraus Blut ins Feuer spritzte. Einige hätten sogar mit verbranntem Torso und Kopf überlebt, so Dr. John Hooper. Eine Dreiviertelstunde quälte ihn das schwelende Feuer, und seine Beine und sein linker Arm verbrannten, bevor seine Tortur ein Ende fand. Er starb als Opfer der Gegenreformation von Königin Maria I. im Februar 1555 in Gloucester.

Zum Tod auf dem Scheiterhaufen wurden insbesondere Ketzer, Hexen und Verräter verurteilt. Sie waren ihrem Henker ausgeliefert – schwelte das Feuer vor sich hin, konnten die Höllenqualen Stunden dauern. Meistens wurden sie mit Ketten oder Eisenbügeln an einen Pfahl inmitten von Holzbündeln und Strohballen gefesselt. Der Henker konnte das Brenngut so anordnen, dass es Bündel

LINKS: Hinrichtung des letzten Inka-Kaisers Atahualpa (um 1500 bis 1533) auf Geheiß des spanischen Konquistadoren Francisco Pizarro am 29. August 1533.

UNTEN: Francis L. McIntosh 1836 auf dem Scheiterhaufen in St. Louis. Er war für den Mord am stellvertretenden Sheriff George Hammond, der ihn verhaften wollte, zum Tode verurteilt worden.

OBEN: Die Verbrennung bei lebendigem Leib kannte viele Formen. Hier wird ein Mann in ein Fass gesteckt und verbrannt.

um Bündel verbrannte und die Flammen nach und nach zuerst Hände, Füße und Waden und schließlich Brust und Kopf verzehrten. Ketzer entgingen diesen vom Henker maximierten Höllenqualen, wenn sie widerriefen – eine Möglichkeit, von der nicht wenige auf dem Weg zum Scheiterhaufen Gebrauch machten. An Leisten oder Unterarme gebundene Säcke mit Schießpulver verheißen an sich nichts Gutes, doch auf dem Scheiterhaufen zeugten sie von der Gnade des Scharfrichters – denn sie verkürzten die Pein des Verbrennens.

Als Ketzer, der nicht widerrief, erlitt John Badby 1410 einen langsamen und grauenvollen Tod. Man brachte ihn nach Smithfield in London, legte ihn in ein Fass und band ihn an einen Pfahl, um den man trockenes Brennholz aufgeschichtet hatte. Kein Geringerer als der englische Thronfolger mahnte ihn, zum rechten Glauben zurückzukehren. Als er sich weigerte, wurde das Holz angezündet. Badby bat laut um Gnade, worauf man das Feuer löschte. Er weigerte sich jedoch trotz dieser letzten Chance auf Rettung, in den Schoß der katholischen Kirche zurückzukehren, und so fiel er schließlich doch den Flammen zum Opfer.

Thomas Morus wurde zwar heiliggesprochen, ging aber mit protestantischen Ketzern in den 1530er-Jahren nicht gerade wie ein Heiliger um. So wurde John Tewkesbury 1531 allein für das Lesen der Bibel – in der »ketzerischen« und verbotenen englischen Übersetzung von William Tyndale – zum Tod auf dem Scheiterhaufen verurteilt. Sechs Tage verbrachte er im Stock gefesselt in der Pförtnerloge des

Morus'schen Hauses, bevor man ihn auspeitschte und die Augen zusammendrückte, bis Blut hervorspritzte. Vor seiner Hinrichtung auf dem Scheiterhaufen wurde er noch im Tower von London gefoltert. Zwei Mitangeklagte, Andrew Hewitt und John Frith, mussten nach ähnlicher Peinigung auch noch zwei Stunden lang Höllenqualen auf dem Scheiterhaufen erdulden, bis der Tod sie erlöste, denn eine steife Brise blies die Flammen von ihren Körpern weg. Tyndale wurde erdrosselt und als Ketzer verbrannt, weil er die Bibel einer breiten Leserschaft zugänglich gemacht hatte. Nur zwei Jahre nach Tyndales Hinrichtung änderte König Heinrich VIII. seine Meinung und trat selbst für eine englische Übersetzung ein.

Ähnlich unbarmherzig zeigte sich Papst Alexander VI. im Fall von Girolamo Savonarola, ein harscher Kritiker der italienischen Renaissanceeliten, auf dessen Initiative hin zahlreiche Kunstwerke und klassische Schriften im »Fegefeuer der Eitelkeiten« endeten. Er wurde 16 Tage lang gefoltert, an einem davon allein #14-mal. Savonarola war sich selbst der schlimmste Feind, denn er widerrief, sobald man ihn freiließ, die unter Folter abgelegten Geständnisse umgehend. Die Kirche verlor die Geduld mit dem fanatischen »verrückten Mönch«. Sie ließ ihn erhängen und den Leichnam am 23. Mai 1498 in Florenz auf dem Scheiterhaufen verbrennen.

UNTEN: Papst und Kirche ließen keine Zweifel an Girolamo Savonarolas Tod aufkommen. Er wurde auf einem riesigen Scheiterhaufen verbrannt, dessen Rauch meilenweit zu sehen war.

Kleine Gnade

Manchmal legte man dem Verurteilten auch eine Schlinge um den Hals, sodass der Henker den Gefangenen erwürgen konnte, bevor die Flammen ihn erfassten. Dieser »schnellere« Tod funktionierte allerdings oft genug nur in der Theorie.

So legte der Henker von Catherine Bevan, die 1731 in der britischen Kolonie Pennsylvania für das Verprügeln und Erwürgen ihres Mannes zum Tod durch den Scheiterhaufen verurteilt worden war, ihr eine an einem Metallring befestigte Schlinge um den Hals, um ihr einen Gnadentod zu gewähren, bevor sie verbrannte. Als die Flammen rund um Catherine emporschossen, griff er nach vorne und zog am Seil, doch jenes war bereits angesengt und riss. So blieb Catherine ein rascher Tod versagt.

Eine andere Catherine mit Nachnamen Hayes landete 1726 in London auf dem Scheiterhaufen, weil sie und ihre Komplizen ihren Ehemann John mit einer Axt ermordet und anschließend seinen Kopf in die Themse geworfen hatten, um das Verbrechen zu vertuschen. Jemand fand jedoch den Kopf und übergab ihn den Behörden. Um herauszufinden, wem dieser gehörte, spießte man den Kopf vor der St. Margaret's Church auf. Nachdem mehrere Personen ihn identifiziert hatten, suchte man umgehend nach seiner Gattin als Hauptverdächtiger – und erwischte sie mit einem Komplizen im Bett. Sie wurde aufgefordert, den in einem Glasgefäß in Gin konservierten Kopf zu berühren, denn ein damals populärer Aberglaube besagte, dass dieser zu bluten begänne oder grün anliefe, wenn sie schuldig war. Zwar trat beides nicht ein, aber ein Komplize gestand. Die Mörder wurden dazu verurteilt, auf einem Gatter zum Richtplatz in Tyburn gezerrt und dort verbrannt zu werden.

LINKS: Der Henker verpfuschte Catherine Hayes' Hinrichtung: Da die Flammen zu hoch schlugen, konnte er sie nicht erwürgen, bevor sie lebendig verbrannte.

UNTEN: Als der Templerorden 1312 aufgelöst wurde, endeten viele Ordensbrüder auf dem Scheiterhaufen.

Eine große Menge von Schaulustigen fand sich zu ihrer Hinrichtung ein, denn man hatte ein Riesenspektakel versprochen. 15 weitere Verurteilte sollten den Tod durch den Strang finden, darunter Sodomiten und Wegelagerer. Das Prinzip »Ladies first« war wohl zu jener Zeit noch nicht allseits bekannt, denn sie musste mit ansehen, wie die anderen Übeltäter am *Tyburn Tree* baumelnd erstickten, bevor sie an der Reihe war. Schließlich nahm man sie vom aus Weiden geflochtenen Gatter und band sie mit einem Seil um den Hals an den Pfahl, um sie töten zu können, bevor sie von den Flammen verzehrt

OBEN: Mutter und Töchter Cawches wurden bei lebendigem Leib verbrannt – sogar Perotines Neugeborenes landete auf dem Scheiterhaufen.

würde. Daraufhin schichtete man das Holz um sie auf und zündete es an. Als der Henker jedoch versuchte, dem Leiden der Frau durch Erwürgen ein Ende zu bereiten, wechselte der Wind die Richtung und zwang ihn zum Loslassen des Seils – sonst hätten die Flammen ihn selbst versengt. Nach Augenzeugenberichten versuchte Catherine, das brennende Holz von sich wegzuschieben, während ihr der Henker mit einem Stück Holz den Schädel einschlug, »wobei ihr Gehirn reichlich heraustrat«. Kein guter Tag für den Scharfrichter, denn mehrere zu Hängende konnten vom Wagen flüchten, und provisorische Tribünen stürzten unter dem Gewicht des Publikums ein, sodass mindestens zwei Zuschauer den Tod fanden.

Auch als Katherine Cawches und ihre beiden Töchter 1556 auf der Kanalinsel Guernsey wegen Ketzerei auf dem Scheiterhaufen landeten, versuchte der Henker, sie zu erwürgen, war aber nicht schnell genug. Die jüngste, schwangere Tochter gebar, während die Flammen sie bei lebendigem Leib verzehrten. Der Säugling wurde aus den Flammen gerettet und dem Pfarrer übergeben. Darauf hätten sich Priester, Dekan, *Bailiffs* (vorsitzende Richter), Propst und *Islands Jurats* (Geschworene) beraten und der Propst angeordnet, das Kind als Ketzer ins Feuer zu werfen – vermutlich ohne es zuvor zu taufen.

Eine Hexe sollst du nicht am Leben lassen

Im Spätmittelalter und in der frühen Renaissance rollte eine Welle von Hexenverfolgungen durch Europa. Als die Reformation zur Spaltung der katholischen Kirche führte, reagierte die Obrigkeit geradezu paranoid auf »Ketzerei« und versuchte, sie mit allen Mitteln auszurotten. Tausende fanden nach grausamster Folter und unwürdigen Prozessen den Tod – am häufigsten auf dem Scheiterhaufen. Die Beweisführung unterlag in diesem Fall weniger strengen Regeln, denn Hexerei lässt sich bekanntlich mit normalen Mitteln nicht beweisen.

Vereinfacht gesagt galt als Hexe oder Hexer (Hexenmeister), wer einen Pakt mit dem Teufel geschlossen hatte und die so gewonnenen Kräfte dazu verwendete, anderen Leid anzutun oder ihr wirtschaftliches Wohlergehen in Gefahr zu bringen. Dies konnte zum Beispiel geschehen, indem der Hexer oder die Hexe Ernten verdarb, Tiere tötete oder Stürme herbeirief.

Während in einigen Regionen Europas Männer und Frauen etwa gleich häufig der Hexerei bezichtigt wurden, waren es anderswo überwiegend Frauen, insbesondere ältere Jungfern oder Witwen. In der patriarchalischen

UNTEN: Die erste Massenhexenverbrennung fand im Frühmittelalter statt. Hier werden Französinnen gefoltert und anschließend verbrannt. Der König schaut zu.

Die Macht der Hexen

Man hielt Hexen für so mächtig, dass man ihnen sogar einen Einfluss auf die internationale Politik zusprach. So glaubte der schottische König Jakob VI. 1590, Hexen hätten seine Heimreise von Dänemark mit seiner neuen Braut mit einem Fluch belegt, denn nach anfangs guten Wetterbedingungen erhob sich plötzlich ein Sturm, der eines seiner Schiffe untergehen ließ. Nach seiner Heimkehr wurden 100 Frauen wegen Hexerei verhaftet und hingerichtet, sechs weitere in Kopenhagen, von wo aus die Flotte in See gestochen war. Unter Folter schworen sie, Kobolde und Dämonen geschickt zu haben, die die Schiffe unter die Wellen zogen.

LINKS: Jakob I. beaufsichtigte persönlich die Folterung zahlreicher der Hexerei beschuldigter Frauen.

Und englische Hexen wurden des versuchten Mordes an der neuen Königin von Schottland angeklagt. Dazu hätten sie zuerst eine dahergelaufene Katze auf den Namen Queen Anne getauft, dann Genitalien und Arme der frischen Leiche eines jungen Mannes an die Gliedmaßen der armen Katze gebunden und beide aufs Meer hinaus gebracht und ins Wasser geworfen. So hätten sie den furchtbaren Sturm verursacht. Schon 1578 wollten Verschwörer die englische Königin Elisabeth I. und zwei ihrer wichtigsten Berater ermorden. Drei Wachsfiguren, eine davon mit dem Namen »Elizabeth« auf der Stirn, wurden auf einem Misthaufen gefunden.

LINKS: Man glaubte, der Teufel gebe seinen Jüngern Wachspuppen, mit denen sie ahnungslose Menschen mit Flüchen belegen konnten.

Gesellschaft verfügten Frauen kaum über Macht und wurden, wenn sie nicht unter dem Schutz eines Mannes standen, als Bedrohung der anerkannten Lebensweise und Gesellschaftsnormen angesehen. In England waren die Einkommen in der Tudorzeit (1485–1603) aufgrund schlechter wirtschaftlicher Bedingungen niedrig, und die Bevölkerung kämpfte nach mehreren Missernten ums Überleben. Ein unfruchtbares Schwein oder eine Kuh, die sich bei einem Sturz das Genick brachen, entschieden nicht selten über Leben und Tod. Mangelhafte Ernährung und Hygiene waren die Ursache vieler chronischer Beschwerden. So fiel es den Menschen leicht, jemanden der Hexerei zu beschuldigen.

Man erzählte den Kindern von schrecklichen Geistern, die im Wasser lebten und die Kleinen an den Füßen in die Tiefe zogen, um sie zu ertränken. Wandmalereien in Kirchen waren die

UNTEN: In seiner *Daemonologie* (1597) spricht der schottische König Jakob VI. (später als Jakob I. auch König von England) von den furchtbaren Gebräuen, die die Hexen in ihren Kesseln kochten. Zu den beliebten Zutaten gehörte eine schwarze Katze!

sichtbarste öffentliche Kunst und stellten oft die ewige Verdammnis der Hölle dar. So waren denn abergläubische Vorstellungen und der Teufel omnipräsent, der mit seinen Legionen Krankheit, Tod, Unwetter und anderes Unglück über die Menschen brachte. In dieser Atmosphäre der Angst ist es kaum verwunderlich, dass viele an die Existenz und die Kräfte von Hexen glaubten und sie als vermeintliche Dienerinnen des Teufels gegebenenfalls den Argwohn der Öffentlichkeit zu spüren bekamen.

Meist waren es ländliche Gegenden, in denen der Argwohn in Anschuldigungen mündete. Hier kannten und beobachteten die Menschen einander genau. Wer ausscherte, wurde mit unterschiedlichen Mitteln schon bald wieder auf den rechten Pfad gebracht. Rach- oder streitsüchtige Dorfbewohner steckte man in Käfige, führte sie an Halsband und Kette durch das Dorf oder setzte ihnen für einige Zeit eine Schandmaske auf, nicht selten mit scharfen Spitzen versehen, die sich in die Zunge bohrten.

OBEN UND LINKS: **Frauen hatten in der mittelalterlichen Gesellschaft kaum Rechte. Vielerorts war es der Ehefrau verboten, ihrem Mann zu widersprechen. Bei Verstößen gegen diese Regel konnte sie eine Schandmaske aufgesetzt bekommen.**

RECHTS: **Hebammen und Kräuterfrauen bezichtigte man gern der Hexerei. Hier wird die französische Hebamme Louisa Mabree mit ihren »Angehörigen« verbrannt.**

Die Hexenjäger

Hatte man eine mögliche Hexe ausgemacht, führten Hexenjäger Tests durch, um festzustellen, ob sie »wirklich« mit dem Teufel im Bunde stand.

Der erste und vielleicht bekannteste war die Wasserprobe – dieses Element wurde als rein betrachtet, da es der Güte Gottes entstammte. Die Verdächtige wurde an Händen und Füßen gefesselt ins Wasser geworfen. Falls sie unterging, war sie keine Hexe, falls sie obenauf schwamm, hatte sich der Verdacht erhärtet. Um sicherzugehen, kamen oft mehrere Methoden nacheinander zur Anwendung.

So fesselte man der vermeintlichen Hexe die Hände und band sie an ein Seil, um sie wieder herausziehen zu können. Das Gottesurteil galt als besonders verlässlich, wenn der linke Zeh an den rechten Daumen und der rechte Zeh an den linken Daumen gebunden wurde. Ging sie bei zweimaligem Untertauchen nicht unter, hielt man die Schuld für erwiesen.

Auch Brot und Butter wurden zur Überprüfung des Pakts mit dem Bösen herangezogen. Dabei segnete ein Priester eine Mahlzeit, die anschließend von der Beschuldigten verzehrt wurde. Falls sie erbrach, galt sie als Hexe. 1618 bat die zusammen mit ihren

LINKS UND UNTEN: Der Hexerei angeklagte Frauen wurden öffentlich gedemütigt: Man zog sie nackt aus, folterte sie oder tauchte sie unter Wasser. Nicht selten überlebten sie schon diese Torturen nicht.

Töchtern der Hexerei bezichtigte Joan Flower vor ihrem Prozess in Lincoln Castle selbst um diese Probe. Der Priester segnete das Brot und sah mit an, wie sie unmittelbar nach dem Verzehr des Brotes zusammenbrach und starb, wahrscheinlich an Herzversagen infolge großer Angst. Damit hielt man ihre Boshaftigkeit für bewiesen, und ihre Töchter saßen noch tiefer in der Klemme.

OBEN: Joan Flower und ihre beiden Töchter Margaret und Philippa samt ihren magischen Begleitern: Katze, Hund und Vogel.

Als aufschlussreichstes Zeichen galt das Hexenmal, das der Teufel angeblich hinterließ, wenn er die Hexe zur Bestätigung des Pakts zwickte. Dabei handelte es sich um eine Erhöhung der Haut, einer Zitze oder einem Nippel nicht unähnlich. Die teuflischen Begleiter der Hexen wie Katzen, Kröten oder Vögel saugten stundenlang an ihrer Brust oder auch an der »Zitze« im Genitalbereich – der Teufel versteckte das Hexenmal gern unter dem Scham- oder seltener Kopfhaar –, um sich an ihrer schwarzen Seele zu laben und ihr im Gegenzug teuflische Kräfte zu verleihen. Die Hauptaufgabe eines Hexenjägers bestand darin, die Angeklagte von Kopf bis Fuß kahl zu rasieren. Oft glich das versteckte Hexenmal mehr einem Pickel, Flohbiss, Muttermal, einem blassen Flecken Haut oder auch einer Sommersprosse. In diesem Fall kam die Nadelprobe zur Anwendung. Blutete die auffällige Körperstelle nicht, wenn man hineinstach, oder war sie schmerzunempfindlich, handelte es sich um ein Hexenmal. Professionelle Hexenstecher piksten die »Hexe« so lange mit unterschiedlichen Nadeln, bis sie eine Stelle gefunden hatten, an der ihr Stich keine Schmerzen verursachte und auch kein Blut austrat. Hatten sie damit Erfolg, war der Pakt der Frau mit dem Teufel bewiesen.

OBEN: ***Prüfung einer Hexe*** **von Tompkins Harrison Matteson. Hexenstecher »verwandelten« den harmlosesten Hautfleck oder Pickel in ein Hexenmal.**

Die Hexenjäger wanderten auf der Suche nach Verdächtigen durch ganz Europa, und ihre Tätigkeit verhalf ihnen nicht selten zu großem Wohlstand. Da man sie nur bei Erfolg bezahlte, brachten sie viele hinterhältige Methoden zur Anwendung, um die Beschuldigte als Hexe zu entlarven. Meisterjäger wie Matthew Hopkins (ca. 1620–1647) legten der Hexerei Verdächtigte in aller Öffentlichkeit auf eine Bank und stachen so lange überall in ihren nackten Körper, bis sie die »verdammte Stelle« gefunden hatten. Hopkins hatte dafür seine eigene »Nadel« mit einziehbarer Spitze gefertigt, die er unter großem Trara in den Körper rammte. Die Spitze verschwand im Griff, während eine Feder dafür sorgte, dass sie beim Herausziehen wieder hervortrat. Hopkins hatte einen weiteren Trick im Ärmel, der eine hohe Verurteilungsrate garantierte: Jedes auch noch so leise Stöhnen des unglücklichen Opfers unter Folter wurde als klares Geständnis interpretiert und als solches schriftlich festgehalten.

In Frankreich galt Jean Bodin (1530–1596) als besonders gnadenlos. Er traktierte selbst sehr junge oder greise Frauen mit heißen Eisen, um ihnen ein Geständnis zu entlocken, und sorgte auch dafür, dass die Richter keine Gnade walten ließen – andernfalls würden auch sie angeklagt und verbrannt. Nicholas Rémy hatte bis zu seinem Tod im Jahre 1616 in Lothringen 2500 »Hexen« und »Hexer« auf den Scheiterhaufen gebracht. Als besondere Perfidität ließ er die Kinder bei der Verbrennung ihrer Eltern zusehen. Pierre de Lancre (1553–1631) bezichtigte in seinem Blutrausch ganze Regionen mit bis zu 30 000 Einwohnern, mit dem Teufel im Bunde zu stehen, und ermutigte andere zu Berichten über Hexensabbate mit bis zu 100 000 Teilnehmern. Im äußersten Südwesten des Landes tötete er Tausende von baskischen Frauen, bevor ihre wütenden Verwandten ihn zur Flucht zwangen.

Franz Buirmann war ein berüchtigter Hexenkommissar in kurkölnischen Diensten, der in den 1630er-Jahren unter anderem in Jülich, Kleve, Rheinbach, Meckenheim und Flerzheim sein Unwesen trieb. Als erstes Opfer nahm er in Rheinbach die Witwe Christine Boeffgen – wohl eher wegen ihres Reichtums als wegen ihrer angeblichen satanischen Praktiken – ins Visier. Sie wurde gefoltert und von Kopf bis Fuß in den kahl rasierten Körper gestochen, bis sie schließlich ohne umfassendes Geständnis starb. Auch wenn sie keine Komplizen genannt hatte, war Buirmann fürs Erste zufrieden, denn er erbte ihr ganzes Vermögen.

Niemand war vor Buirmann sicher, der selbst vor Schöffen und deren Ehefrauen nicht zurückschreckte. Frau Peller wurde verhaftet, gefoltert und einer öffentlichen Teufelsaustreibung unterzogen, nur weil ihre Schwester die Avancen des Hexenjägers zurückgewiesen hatte. Danach vergewaltigten sie Buirmanns Helfershelfer noch mehrfach, bevor sie gestand und auf dem Scheiterhaufen landete. Auch den Bürgermeister von Rheinbach nahm er ins Visier: Er hielt der Folter 24 Tage lang stand, bevor er gestand und verbrannt wurde.

Wegen Verfahrensfehlern und Folter entgegen den Vorschriften wurde Buirmann im Oktober 1631 nach Bonn beordert und vom Dienst suspendiert. Sein Dienstherr, der Kurfürst, sorgte jedoch dafür, dass er schon 1632 wieder als Hexenmeister eingesetzt wurde und seinen mörderischen Feldzug bis 1638 fortsetzen konnte. Dabei nahm er in Rheinbach und Umgebung erneut insbesondere wohlhabende Bürger ins Visier. Als er das zweite Mal abreiste, waren hier rund 150 Personen auf dem Scheiterhaufen gestorben – bei 300 Haushalten in Rheinbach. Buirmann brachte auch einen seiner Mitarbeiter auf den Scheiterhaufen, weil er mit dessen Leistungen unzufrieden war.

RECHTS: **Matthew Hopkins machte als »Witchfinder General« ein Vermögen, indem er vor allem Frauen der Hexerei beschuldigte und sie auf den Scheiterhaufen brachte. Zum Glück für viele unschuldige Frauen starb er schon mit 27 Jahren.**

Die unfairsten Prozesse

Nur in seltenen Ausnahmefällen wurde eine Hexe nicht zum Tode verurteilt. Steht doch schon im Alten Testament geschrieben: »Eine Hexe sollst du nicht am Leben lassen.« Wer vor Gericht stand, war schuldig, denn Gott konnte in seiner Weisheit keine Anklage Unschuldiger zulassen. Im Falle der Hexerei als *crimen exceptum* (außergewöhnlichem Verbrechen) galten dabei nicht einmal die üblichen Verfahrensregeln. Würde ein Gericht eine Hexe nicht wie geboten bestrafen, so müsste Gott sich abwenden – Pest, Kriege und Hungersnöte würden das Land heimsuchen.

Selbst sonst als unzuverlässig geltende Zeugen wie Alte, Kinder, Bettler oder Schwerverbrecher waren bei Hexenprozessen zugelassen. So brachte in England 1612 ein neunjähriges Mädchen Mutter, Bruder, Schwester und zwei Nachbarinnen auf den Scheiterhaufen und 1616 die Aussage eines jungen Burschen neun Frauen. Wer während des Verhörs in Tränen ausbrach oder nervös wurde, galt als schuldig, ebenso wer sich überheblich und hochmütig zeigte. Zumindest in einer Hinsicht wurden verurteilte Hexen wie andere schuldige Frauen behandelt: Schwangere wurden nicht hingerichtet. In Cambridgeshire berief sich in den 1590er-Jahren die »Alte Mutter Samuel« auf diese Regel, doch eine Untersuchung durch Hebammen bewies – kaum überraschend bei ihrem Alter von über 80 Jahren –, dass sie keinesfalls schwanger war. Ihre unverheiratete Tochter Agnes weigerte sich, auf schwanger zu plädieren – schlimm genug, als Hexe verurteilt zu werden, aber als Hure in Erinnerung zu bleiben, wäre noch viel schlimmer.

UNTEN: Während der Hexenprozesse von Salem (1692–1693) in Neuengland (heute Massachusetts) wurden 20 Beschuldigte, davon 14 Frauen, hingerichtet.

LINKS: Wer der Hexerei beschuldigt war, gestand meist, um nicht gefoltert zu werden.

UNTEN: Die spanischen Stiefel wurden um den Unterschenkel gelegt und oft zusätzlich Holzkeile eingeschlagen, damit sie mehr drückten und Fleischwunden verursachten.

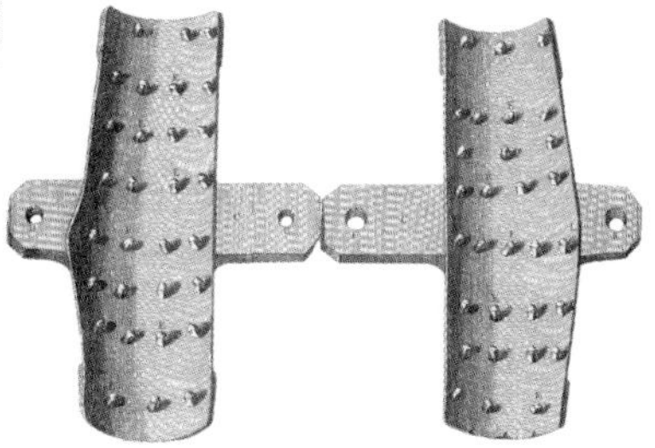

FOLTER

Da der Hexerei Verdächtigte in der Regel nicht zu gestehen bereit waren, weil sie sonst auf dem Scheiterhaufen endeten, erachtete man die Folter als notwendiges und geeignetes Mittel, um ihnen zu helfen, den Pakt mit dem Teufel einzugestehen. Zu den bevorzugten Folterinstrumenten gehörten der spanische Stiefel, auch Schraubstiefel oder Beinschraube genannt, sowie insbesondere in England Nadeln, die der Folterknecht unter die Fingernägel stach, bevor er jene ausriss. In den Folterkammern in ganz Europa fand man unter anderem noch Daumenschrauben, das Pendel und Folterbänke in verschiedener Ausführung. (Diese Methoden werden im vierten Kapitel ausführlicher besprochen.)

Bei einer Frühform des Schlafentzugs hielt man die Gefangenen so lange wach, bis sie jeden Wirklichkeitssinn verloren und alles gestanden. In anderen Fällen ließ man sie bis zu 40 Stunden ohne Essen und Wasser auf einem Tisch stehen, während die Folterknechte sie beschimpften und auf sie einredeten. Oder zwei muskelbepackte Wärter zerrten sie in der Zelle herum und ließen sie stundenlang hin und her stolpern. Mancher widerrief später seine Geständnisse – doch dann war es schon zu spät.

Sexuell frustrierte Priester machten in der Folterkammer die vornehmlich weiblichen Angeklagten zu Objekten ihrer sadomasochistischen Fantasien. So folterte und tötete im 16. Jahrhundert in Frankreich ihr Pfarrer Catherine Boyraionne, indem er ihr wiederholt heißes Fett über Augen, Bauch und Vagina goss. Die Henker, Kerkermeister, Geschworenen und anderen Vertreter des Justizapparats befummelten Brüste und Geschlechtsteile der Angeklagten, um sie zu »inspizieren«. Oft wurden die verurteilten Hexen auf dem Weg zum Scheiterhaufen oder zur Schlinge bis zur Taille entkleidet und mit Peitschenhieben auf Brüste, Gesäß und Rücken malträtiert.

In Festlandeuropa fand die Folter erst ein Ende, wenn die Gefangenen eine bestimmte Anzahl an Komplizen benannt hatten – manchmal löschten Prozesse ganze Gemeinden aus. So wurden in Nordspanien zu Beginn des 17. Jahrhunderts innerhalb weniger Jahre etwa 7000 Einwohner gefoltert und verurteilt.

Gefoltert und ausgehungert überlebten im Mittelalter viele der Hexerei Beschuldigte die Einkerkerung in den überfüllten und unhygienischen Gefängnissen nicht lange und starben schon vor dem Prozess. Die auf engstem Raum zusammengepferchten Gefangenen jeden Alters und Geschlechts erkrankten nicht selten am »Kerkerfieber«, bei dem es sich wohl um das Fleckfieber handelt. Wenn sie besonders verdreckt und von Krankheitserregern befallen waren, steckten sie sogar die Mitglieder der Gerichte an. In Salzburg hielt man die angeblichen Hexen in großen Kupferkesseln im Hexenturm gefangen, weil man glaubte, Kupfer neutralisiere alle magischen Kräfte. Solche Türme, in denen die Verdächtigen von der restlichen Bevölkerung isoliert wurden, gab es in vielen Städten im deutschsprachigen Raum. Falls eine »Hexe« die ganze Tortur überlebte, wurde sie vor Gericht gestellt.

OBEN: Der Hexenturm kann in manchen europäischen Städten bis heute besucht werden.

LINKS: Einigen Gerichtsschreibern und Richtern bereitete die sadistische Folterung nackter Frauen sexuelles Vergnügen.

ANNA KÄSERINS TRAURIGE MÄR

Zu den traurigsten Geschichten, die aufzeigen, wie verbreitet die Angst vor Hexen war und welch wichtige Rolle Eifersucht bei ihrer Anklage und die Folter bei der Erwirkung zweifelhafter Geständnisse spielten, gehört diejenige von Anna Käserin.

Sie lebte mit ihrem Mann Georg im oberbayrischen Eichstätt, wo im frühen 17. Jahrhundert zahlreiche Hexen hingerichtet wurden. Nicht wenige Angeklagte behaupteten unter Folter, man habe Anna dem Teufel beiwohnen und Hexensabbate besuchen sehen. Möglicherweise entgingen die Käsers einer Verhaftung, weil sie zu den wohlhabenderen Bürgern der Stadt gehörten. Die ständigen Anschuldigungen forderten jedoch ihren Tribut: Annas Mann sagte später aus, sie habe eine Neigung zur Melancholie entwickelt. Deshalb versuchten die beiden einen Neuanfang in einer anderen Stadt. Am neuen Wohnort den Mühlen der Justiz schutzlos ausgeliefert, wurde Anna 1629 als Hexe verhaftet und zum Prozess ins heute bei Touristen beliebte Neuburg an der Donau gebracht. Man fesselte sie im Kerker von Schloss Neuburg an eine Wand und stellte sie erst nach mehreren Wochen vor Gericht. Ihre Ankläger waren trotz mangelnder Beweise fest entschlossen, Anna als Hexe zu verurteilen. Sie gestand die früheren Anschuldigungen in Eichstätt ein, beteuerte jedoch ihre Unschuld.

Nichts blieb unversucht auf dem Weg zum Geständnis: Da Daumenschrauben nicht zum Erfolg führten, ging der Henker zum Pendel (Strappado) über. Anna wurde mit hinter dem Rücken gefesselten Handgelenken an einem Seil mehrmals hochgezogen und fallen gelassen. Als ihre Schultergelenke langsam auskugelten, ertrug sie den Schmerz nicht mehr und legte ein umfassendes Geständnis ab. Sie habe Salben aufgetragen, um fliegen zu können, sei mit Dämonen herumgetollt und habe zu Satan gebetet. Erst die fortgesetzte Folter brachte sie jedoch dazu, weitere Personen der Hexerei zu bezichtigen.

Aber noch hatten die Henkersgesellen nicht genug. Noch immer behauptete Anna, niemandem Schaden zugefügt zu haben. Nach einer weiteren Runde Strappado gestand sie jedoch, eines ihrer eigenen Kinder mit einer giftigen Salbe ermordet zu haben. Sie wusste, was ihr nun bevorstand, und versuchte, sich durch den Verzehr der eigenen Exkremente das Leben zu nehmen. Damit erzürnte sie das Gericht jedoch nur noch mehr, sodass dieses sie beschuldigte, den Teufel und seine Werke durch Selbstmord schützen zu wollen. Die Folter mit dem »spanischen Stiefel« zeichnete Anna schwer und ließ sie weitere abstruse Geschichten erzählen. Unter anderem behauptete sie, der Teufel habe Gänsefüße.

Schließlich hatte Anna genug gelitten und wurde zum Tode verurteilt. Als der örtliche Priester ihr die Sterbesakramente erteilte, widerrief sie ihre Geständnisse und erklärte, sie habe diese unter Zwang gemacht. Das bekam ihr nicht gut: Man folterte die arme Frau erneut, enthauptete sie und verbrannte ihre Leiche auf dem Scheiterhaufen.

UNTEN: **Beim Hexensabbat, so glaubte man, trafen Hexen den Teufel, hatten animalischen Sex mit ihm und erhielten ihre magischen Begleiter.**

OBEN: Hexen wurden in Europa im 14. bis 17. Jahrhundert zu Zehntausenden verbrannt. Hier drei auf dem Scheiterhaufen im niedersächsischen Derneburg im Oktober 1555.

HEXENVERBRENNUNGEN

Vielerorts in Europa war das Gericht mit Festlichkeiten verbunden. Die Schulen wurden an diesen Tagen geschlossen, damit die Schüler zum Wohle ihrer Allgemeinbildung mitverfolgen konnten, wie die »Hexe« auf dem Scheiterhaufen langsam verbrannte. Im 16. Jahrhundert wurden im Kanton Neuenburg zu Beginn der Zeremonie die Glocken geläutet, während man die Verurteilten vom Hexenturm zum Schloss führte, wo sie vor den versammelten Bürgern und Honoratioren niederknien und ihre Geständnisse wiederholen mussten. Versagten sie ihrem »gerechten« Urteil die Anerkennung, wurden sie erneut gefoltert. Anschließend hielt der örtliche Priester eine Predigt, bevor man die armen Teufel dem Scharfrichter zur Verbrennung übergab. Zum Schluss genehmigten sich der Bürgermeister und die Gerichtsbeamten ein orgiastisches Festmahl, das aus dem Vermögen des Opfers bezahlt wurde.

Ähnlich feierlich ging es in Preußen bei Hexenverbrennungen zu: Der Magistrat übergab die Hexe in einem feierlichen Ritual an den Scharfrichter. Dabei wurden ein Stab zerbrochen und Tische umgeworfen – zum Zeichen, dass das Verfahren ordnungsgemäß abgeschlossen wurde. Anschließend eskortierten Psalmen singende Priester und bewaffnete Wachen die Hexe zur Hinrichtungsstätte, wo die Todgeweihte erst geköpft und dann zum Klang von Hymnen und Psalmen verbrannt wurde.

In Spanien wurden Hexen an Ketten festgebunden, über glühende Kohlen gehängt und langsam gegrillt – so konnten die Schaulustigen den langen, qualvollen Todeskampf gut mitverfolgen. In Deutschland band man sie manchmal an die Spitze einer Leiter, die emporgezogen und dann in die Flammen herabgelassen wurde. Eine rheinländische Eigentümlichkeit war die Verbrennung in einer Hütte aus trockenem Stroh. Die Flammen schossen schnell empor und verbrannten die Haut, legten sich aber genauso schnell wieder – ein langsamer Tod war die Folge.

Der Hexenwahn grassierte in Europa wie eine Seuche. Über 40 000 Menschen fielen ihm zum Opfer und mindestens 100 000 wurden vor Gericht gestellt, die meisten zwischen 1560 und 1650. Massenhinrichtungen von Hunderten Hexen fanden in Deutschland und Frankreich statt. Ein englischer Besucher, der 1608 Zeuge einer solchen Massenverbrennung in Deutschland wurde, berichtete von einem schockierenden Spektakel, bei dem sich viele Todgeweihte von den Fesseln befreiten und zu fliehen versuchten. Sie wurden gejagt und in die Flammen zurückgeworfen.

UNTEN: Verurteilte Hexen, die sich weigerten, zu beichten und dem Teufel abzuschwören, starben besonders grausam. Hier landet ein Mädchen mit dem Gesicht voran im Feuer.

Das Bamberger Hexenhaus

Johann Gottfried von Aschhausen, Fürstbischof von Bamberg und Würzburg, schuf in den 1620er-Jahren in Bamberg eine spezielle Einrichtung zur Massenhexenverfolgung. Ihr fielen mindestens 400 der Hexerei Beschuldigte zum Opfer, von denen 102 allein im traurigen Rekordjahr 1617 angeklagt, gefoltert, enthauptet und auf dem Scheiterhaufen verbrannt wurden.

Im Drudenhaus (auch Malefizhaus, Hexenhaus, Hexengefängnis) mit seinen 26 winzigen Zellen sowie mehreren Folterkammern und einem Gerichtssaal waltete ein eigener Stab von hauptamtlichen Folterern und Henkern seines Amtes, die zuvor vom glühenden Hexenverfolger Bischof Friedrich Förner auf seine pseudowissenschaftliche religiöse Ideologie eingeschworen worden waren. Weltliche Gesetze, Anwälte und ein Netz von Informanten brachten die Hexenverfolgung in Bamberg zur Perfektion. Die Verdächtigen wurden oft insgeheim mitten in der Nacht verhaftet, und auch die Prozesse samt Urteilen fanden unter Ausschluss der Öffentlichkeit statt.

Hinter vielen Anklagen stand Habgier, denn das Vermögen der Verurteilten und Hingerichteten fiel an den Fürstbischof und dessen Günstlinge.

Zur Erwirkung von Geständnissen konnten die Folterknechte auf die modernsten Techniken wie Pendel, Daumenschrauben, Knieschrauben, Folterbank, Peitschen und Hexenstühle mit Kohlenbecken zur Versengung der Füße zurückgreifen. Dazu kamen Kerzenwachs, Brandmarkung, siedendes Wasser, Schlafentzug, Waterboarding, Stechen mit scharfen Gegenständen, brennender Schwefel und Seilbrand. Aschhausens Nachfolger Johann Georg Fuchs von Dornheim ließ innerhalb von zwölf Jahren 1500 Bamberger Bürger foltern.

OBEN: Im Bamberger Drudenhaus wurden mutmaßliche Praktiker der dunklen Künste »behandelt«.

Schließlich erließ Kaiser Ferdinand II. Gesetze, die den Angeklagten einen Rechtsbeistand garantierten, die Beschlagnahmung von Vermögenswerten stoppten und geheime Verhaftungen und Prozesse untersagten. Bischof Förner starb 1630 und Dornheim 1633 – so fand diese Schreckensperiode ein Ende.

KAPITEL 6

Tod durch den Strang

Zu den gängigsten Hinrichtungsmethoden gehörte schon immer der Tod durch den Strang, für den man im einfachsten Fall nur ein Stück Seil und einen Baum benötigt. Diese im Laufe der Jahrhunderte immer weiter verfeinerte Methode erreichte ihren Höhepunkt an Präzision womöglich in der Zeit des britischen Henkers Harry Pierrepoint, der mit einem komplexen System von Maßen und Gewichten den jeweils »perfekten Genickbruchsturz« berechnete.

Hängen in der Antike

Schon vor über drei Jahrtausenden gehörte das Hängen zu den gängigen Tötungsmethoden. Als erstes Werk der abendländischen Literatur berichtet Homers *Odyssee* davon, dass Lokalfürsten Menschen nach Lust und Laune ohne Prozess oder Gnade hängen ließen. Und als Odysseus zehn Jahre nach dem Fall von Troja auf die Insel Ithaka zurückkehrte, tötete er die Geliebten seiner Frau und hängte einige Mägde, die mit den Freiern Verkehr gehabt hatten. Homer beschreibt ihre Hinrichtung wie folgt:

> *Sprach's; da band er ein Seil des blaugeschnäbelten Schiffes*
> *An den ragenden Pfeiler, und knüpft es hoch am Gewölbe*
> *Fest, dass die Hangenden nicht mit den Füßen die Erde berührten.*
> *Und wie die fliegenden Vögel, die Drosseln oder die Tauben,*
> *In die Schlingen geraten, die im Gebüsche gestellt sind;*
> *Müde eilten sie heim, und finden ein trauriges Lager:*
> *Also hingen sie dort mit den Häuptern nebeneinander,*
> *Alle die Schling' um den Hals, und starben des kläglichsten Todes,*
> *Zappelten noch mit den Füßen ein wenig, aber nicht lange.*
> Homer: *Die Odyssee*, Übers. Johann Heinrich Voss

Diese vor bald drei Jahrtausenden verfasste Beschreibung einer Hinrichtung durch den Strang stimmt in ihren Grundelementen – ein

UNTEN: Odysseus verkündet seinen verräterischen Mägden ihr Schicksal: gehängt zu werden.

Querbalken, in diesem Fall ein starkes Schiffstau, an dem Schlingen befestigt sind, und das Zappeln der am Seil baumelnden Verurteilten – bis heute. Odysseus' Vertrautheit mit dieser Art der Hinrichtung deutet auf deren weite Verbreitung zu seiner Zeit hin. Er tötete die Frauen ohne Federlesen und möglichst wenig grausam – ganz im Gegensatz zu Melantheus, der als Verräter ein schlimmeres Ende nahm:

> *Jetzo holten sie auch den Ziegenhirten Melantheus;*
> *Und sie schnitten ihm Nas' und Ohren mit grausamem Erze*
> *Ab, entrissen und warfen die blutige Scham vor die Hunde,*
> *Hauten dann Händ' und Füße vom Rumpf mit zürnendem Herzen.*
> HOMER: *DIE ODYSSEE*, ÜBERS. JOHANN HEINRICH VOSS

VARIATIONEN DESSELBEN THEMAS

Am Strang kann der Verurteilte auf zwei Arten sterben: Beim »kurzen Fall« unterbricht die Schlinge die Sauerstoffversorgung, und der Todeskandidat wird langsam stranguliert; beim »langen Fall« lässt der heftige, plötzliche Ruck das Genick brechen, was unmittelbar zu Bewusstlosigkeit und Hirntod führt, auch wenn noch mehrere Minuten lang Lebenszeichen beobachtet werden können.

Man stellte den Verurteilten mit der Schlinge um den Hals auf einen Schemel und zog diesen unter ihm weg, setzte ihn auf ein Pferd und gab jenem die Sporen oder hob ihn einfach hoch und ließ ihn fallen. Es dauerte nicht selten bis zu 15 Minuten, bis das Opfer langsam erstickte und dabei mit den auf dem Rücken gefesselten Händen um sich schlug. Man wusste, dass der Tod eingetreten war,

LINKS: Der Spanier Pedro Armengol überlebte 1266 seine Hängung.

UNTEN: Im Dreißigjährigen Krieg (1618–1648) wurden gefangene Soldaten oft gehängt.

wenn sich Darm und Blase entleerten. Im Mittelalter folgte der Galgen, wie wir ihn aus dem PC-Knobelspiel »Hangman« kennen: ein vertikaler Pfosten und Querbalken für das Seil mit stabilisierender Strebe. Zwei aneinandergestellte Galgen ergaben einen längeren Querbalken, an dem man vier oder fünf Verurteilte hängen konnte, während an drei solcher langer Querbalken, im Dreieck angeordnet, die Hängung von 15 oder 20 möglich war. Die als effizient bekannten Deutschen bauten im 14. Jahrhundert sogar zwei- oder dreistöckige, vierseitige Galgen. Mitunter wurden auch soziale Unterschiede berücksichtigt: Die gemeinen Bandenmitglieder wurden in den beiden unteren Etagen gehängt, während die oberste den Anführern vorbehalten war.

Das mittelalterliche Paris besaß als stolze Hauptstadt eines mächtigen Königreichs einen besonders eindrucksvollen Galgen. Er stand auf einem 14 Meter breiten und 20 Meter langen Sockel vor den Stadtmauern. Die Spitzen der zehn wuchtigen Säulen, die ihn säumten, waren durch Balken verbunden, von denen Ketten herunterhingen. An diesen wurden die Schlingen festgebunden, von denen man als Vorsichtsmaßnahme je zwei um den Hals der Verurteilten legte – zusammen mit einem Seil, dem *Jet* (»Wurf«). Mit den beiden Seilen der

UNTEN: Die Europäer exportierten Ihre Hinrichtungsmethoden in die ganze Welt. Hier die Erhängung portugiesischer Rebellen in Sri Lanka 1658; die Offiziere wurden gefoltert.

Schlingen zog der Scharfrichter den Verbrecher eine Leiter hinauf. Sobald dieser die Endposition erreicht hatte, zog der Scharfrichter am *Jet*, um ihn von der Leiter zu holen. Wollte er den Erstickungstod des weit oben hängenden Verurteilten beschleunigen, stellte er sich auf das Seil, mit dem dessen Handgelenke gefesselt waren, und ging darauf auf und ab, bis das Genick des Verurteilten brach.

OBEN: Der imposante *Gibet de Montfaucon* in Paris wurde 1233 erbaut und 1760 zerstört. Er stand auf einem 14 Meter breiten und 20 Meter langen Sockel.

Im Mittelalter wurden jüdische Verurteilte auf dem europäischen Kontinent oft kopfüber gehängt. Bei dieser neben dem Rad vielleicht qualvollsten Hinrichtungsart starb das Opfer, dessen Hände zur Sicherheit gefesselt waren, damit es sich nicht hochziehen konnte, ganz langsam an Hunger, Durst und Schock. Manchmal hängte

man die Todgeweihten auch zusammen mit einem bissigen Hund oder Wolf zu beiden Seiten an den Galgen – in einem dokumentierten Fall wurde dabei zusätzlich unter dem Kopf eines jungen Mannes ein Feuer angezündet. Die Fantasie der Scharfrichter kannte keine Grenzen. Sie hetzten beispielsweise die bereits erwähnten bissigen Hunde schon auf dem Weg zum Galgen auf die zu Hängenden oder rissen den Todeskandidaten mit glutheißen Zangen Fleischstücke heraus. Manchmal waren die Hunde schon vor dem Hängen tot, und bei einer Variante ließ man sie und den Gefangenen eine halbe Stunde lang hängen und erdrosselte sie dann (siehe Seite 111). Es wird von Gehenkten berichtet, die fünf oder sechs Tage am Galgen überlebten. Wie qualvoll dieser Tod sein musste, darauf wirft der Fall eines 1637 in Deutschland zum Tode verurteilten Juden Licht: Ihm wurde anstelle der »Judenhinrichtung« eine »barmherzige« Alternative gewährt, die so aussah, dass man ihm mit einer Zange Fleischstücke aus dem Körper riss und geschmolzenes Blei auf die Wunden goss, bevor man ihn auf das Rad flocht.

LINKS: Nach der Eroberung christlicher Orte folterten und erhängten die Türken viele Gemeindemitglieder; manchmal wurden sie kopfüber aufgehängt und gehäutet.

Das Hängen des Verurteilten mit dem Kopf nach unten beschränkte sich zwar nicht auf Juden, galt aber infolge der antisemitischen Stimmung jener Zeit als besonders angemessen für sie. Auch gemeinsam mit einem Hund zu sterben, hielt man für eine adäquate Strafe, die sowohl dem Verbrechen als auch dem Verbrecher gerecht wurde. Schwor ein verurteilter Jude seinem Glauben ab und nahm das Christentum an, durfte er wie üblich gehängt werden. Vor Gericht demütigte man Juden zusätzlich, indem man sie zwang, auf dem nackten Bauch eines Schweines stehend zu plädieren.

Unglück verheißend

In Deutschland glaubte man, die Arbeit am Galgen oder auch nur das Berühren desselben bringe lebenslanges, an die Nachkommen vererbbares Unglück. Deshalb wurden in Nürnberg bei der Ersetzung des Galgens alle Handwerker der Stadt zur Mitarbeit verpflichtet – so glaubte man das Unglück möglichst breit zu verteilen. An der Aufstellung und Einweihung des Galgens mit einer feierlichen Prozession nahmen 336 Maurer und Zimmerleute, aber auch Geistliche und Adlige teil. Der Aufstellung des Galgens folgte ein großes Festmahl auf Kosten der Stadtkasse. Scharfrichter wurden in Deutschland von der bürgerlichen Gesellschaft gemieden, denn man glaubte, es bringe Unglück, mit ihnen oder ihren Familien zu reden, zu essen und zu trinken oder in irgendeiner anderen Weise mit ihnen Umgang zu pflegen.

Der vor allem in Österreich gebräuchliche Würgegalgen war offensichtlich mit der Absicht entwickelt worden, große Qualen zu verursachen, und erforderte vom Henker und seinen Gehilfen körperlichen Einsatz. Der Galgen bestand aus einem einzelnen Richtpfahl, an dem oben ein kurzes Seil mit einer Schlinge befestigt war. Der Henker stellte sich auf ein Podest hinter dem Pfahl, während der Gefangene auf einem kleinen Holzschemel an der Vorderseite stand. Dann stülpte der Scharfrichter dem Verurteilten eine Kapuze über den Kopf und legte ihm die Schlinge um den Hals. Seine Gehilfen entfernten mit Tritten den Schemel unter dem Todeskandidaten, und die Schlinge erwürgte ihn langsam. Sie konnten auch an den Beinen ziehen, um den Tod schneller herbeizuführen, doch das scheint nicht oft vorgekommen zu sein. Die meisten Gefangenen starben erst nach zehn Minuten oder noch später. Die Österreicher vertrauten im Gegensatz zu den meisten anderen Ländern bis 1918 und dann wieder von 1934 bis 1950 auf den »kurzen Fall«.

UNTEN: Auf dieser Darstellung aus dem frühen 15. Jahrhundert sind alle Merkmale einer Hinrichtung zu sehen: ein einfacher Querbalken, hinter dem Rücken gefesselte Hände und gefesselte Beine.

Zum Tode verurteilte Kriminelle wurden in Österreich vor einem ausgewählten Publikum wie lokalen Honoratioren, einem Priester, den engsten Verwandten und zwei Mitgliedern der örtlichen Gemeinde im Hof eines Gefängnisses oder Gerichtsgebäudes am Würgegalgen hingerichtet. Da politische Prozesse der Bevölkerung auch als Warnung dienen sollten, wurde der Verurteilte in diesem Fall öffentlich hingerichtet.

Die Garrotte

UNTEN: Ein Seil, das man um den Hals legt, und ein Stück Holz, mit dem man die Schlinge immer enger dreht – das war alles, was die spanische Inquisition zum Ersticken ihrer Opfer brauchte.

Die Garrotte, die in der Erdrosselung mit einer Bogensehne ein chinesisches Vorbild hatte, war in Spanien lange das bevorzugte – anfangs sehr grausame – Hinrichtungsinstrument. Der Henker legte dabei eine Schlinge um den Hals des an einem Pfahl sitzenden Verurteilten und drehte diese mit einer hinten angebrachten großen Winde zu, sodass jener langsam stranguliert wurde.

Im 15. Jahrhundert entdeckte auch die spanische Inquisition die Garrotte für sich. Der »Ketzer« wurde inmitten von Brennholz an die Garrotte gefesselt und hatte die Wahl zwischen zwei Möglichkeiten: Wenn er seinen Irrlehren abschwor, wurde er erdrosselt und anschließend auf dem Scheiterhaufen verbrannt, wenn er nicht widerrief, bei lebendigem Leib verbrannt, während die Garrotte allein dazu diente, den Kopf an den Pfahl inmitten des Scheiterhaufens zu binden.

Bei einer späteren Variante schnallte der Scharfrichter den Gefangenen auf einen groben Holzschemel, band ihn mit einem herunterklappbaren Eisen- oder Messinghalskragen fest an den Pfahl und drehte eine große Eisenschraube mit einer Klinge oder einem Dorn an der Spitze mit einem großen Hebel von hinten ins Genick des Todeskandidaten, sodass der Tod in der Regel umgehend eintrat.

Bei öffentlichen Massenhinrichtungen wurden in Spanien die Garrotten in Reih und Glied auf einer Plattform aufgestellt. Schwarz gekleidete und maskierte Henker schleppten die bis zu 20 Todeskandidaten zu »ihrem« Todeswerkzeug und schnallten sie fest. Dann wurden ihre Verbrechen laut und deutlich verlesen. Beim Ertönen des vereinbarten Signals begannen die Henker, die massiven Schraubengriffe zu drehen, während ihre Gehilfen im letzten Moment ein schwarzes Tuch über die Gesichter der Verurteilten warfen. Wenn die Eisenspitze ins Genick eindrang und es brach, ging nach Augenzeugenberichten ein kurzes Zucken durch Hände und Beine der Gefangenen, während der Brustkorb sich anhob, die Zunge heraustrat und die Augäpfel sich tief in ihre Höhlen zurückzogen.

Die letzten Hinrichtungen mit der Garrotte fanden 1974 statt.

DER GALGEN VON TYBURN

Londons wichtigster Galgen ragte im Dorf Tyburn empor, das nach dem gleichnamigen, von Ulmen gesäumten Flüsschen benannt war, ungefähr da, wo sich heute der Touristenmagnet Marble Arch am westlichen Ende der Oxford Street befindet. Etwa 40 000 bis 60 000 verurteilte Verbrecher wurden hier vom 12. bis zum 18. Jahrhundert hingerichtet.

Als erste dokumentierte Hinrichtung in Tyburn ging diejenige von William Fitz Osbert in die Geschichte ein, der 1196 gelyncht und am *Justice Tree* aufgehängt wurde, der vor der Errichtung des eigentlichen Galgens in Tyburn stand. 1220 wurde der erste, als *Tyburn Tree* bekannte Galgen errichtet – nicht mehr als ein Querbalken auf zwei Pfosten.

Der Gang zum Galgen kam im Mittelalter einem Schauspiel gleich. So wurde 1295 der wegen Hochverrats verurteilte Sir Thomas de Turberville auf einem Stierfell durch den Schlamm und über Felsen zur Hinrichtung geschleift, während die Henker als Teufel verkleidet mit Knüppeln auf ihn einschlugen.

Im 17. Jahrhundert ging man schon viel formeller vor. Wer verurteilt war, musste nicht lange auf seine Hinrichtung am *Tyburn Tree* warten. Am Sabbat vor ihrer Hinrichtung nahmen alle Verurteilten an einem Gottesdienst in der als »Pit« bekannten Gefängniskapelle im Newgate-Gefängnis, teil, wo ihnen in der Gesellschaft verurteilter Mitgefangener

UNTEN: Eine bekannte Radierung von William Hogarth (1697–1764) zeigt einen verurteilten jungen Mann auf dem Weg zum Galgen von Tyburn.

OBEN: Diese glückliche Seele wurde auf dem Weg nach Tyburn begnadigt – eine absolute Seltenheit.

die Zukunft vor Augen gehalten wurde. Auf einem Tisch vor ihnen stand ein Sarg, der sie daran erinnerte, dass sie womöglich besser für ihre Seele beten sollten.

Mitten in der Nacht vor der Hinrichtung, in der die Todeskandidaten wohl kaum ruhig schliefen, läutete der Küster die Glocke vor ihrer Zelle und ermahnte sie, um Vergebung zu beten. Das hatten sie Master Robert Dow zu verdanken, der 1605 St. Sepulchre, der Kirche gegenüber dem Newgate-Gefängnis, eine beträchtliche Summe hinterlassen hatte. Diese Ermahnung an die Gefangenen lautete:

Alle, die ihr im Loch der Verdammnis seid,
Haltet euch für den morgigen Tod bereit;
Die Stunde naht, wacht alle und betet,
In der ihr vor den Allmächtigen tretet.
Prüft euch gut, tut Buße zur rechten Zeit,
Auf dass ihr nicht in die ewigen Flammen geschickt werdet.
Und wenn die Glocke von St. Sepulchre am Morgen läutet,
Der Herr im Himmel sei euren Seelen gnädig.

OBEN: Zur Hinrichtung von Laurence Shirley, dem 4. Earl Ferrers, in Tyburn strömten die Menschen in Scharen herbei. Er war für den Mord an seinem Verwalter Mr Johnson verurteilt wurden.

Zur gleichen Zeit begannen die Glocken von St. Sepulchre zu läuten und verkündeten, dass eine Hinrichtung anstand. Sie hörten erst damit auf, wenn alle Verurteilten tot waren.

Die Gefangenen wurden aus ihren Zellen geholt und zu den bereitstehenden Karren gebracht, wo man ihnen die Hände vor dem Körper zusammenband, damit sie beten konnten, die Schlinge um den Hals legte und das dazugehörige Seil locker um die Taille band. Potenzielle Ausreißer legte man in Ketten. Bei der Übergabe der Gefangenen stellte der *Undersheriff* im Voraus eine Quittung für ihre Leichen aus. Ursprünglich band man die Gefangenen einfach an ein Pferd, das sie zum Galgen schleifte. Da aber mancher Verurteilte dies nicht überlebte, ging man zum Transport auf einem Gatter oder einem Ochsenkarren und noch später in einem Pferdewagen über. Letzterer fasste drei Gefangene und ihre Särge. Bei der größten Massenhinrichtung im Jahre 1649 wurden 23 Männer und eine Frau in acht Karren nach Tyburn gebracht. Ein hoher Wagen ermöglichte den Zuschauern einen besseren Blick auf die Gefangenen und ihre Bewacher. Wohlhabende Todeskandidaten bezahlten mitunter dafür, in einem in schwarze Seide gehüllten Pferdewagen transportiert zu werden, um neugierigen Blicken zu entgehen.

Kurz vor Aufbruch bot man allen Verurteilten ein Sträußchen duftender Kräuter an. Auf der sechseinhalb Kilometer langen Strecke zum Galgen hielt der Zug immer wieder an einem Wirtshaus, wo die Gefangenen mit Alkohol versorgt wurden. Ein

Das Leben nach dem Hängen

In seltenen Fällen überlebte jemand. So wurde John Smith am 12. Dezember 1705 sieben Minuten nach seiner »Ausschaltung« begnadigt. Man setzte ihm Blutegel an und legte ihn zur Erholung ins Bett. Nach seiner Wiederbelebung berichtete er, ein unerträglicher Schmerz sei durch seinen Körper geschossen, dann aber schnell verblasst. Er habe unregelmäßig blinkende Lichter gesehen, bevor er das Bewusstsein verlor. Er ging als der »halb gehängte Schmied« in die Geschichte ein.

Ein anderer Überlebender namens William Duell kam auf dem Seziertisch wieder zu Bewusstsein. Er konnte sich nur noch daran erinnern, im Paradies geweilt zu haben, wo ein Engel zu ihm gesagt habe, seine Sünden seien vergeben.

OBEN: John Smith wird vom *Triple Tree* in Tyburn heruntergeholt. Hätte man ihn an einen Galgen mit Falltür gehängt, wäre er sofort tot gewesen.

feststehender Halt war die Bierstube *The Mason's Arms*, in der man die Verurteilten an die Wand fesselte, damit zahlende Gäste ihnen noch mehr Alkohol einflößen und ihre makabre Neugier befriedigen konnten. Schließlich lud man sie nach einem »Schluck für unterwegs« auf die Karren und fuhr sie die Tyburn Road (heute die trendige Oxford Street) hinunter zu ihrem Termin mit dem Henker. *Javelinmen*, mit Knüppeln und Stäben bewaffnete Soldaten und Polizisten, eskortierten die vom *City Marshal* und dem *Undersheriff* angeführte Prozession hoch zu Ross und bahnten ihr, wenn nötig, einen Weg durch die Massen nicht selten betrunkener und Unruhe stiftender Gaffer. Der Kaplan redete den Gefangenen während der ganzen Fahrt ins Gewissen und versuchte, sie zu einer Beichte in letzter Minute zu bewegen.

Im Volksmund hieß diese Reise vom Gefängnis nach Tyburn einfach »going west«. Ein Schwerverbrecher kam in den Genuss des seltenen Privilegs, nicht nur einmal, sondern zweimal nach Westen zu gehen. 1703 hoffte Thomas Cook auf seine

Begnadigung, die aber bis zum Tag seiner Hinrichtung im Jahre 1703 nicht eintraf. Als er in Tyburn ankam und dort der Straferlass schon auf ihn wartete, war er natürlich überglücklich, doch zurück im Newgate-Gefängnis, wurde ihm mitgeteilt, sie sei zurückgezogen worden. Zwei Wochen später machte er sich erneut auf den Weg zum Galgen – diesmal einfach, nicht hin und zurück.

Nach seinem Eintreffen stellte der Henker den Verurteilten unter den Galgen, wickelte das Seil um seine Taille ab und warf es dem Henkersgehilfen oben auf dem Querbalken zu. Sobald es gesichert war, führte man den Gefangenen eine Leiter empor, verband ihm die Augen und stieß ihn mit einer fachmännischen Drehung weg. Nach kurzem Sturz konnte die Zuschauermenge den langsamen Erstickungstod mitverfolgen: Kehlkopf und Halsschlagadern wurden gequetscht, und der Gefangene vollführte den »Tyburn-Trick« – er hüpfte am Ende des Seils zuckend unwillkürlich hin und her. Dies konnte manchmal bis zu 15 Minuten dauern.

Tyburn 2.0

Die angestrebte Abschreckung durch die öffentlichen Hinrichtungen in Tyburn trat offensichtlich nicht ein – die Kapazitäten mussten schon bald verdreifacht werden. So rüstete man den Galgen 1571 zum »Dreifach-Baum« (*Triple Tree*) auf. Dieser bestand aus drei Pfosten, deren Querbalken ein Dreieck bildeten, und ermöglichte so die Erhängung von 24 Straftätern auf einmal. Eine weitere Neuerung stellte der Verzicht auf die Leiter dar, die der Todeskandidat vor dem Erhängen emporstieg. Stattdessen wurden die Wagen mit meist drei oder vier Verurteilten darauf unter einen der Querbalken manövriert. Mit dem Rücken zum Pferd auf dem Karren gefesselt, sahen sie den Galgen erst, wenn sie sich unter dem Balken befanden. Der Ruf »Hüte ab!« hieß die Zuschauer ihre Kopfbedeckungen abzunehmen – aber nicht etwa als Zeichen des Respekts, sondern damit jeder das Spektakel mitverfolgen konnte. Die Seile wurden am Balken befestigt, und der Pfarrer rezitierte Psalm 51. Sobald alle Seile an Ort und Stelle waren, klopfte der Henker dem Pferd auf die Flanke, und alle Insassen des Wagens wurden auf einmal abgeworfen und stranguliert.

Trat der Tod länger nicht ein, hängten sich der Henker, seine Gehilfen oder auch Verwandte und Freunde manchmal an die Opfer. Einige Gefangene nahmen ihr Schicksal auch selbst in die Hand und versuchten ihr Ableben zu beschleunigen. 1750 sprang der Wegelagerer James MacLaine hoch in die Luft und zog seine Knie an die Brust, als wollte er ins Wasser platschen und alle nass machen. Auf diese Weise brach er sich das Genick und starb schnell.

LINKS: **Der Wegelagerer James MacLaine sprang selbst vom Wagen, um schnell zu sterben.**

Hölle und Hochwasser

Nicht alle Londoner Hinrichtungen fanden in Tyburn statt. So wurden Meuterer und Piraten am Dock mit dem treffenden Namen *Execution Dock* in Wapping hingerichtet. Nach dem Hängen kettete man sie an einen schweren Holzpfahl und stellte sie als Warnung für vorbeifahrende Seeleute zur Schau, bis dreimal die Flut gekommen war.

1534 wurden Alice Tankerville und John Wolfe wegen Diebstahls von Gold aus den Beständen König Heinrichs VIII. zum Tode verurteilt. Die bei Ebbe vor dem Tower an der Themse Angeketteten ertränkte die nächste Flut.

Zu den Schwerverbrechern, die in der Nähe des Tatortes gehängt wurden, gehörte John Price, seines Zeichens Scharfrichter. 1715 als Henker abgesetzt, kam er wegen Schulden ins Gefängnis, aus dem er 1718 ins Umland flüchtete. Dort trieb er sich bevorzugt in Wirtshäusern herum. Einmal vergewaltigte er im Rausch eine Frau, wobei er ihr einen Arm brach und ein Auge ausschlug. Er wurde ganz in der Nähe in Bunhill Fields gehängt.

RECHTS: Piraten wurden am *Execution Dock* an der Themse gehängt, ihre Leichen als Exempel zur Schau gestellt.

Die Zuschauermassen

Als dritter Akteur neben Henker und Opfer spielte am Galgen von Tyburn die Menge der Schaulustigen eine besondere Rolle: Sie verhöhnte Todeskandidaten, die verängstigt auf den Wagenboden kauerten, unisono und zollte den Mutigen ebenso lautstarkes Lob. Sie war wankelmütig und randalierte oder griff sogar zu Gewalt, wenn sie etwas als ungerecht empfand. Der Wunsch des Pöbels, grausame Verbrecher zu lynchen, machte die Anwesenheit von 200 Wachen erforderlich.

Der besonders unbeliebte Henker William Marvell wurde 1717 mitten aus der Prozession zum Galgen heraus wegen Schulden verhaftet – sehr zum Vergnügen des Publikums. Als der Zug mit den Verurteilten in Tyburn ankam, kippte die Stimmung jedoch. In Abwesenheit des offiziellen Scharfrichters meldete sich ein Zuschauer freiwillig zur Durchführung der Hinrichtung, wurde aber fast zu Tode geprügelt. Der Obrigkeit blieb keine andere Wahl, als die Todeskandidaten nach Newgate zurückzubringen und sie zur Verbannung in eine Strafkolonie zu verurteilen.

1736 verpfuschte Scharfrichter John Thrift die Hinrichtung von Thomas Reynolds, indem er ihn zu früh vom Galgen abschnitt. Als man ihn auf den Sarg legte, setzte sich der nur scheinbar tote Reynolds auf. Thrift packte ihn und schleppte ihn zurück zum Galgen, um seine Arbeit zu Ende zu führen, doch das Publikum drängte erzürnt auf das Podium, rettete Reynolds und griff Thrift tätlich an. Nach dem alten Rechtsgrundsatz, dass man nicht zweimal für das gleiche Verbrechen bestraft werden kann, waren die Zuschauer natürlich im Recht, nichtsdestotrotz erlag Reynolds schon bald seinen Verletzungen.

Die Todeskandidaten durften sich vor dem Gehängtwerden mit letzten Worten ans Publikum richten. War die Rede von kurzer Dauer, fanden sie damit durchaus Anklang. 1758 hielt jedoch ein gewisser Doktor Henesy einen scheinbar nicht enden wollenden Monolog und trieb das Publikum so fast zur Verzweiflung. Als eine späte Begnadigung eintraf, randalierte die Menge und verwüstete Zuschauerränge sowie nahe gelegene Wohnhäuser.

Der berühmt-berüchtigte Bandenkriminelle Jonathan Wild versuchte sich 1725 in der Nacht vor seiner Hinrichtung in Tyburn mit einer Überdosis Laudanum (Opiumtinktur) das Leben zu nehmen. Die Zuschauermenge brachte ihren Hass auf ihn zum Ausdruck, indem sie tote Katzen und Hunde, Exkremente und einen spitzen Stein nach ihm warf, der eine blutende Wunde hinterließ, auch wenn er kaum bei Bewusstsein und so schmerzunempfindlich war.

Manchmal waren die Zuschauer den Gefangenen auch wohlgesonnen. So hoben sie einen 15-jährigen, wegen geringfügigen Diebstahls zum

RECHTS: Jonathan Wild war nicht gerade ein Publikumsliebling. Der Kutscher, der ihn nach Tyburn karrte, fuhr besonders langsam, damit der Pöbel seinem Hass auf den Denunzianten freien Lauf lassen konnte.

Tode verurteilten Jungen in den Wagen, da er sich vor Angst nicht bewegen konnte. Und dem weinenden Vater wurde erlaubt, den Kopf seines Sohnes während der Fahrt in den Schoß zu legen, während sie an der schweigenden Menge vorbeifuhren.

Newgate

Als Letzter wurde der Straßenräuber John Austin im November 1783 in Tyburn gehängt. Häuser und Villen für die Oberschicht des expandierenden London traten an die Stelle des Dorfes – Zuschauerhorden in den Vorgärten waren da absolut unerwünscht. Deshalb verlegte man die Hinrichtungen in die Old Bailey Street in unmittelbarer Nähe des Newgate-Gefängnisses. Der Posten des Gefängnisaufsehers war äußerst begehrt, und wer zu einer Hinrichtung eingeladen wurde, konnte sich glücklich schätzen. Während der Stunde, die der Schwerverbrecher am Galgen hing, servierte man den Gästen Aufschnitt, gegrillte Nieren und feinen Brandy. Nach dem Frühstück kehrten die offiziellen Gäste zum Galgen zurück und sahen dem Abschneiden der Leichen zu, vielleicht auch dem Chirurgen bei der vorgeschriebenen Autopsie.

In Newgate hängte man im Dezember 1783 die ersten zehn Todeskandidaten an neuartigen Galgen: 1,8 Meter hoch, mit einer drei Meter langen und sechs Meter breiten Falltür, auf der die Verurteilten standen. Nach Betätigung

UNTEN: Beim neuen Galgen am Old Bailey konnte das Publikum den Todeskampf nicht mehr mitverfolgen, sobald der Verurteilte durch die Falltür gestürzt war.

OBEN: Im 19. Jahrhundert lebte der Großteil der englischen Bevölkerung in Armut. Auf viele Verbrechen stand die Todesstrafe; die Reichen nahmen davon kaum Kenntnis.

eines Hebels öffnete sich diese Falltür, und die bis zu zwanzig an zwei parallelen Querbalken Aufgehängten stürzten in den Tod.

Das Leben in Newgate war alles andere als glanzvoll. Bis ins 18. Jahrhundert hausten die Gefangenen nach der Art ihres Verbrechens gruppiert ihrem Schicksal überlassen in überfüllten Schlafsälen. Die Verpflegung bestand aus fauligem Fleisch und Haferschleim, während

Zu Tode getrampelt

Die Schaulust der Öffentlichkeit führte bisweilen zu Tragödien. So fanden sich 1807, als Haggerty und Holloway für den Mord an einem unschuldigen Lavendelverkäufer hingerichtet werden sollten, rund 40 000 Zuschauer in Newgate ein. Das Gedränge war so groß, dass Dutzende unter den Füßen der anderen Zuschauer landeten. Ein Säugling, dessen junge Mutter zu Tode gequetscht wurde, überlebte wie durch ein Wunder, indem die Leute ihn über die Köpfe hinweg weiterreichten. 27 weitere Menschen fanden in diesem Gedränge den Tod und über 70 wurden verwundet.

OBEN: Das abschreckende Äußere des Newgate-Gefängnisses. Die Insassen hatten Glück, wenn sie lebend herauskamen. Das Fleckfieber lichtete regelmäßig die Reihen der Insassen und Ihrer Bewacher.

RECHTS: Krähen, die sich an den hängenden Leichen fett fraßen, gehörten als ständige Begleiter zu den meisten Galgen.

es besseres Essen, Bettzeug, Kerzen und Alkohol nur gegen Bares gab. Die Gefängniswärter, die diese Dinge gewinnbringend verkauften, wurden nicht als Staatsdiener entlohnt, sondern erkauften sich das Recht, eine bestimmte Gefangenengruppe wie ihr persönliches Eigentum zu verwalten. Sexueller Missbrauch war weitverbreitet. So waren Frauen zu sexuellen Gefälligkeiten gezwungen, wenn sie die Zeit im Gefängnis überleben wollten. Bevor die Verurteilten ihren Gang zum Galgen antraten, machten die Wärter noch einmal richtig Kasse, indem sie jedem Zuschauer Geld abknöpften. Je berühmter der Gefangene, desto höher ihre Einnahmen.

Die in Newgate Gehängten mussten zwar nicht die qualvolle Prozession nach Tyburn über sich ergehen lassen, dafür aber den *Dead Man's Walk* über die Leichen ihrer Vorgänger absolvieren. Der kurze, als *Birdcage Walk* bezeichnete Durchgang von den Zellen zum Galgen führte nämlich über die letzte Ruhestätte der Hingerichteten. Einmal vom Galgen abgeschnitten, wurden sie ausgezogen, in flache Gräber geworfen und mit Branntkalk bedeckt. Die Verurteilten wussten, dass sie schon bald in diesen feuchten, lichtlosen Gang zurückkehren und nur noch ihre Initialen an der Wand von ihrem Tod künden würden.

Als Letzter wurde der irische Republikaner Michael Barrett am 26. Mai 1868 in Newgate öffentlich hingerichtet.

Bevor die Verurteilten ihren Gang zum Galgen antraten, machten die Wärter noch einmal richtig Kasse, indem sie jedem Zuschauer Geld abknöpften. Je berühmter der Gefangene, desto höher ihre Einnahmen.

Die Evolution des langen Falls

Der kurze Fall sorgte für Publikumsunterhaltung: Die Verurteilten verzogen das Gesicht, stöhnten und tanzten den *Tyburn Jig*, während sie langsam erstickten. Dann erfand jemand, von dem man dies kaum erwartet hätte, eine fast schmerzfreie Methode des Hängens.

William Marwood kam 1818 im englischen Lincolnshire zur Welt und wurde Schuster. 1872 entschied er sich im fortgeschrittenen Alter von 54 Jahren für einen Berufswechsel und bewarb sich erfolgreich beim Gefängnisdirektor von Lincoln Castle um das Scharfrichteramt. Sein Vorgänger William Calcraft vertraute noch auf den kurzen Fall, der mit längeren Qualen der zu Hängenden einherging. Er verkürzte jedoch mit einer Innovation den Vorgang des Hängens: Dank eines Gürtels mit einer Schnalle an der Vorderseite und Handgelenksbändern an der Rückseite konnte der Henker die Handgelenke des Verurteilten schnell und effizient hinter dem Rücken fesseln, bevor er ihn zur Schlinge führte.

Marwood glaubte, mithilfe des Gewichts des Todeskandidaten die Länge des Seils berechnen zu können, bei der der Fall zum Genickbruch und damit zum schnellen Tod führte. Ein zu langer Fall riss dem Verurteilten den Kopf ab und verursachte so ein hässliches und blutiges Spektakel, während ein zu kurzer, wie er bisher praktiziert wurde, zum langsamen Ersticken führte. Mithilfe von Sandsäcken und einem selbst gebauten Galgen sowie seinen profunden anatomischen Kenntnissen erstellte Marwood eine Tabelle mit Falllängen nach Alter und Gewicht.

Unter Berücksichtigung von Gewicht, Körperbau und Alter des Verurteilten entschied sich Marwood für die jeweils maximale Seil- und damit Falllänge, die zu einem sauberen Genickbruch führte.

LINKS: William Marwood (1818–1883) führte beim Methode des tiefen Falls ein: Statt die Verurteilten allmählich zu strangulieren, wurde ihnen so das Genick gebrochen, was zum sofortigen Tode führte.

OBEN: Marwoods Methode verbreitete sich auf der ganzen Welt. Hier hängen US-Militärs 1911 drei philippinische Aufständische.

Als Erster wurde William Frederick Horry nach Marwoods Methode hingerichtet – ein voller Erfolg, was dem neuen Scharfrichter schon bald zu einer gewissen Berühmtheit verhalf. Er schmückte sein Schustergeschäft mit den Schlingen von ihm Hingerichteter, und viele seiner Kunden hörten sich schaurige Anekdoten an, während er ihre Schuhsohlen flickte. Über der Tür seines Ladens hing ein Schild mit der Aufschrift »Crown Office«, und im Inneren war zum Vergleich mit seiner eigenen wissenschaftlichen Methode auch eines der Kurzfall-Seile von William Calcraft, dem vielleicht berühmtesten britischen Henker jener Zeit, ausgestellt.

Marwood ersetzte auch die traditionelle Henkersschlinge, bei der das Seil mehrfach um die hinter dem linken Ohr platzierte Schlinge gewunden wurde, durch eine in das Seilende eingespleißte Messingkausch, eine Art Metallring, der dafür sorgte, dass sich das Seil straffte, sobald der Gefangene fiel, was zu seinem sofortigen Tod führte.

Doch nicht immer liefen Marwoods Hinrichtungen reibungslos ab. So entging Mark Fiddler nur knapp der Enthauptung, als er 1875 im Lancaster Castle gehängt wurde. Die Ursache für dieses »Versagen« lag darin, dass Fiddler zuvor versucht hatte, sich die Kehle durchzuschneiden und so das Leben zu nehmen. Als er durch die Falltür stürzte, platzte die nur teilweise verheilte Wunde, und ein gewaltiger Blutschwall füllte seine Kapuze und strömte auf den Galgen.

Marwoods Nachfolger verfeinerten das Scharfrichterhandwerk weiter, und so galt der Vollzug der Todesstrafe in England vor ihrer Abschaffung als äußerst effizient.

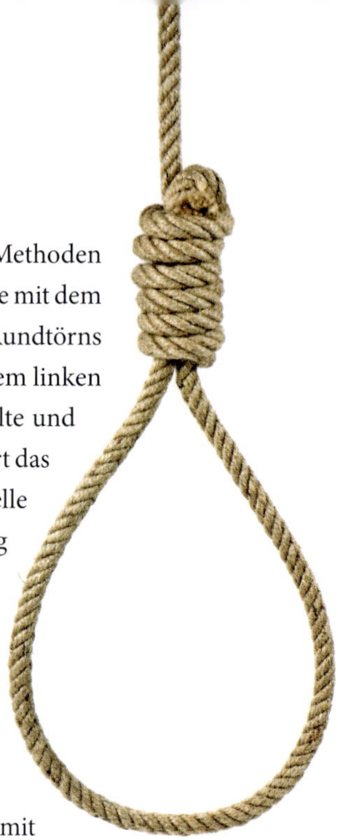

»SUDDEN SUSPENSION«

Im 19. Jahrhundert reduzierten auch in den USA neue Methoden des Hängens das Leiden mehr oder weniger. Die Schlinge mit dem Henkersknoten aus dickem Manilahanf mit 13 bis 15 Rundtörns (Windungen direkt über der Schlinge) wurde hinter dem linken Ohr angelegt, sodass sie beim Fall nach vorne schnellte und dem Todeskandidaten das Genick brach. Da dieser sofort das Bewusstsein verlor, sorgte diese Methode für eine schnelle und schmerzlose Hinrichtung. Eine weitere Neuerung bestand darin, das Seil vor dem Gebrauch zu kochen, sodass es sich weniger dehnte. Bei zu großer Elastizität schnellte der Verurteilte mehrmals in die Höhe. Die von den britischen Kollegen übernommene Methode, einen Sandsack an das Seil zu hängen, diente gleichfalls der Reduktion der Dehnbarkeit. Außerdem ölten die US-Henker die Rollen und das Seil oder seiften sie ein, damit die Schlinge leicht glitt und fest saß.

Eine amerikanische Spezialität war die lange Kapuze, die dem Verurteilten über Kopf und Schultern gestülpt wurde. So sah er nicht, wie der Henker den Hebel der Falltür zog, und das anwesende Publikum wurde vom Anblick seiner Verrenkungen beim Ersticken verschont. Um Verbrennungen durch das Seil zu vermeiden, wurde die Kapuze vor der Schlinge über den Kopf gestülpt.

Die Amerikaner entwickelten auch die als »Sudden Suspension« bekannte Methode des Hängens. Komplizierte Mechanismen sorgten dafür, dass der Todeskandidat emporgerissen wurde. Es existierten mehrere Versionen.

In Connecticut verband man in den 1920er-Jahren die Schlinge über ein 15 Meter langes Seil, das über mehrere Rollen und Trommeln lief, mit einem schweren Gewicht, das im angrenzenden Raum 90 Zentimeter über dem Boden hing. Eine Ratsche sorgte dafür, dass das Seil straff blieb, bis der Henker das Gewicht durch Betätigen eines Fußpedals freigab. Der plötzliche Ruck brach den Verurteilten meist sofort das Genick.

Allerdings war diese Methode alles andere als narrensicher. So traumatisierte 1887 die missratene Hinrichtung von Roxalana Druse die Zeugen in solchem Maße, dass die New Yorker Behörden beschlossen, nach einer humaneren Methode zu suchen, die sie 1890 im Elektrischen Stuhl fanden. Druse hatte mit Unterstützung ihrer Tochter ihren Mann ermordet. Während Mary Druse mit einer Gefängnisstrafe davonkam, wurde Roxalana

OBEN: Der dicke Henkersknoten wird in der Regel direkt hinter dem linken Ohr angelegt. Wenn der Verurteilte fällt, strafft sich das Seil, der Knoten drückt den Kopf nach vorne und das Genick bricht.

OBEN: **Am 7. Juli 1865 wurden vier der Verschwörer des Attentats auf Abraham Lincoln im Arsenal von Washington gehängt. Man ließ sie 25 Minuten hängen, bevor man sie vom Galgen herunterholte.**

zum Tod durch Erhängen verurteilt. Die während ihrer Zeit im Gefängnis unverschämte und überhebliche Frau brach unter dem Druck der unmittelbar bevorstehenden Hinrichtung zusammen. Sie heulte und zitterte am ganzen Leib und begann hysterisch zu kreischen, sodass die beiden kräftigen Hilfssheriffs sie zum Galgen zerren mussten. Diese »plötzliche Hängung« führte mit Sicherheit nicht zum sofortigen Tod. Die Verurteilte wurde mit einem Ruck in die Luft geschleudert, und ihr Genick brach nicht. Es dauerte mehrere Minuten unerträglichen Leidens, bis sie endlich zu röcheln und ihr Körper zu strampeln aufhörte.

Die Gewissen der Henkern versuchte man auf verschiedene Weise zu entlasten. Bei einer Bauweise von Galgen beging der Todeskandidat eigentlich Selbstmord. Sobald er auf die Falltür trat, ließ sein Gewicht Kanonenkugeln eine Schräge hinunterrollten, bis deren Gewicht das seine überstieg und den Verurteilten in den Tod stürzen ließ. In Kalifornien kam ein traditionellerer Fallmechanismus zum Einsatz, bei dem drei Wärter in getrennten Kabinen Platz nahmen und gleichzeitig einen Hebel betätigten, von denen einer die Falltür öffnete. So waren alle drei von der Gewissheit befreit, einen Menschen getötet zu haben.

Berüchtigte letzte Worte

Während einige Todeskandidaten von zwei stämmigen Aufsehern zum Galgen getragen und vor dem Hängen gestützt werden mussten, blieben andere mit denkwürdigen letzten Worten in Erinnerung. »Möge euch dies eine Warnung vor den Übeln des Alkohols sein«, sagte John Freeman, der im Rausch einen Mann erschlagen hatte. Der 1908 wegen Mordes verurteilte William Ellwood sah seinem Henker in die Augen, als er ihm die Schlinge um den Hals legte, und sagte zu ihm: »Du tötest einen unschuldigen Mann.« Den Kopf in der Schlinge beschwerte er sich: »Es ist zu eng.« 1933 verabschiedete sich der wegen des Mordes an einer jungen vierfachen Mutter verurteilte Jeremiah Hanbury mit den Worten: »Seid alle brav, danke für eure Mühe.« Und 1953 wandte sich der aus Rumänien stammende John Balaban, genannt »Jack the Ripper von Adelaide«, an den für seine Seele betenden Pfarrer und sagte: »Warum halten Sie nicht einfach den Mund?«

Nicht selten legten Todeskandidaten nach Monaten des Leugnens ein Geständnis ab. »Scharfrichter! Schuldig!«, sagte einer von ihnen, ein anderer: »Ich habe es getan.« Und der ältere von zwei gemeinsam hingerichteten Brüdern fragte den jüngeren: »Bruder, hast du dein Herz Gott gegeben?« »Ja«, erwiderte jener einen Sekundenbruchteil, bevor beide in den Tod stürzten. »Cheerio«, »Es lebe das Vaterland«, »Kommt Jungs, lasst uns gehen« und »Helft mir!« – das sind nur einige weitere letzte Worte.

LINKS: Nathan Hale wurde 1776 während des Amerikanischen Unabhängigkeitskrieges von den Briten hingerichtet. Seine letzten Worte lauteten: »Ich bedaure allein, dass ich nur ein Leben für mein Land zu verlieren habe.«

Acht-Sekunden-Exekutionen

Im 20. Jahrhundert erreichte die Effizienz des Hängens in britischen Gefängnissen ihren Höhepunkt. Nach der Standardprozedur wurden die Gefangenen kurz vor ihrem Hinrichtungstermin mit der Schlinge in die Verurteilungszelle verlegt. Dort überwachten mindestens zwei Wärter, dass der Todeskandidat dem Henker nicht durch Selbstmord zuvorzukommen versuchte. Der diensthabende Scharfrichter schaute kurz dort vorbei und musterte sein Opfer genau, um alle für die Berechnung der Seillänge wesentlichen Merkmale wie Körperbau und Alter zu kennen. Ein junger, bulliger, muskelbepackter Mann sollte ein paar Zentimeter mehr als der Durchschnitt in die Tiefe stürzen, eine alte und dürre Frau dagegen deutlich weniger. Um sie nicht zu sehr zu ängstigen, sorgten Meister des Handwerks wie Pierrepoint (siehe S. 134 ff.) dafür, dass ihre »Kunden« nichts von der Inspektion mitbekamen.

Am Ort des Geschehens wurde zuerst durch mehrmaliges Öffnen und Schließen überprüft, ob die Falltür reibungslos funktionierte und nicht klemmte. Als Nächstes wählte der Henker ein Seil – einige schworen darauf, jedes Mal ein neues zu verwenden, andere vertrauten auf Seile, die ihre Zuverlässigkeit schon früher unter Beweis gestellt hatten. Dann maß man die erforderliche Länge ab und band das Seil am Querbalken fest. Es folgten mehrere Übungsdurchgänge, bei denen ein Sack mit der richtigen Menge Sand, um Gewicht und Statur des Todeskandidaten nachzubilden, an der Schlinge festgebunden und »gehängt« wurde. So wurde überschüssige Elastizität beseitigt und sichergestellt, dass der Galgen reibungslos funktionierte. Schließlich ließ man den Sandsack das Seil über Nacht dehnen, während eine Wache vor der Hinrichtungskammer verhinderte, dass sich jemand an der Vorrichtung zu schaffen machte.

Am nächsten Tag zog der Henker das Seil durch die Falltür herauf, entfernte den Sandsack und regulierte Falltürmechanismus und Hebel ein letztes Mal. Schließlich kürzte man das Seil noch einmal, um einer eventuellen Dehnung Rechnung zu tragen, und wartete, bis der Zeitpunkt der Hinrichtung gekommen war.

Die Zelle des auf seine Hinrichtung Wartenden hatte zwei Türen: Durch die erste, die in den Gefängnistrakt führte, kamen er selbst und der Inspektor herein, während die zweite zu einem kurzen Gang führte, hinter dem sich der Galgen befand.

Am Morgen der Hinrichtung stellten die Gefangenen sich auf das Signal der Wachen hin mit dem Rücken zur zweiten Tür. Scharfrichter und Gehilfe betraten die Zelle durch jene Tür und fesselten die Hände des Verurteilten hinter dem Rücken. Dann führten sie ihn mit ein paar besänftigenden Worten aus der Zelle durch den kurzen Gang zum Galgen. Dort angekommen, durchtrennte der Henker die Schnur, mit der das Seil festgemacht war, und legte dem Todeskandidaten die Schlinge um den Hals, während sein Gehilfe sich hinkniete, um dem Verbrecher eine Fußfessel anzulegen, und der oberste Scharfrichter gleichzeitig eine Kapuze aus der Tasche zog und sie dem

Verurteilten über den Kopf stülpte. Nachdem er sich vergewissert hatte, dass kein Mitglied seines Kommandos mehr auf der Falltür stand, betätigte der Henker den Hebel, der die Falltür öffnete und den zu Hängenden in den Tod stürzen ließ.

Im Idealfall dauerte die ganze Prozedur nur acht Sekunden, denn jeder Henker strebte danach, dass der Verbrecher bis zum achten Glockenschlag gefesselt und hingerichtet wäre. Nach der Vollstreckung des Urteils wurde der leblose Körper noch eine Stunde lang hängen gelassen.

Die »Finchley Baby Farmers«

Exemplarisch für spätere Hinrichtungen in England, bei denen die professionellen Henker auf individuelle Umstände und emotionale Befindlichkeiten einzugehen versuchten, ist der Fall der »Finchley Baby Farmers«.

Die 29-jährige Krankenschwester Amelia Sach betrieb zusammen mit der 54-jährigen Annie Walters ein diskretes Entbindungshaus, in dem junge unverheiratete Mütter Kinder zur Welt bringen konnten. Außerdem boten sie »Baby Farming« an, das heißt sie suchten nach Adoptiveltern für diese außerehelichen Babys. Da ihre Zahl jedoch die der Adoptiveltern bei Weitem überstieg, fanden Sach und Walters Mittel und Wege, die ungewollten Kinder auf andere Weise loszuwerden – meist mit einer Überdosis Morphium, manchmal auch durch Ersticken. Die Polizei schöpfte Verdacht und fand bei einer Hausdurchsuchung 300 Stück Babykleidung. Die Frauen wurden verhaftet und 1903 wegen Mordes zum Tode verurteilt, ohne dass eine von ihnen ihr Tun bereut oder gestanden hätte.

Bei ihrer Hinrichtung unterstützten John Billington und Henry Pierrepoint den Henker William Billington. Zuerst mussten sie den Geisteszustand der beiden Frauen beurteilen. Mrs Sach zeigte alle Anzeichen einer Beinahe-Hysterie: Völlig abgemagert von ihrer Tortur, das Haar wirr, hörte sie nicht auf zu weinen. Mrs Walters Gesicht dagegen verriet keine Spur von Angst, und sie war fröhlich und gesprächig.

Der Henker wog die beiden Verurteilten und maß zusammen mit den Gehilfen die Seile für die Doppelhängung ab. In Anbetracht von Sachs Geisteszustand schlug man vor, dass zwei kräftige Wärter sie beim Gang zum Galgen und auf der Falltür stützten, damit sie nicht vorzeitig zusammenbrach. Diese Vorsichtsmaßnahme erwies sich als nützlich, da Sach vor Verzweiflung in eine Art Raserei verfallen war. Walters dagegen ließ sich ruhig und gefasst zum Galgen führen. Als William Billington den Hebel zog und die »Baby Farmers« in den Tod schickte, rief Walters ihrer Kollegin noch »Goodbye Sach« zu.

LINKS: Eine französische Darstellung zeigt die Hinrichtung der »Finchley Baby Farmers«. Trotz einiger Unstimmigkeiten macht sie die emotionale Wirkung einer Doppelhinrichtung deutlich.

Berühmt-(berüchtigte) Henker

Viele Henker verfielen unter der psychischen Belastung dem Alkohol, erkrankten an Depressionen oder nahmen sich sogar das Leben. Andere schienen ihre Arbeit beinahe zu genießen und verdienten sich als kleine Berühmtheiten ein Zubrot, indem sie Horrorgeschichten aus ihrem Alltag erzählten. Doch einige entwickelten sich zu klassischen Psychopathen.

Lady Betty alias Jill O'Ketch

Lady Betty, 1780 bis 1807 Scharfrichterin der irischen Stadt Roscommon, war nicht nur als Frau, sondern auch wegen ihrer außergewöhnlichen Grausamkeit in der Henkersgilde einzigartig. Von kräftigem Körperbau, aber mit guten Manieren und durchaus anmutig, fand sie auf schaurige Art Vergnügen an ihrer Arbeit.

Des Mordes an ihrem Sohn aus Geldgier überführt, wurde Lady Betty zusammen mit einigen Kleinkriminellen zum Tode verurteilt. Da die Behörden jedoch keinen Henker hatten und sich somit in der Zwickmühle befanden, boten sie ihr im Austausch für eine Begnadigung das Amt der ansässigen Folterknechtin und Scharfrichterin an.

Der Galgen von Roscommon befand sich in 15 Metern Höhe an einer Seitenwand des Stadtgefängnisses und bestand nur aus einem Balken, der aus der Wand ragte, einer zu ihm führenden Tür und einem Brett, das von einem Bolzen in Position gehalten wurde. Bettys Aufgabe bestand darin, den Bolzen herauszuziehen, sodass das Brett herabstürzte und das Opfer vor den Augen der Zuschauer erstickte. Damit die Bevölkerung sich der Folgen von Verbrechen auch sicher bewusst war, hängte man den Leichnam auf dem Marktplatz mit den Händen an zwei Pfosten festgenagelt auf. Betty malte dann jeweils ein Kohleporträt des Verstorbenen an ihre Küchenwand.

Jack Ketch

Der 1663 zum Scharfrichter im englischen Tyburn bestellte John Ketch wurde als Jack Ketch zum Synonym für den Henker schlechthin. Berüchtigt für seine Blutrünstigkeit und Inkompetenz ist er in vielen Londoner Geschichten als Schmähfigur präsent – wohl nicht zuletzt, weil er die Pflichten des Henkers über zwei Jahrzehnte lang ausübte. Als man ihn wegen eines Streits mit dem Sheriff seines blutigen Amtes enthob und durch seinen Gehilfen, einen ehemaligen Metzger, ersetzte, wurde jener schon nach wenigen Monaten wegen Diebstahls verhaftet und vom wiedereingesetzten Ketch in Tyburn gehängt.

Der Henker, der sich vornehm »Esquire Ketch« oder »Dr. John Ketch« nannte, saß zwar für eine Weile wegen unbezahlter Schulden im Gefängnis, durfte aber nach seiner Freilassung dennoch mit dem Hängen sowie Zerstückeln und Kochen

RECHTS: **Jack Ketch lebt im englischen Kasperltheater weiter. Er will Kasper in die Schlinge locken, der ihm aber jedes Mal entkommt. Schließlich landet er selbst in der Schlinge.**

von Leichen fortfahren. John Ellwood hatte als Gefängnisinsasse in Newgate das zweifelhafte Privileg, »Jack Ketchs Küche« von innen zu sehen.

1683 bezahlte Lord William Russell Ketch zehn Guineen, damit er ihm kurz und schmerzlos den Kopf abschlüge. Jener verpfuschte die Hinrichtung dennoch und brauchte ganze vier Axthiebe. Das Geld behielt er und schob Russell die Schuld zu – er habe den Kopf im letzten Moment weggezogen. Und 1685 ging bei der Enthauptung von James Scott, dem 1. Duke of Monmouth, alles schief: Ketch musste nicht nur mehrmals mit der Axt zuschlagen, sondern sich zu guter Letzt auch noch bücken und den Kopf mit dem Messer endgültig vom Körper trennen. Das Militär musste ihn vor der wütenden Menge in Sicherheit bringen. An Galgenhumor mangelte es Ketch dagegen offenbar nicht: So soll ein gewisser Edward Coleman vor der Hinrichtung zu ihm gesagt haben: »Ich leide an einer verräterischen Krankheit«, worauf Ketch mit einer Axt in der einen und einem Seil in der anderen Hand erwiderte: »Hier ist Ihre Heilung, Sir.«

Albert Pierrepoint

Albert Pierrepoint wurde 1905 im englischen Bradford in eine Scharfrichterfamilie hineingeboren. Von seinem Vater Henry (Scharfrichter 1901–1910) erbte Albert alle Unterlagen und studierte sie beflissen. 1932 zum *Assistant Executioner* und 1941 zum *Chief Executioner* ernannt, übte er sein Amt bis 1956 aus.

Seinen ersten Auftrag als *Chief Executioner* erhielt Pierrepoint im Oktober 1935, als er mit der Hinrichtung des Bandenmitglieds Antonio Mancini betraut wurde. Da er seine Premiere nicht verpfuschen wollte, ging er zu *John Edgington and Co.* in der Londoner Old Kent Road, besorgte sich ein brandneues Seil und testete es zusammen mit einem gebrauchten, um festzustellen, welches besser geeignet war. Als er Mancini durch den Türspion in seiner Zelle beobachtete, fielen ihm insbesondere seine fröhliche Art und sein drahtiger Hals auf. Pierrepoint verlängerte das Seil um einige Zentimeter, sodass die Fallhöhe 2,06 Meter betrug.

LINKS: Thomas Pierrepoint und sein Neffe Albert – die wohl tüchtigsten Henker der Geschichte.

Er übte die Hängung mit seinem noch relativ unerfahrenen Assistenten mehrmals, damit alles reibungslos ablaufen würde. Ein mit Kreide auf die Falltür gezeichnetes »T« markierte die Stelle, an der Mancinis Füße zu stehen kommen sollten, während der Sicherungssplint des Hinrichtungshebels möglichst weit herausgezogen wurde, um den Ablauf zu beschleunigen. Als Pierrepoint Schlag acht Uhr morgens die Zelle betrat, schnallte er den fein gekleideten Gefangenen fest, führte ihn zum Galgen, stülpte ihm die Kapuze über und zog den Hebel – er brauchte dafür nicht mehr als eine halbe Minute.

Timothy John Evans wurde für den Mord an seiner Frau Beryl und seiner kleinen Tochter Geraldine (zu Unrecht) zum Tode verurteilt. Offenbar um seinen neuen Assistenten zu beeindrucken, steckte sich Pierrepoint eine Zigarre an, nahm ein paar Züge und legte sie in einen Aschenbecher. Dann machten sich die beiden auf den Weg und erfüllten ihre Pflicht. Nach der Rückkehr in ihr Quartier paffte Albert seine Zigarre ruhig weiter.

Hilf dem armen Kämpfer!

Albert Pierrepoint bediente nicht nur Falltürhebel, sondern auch den Bierhahn in den Pubs, die er mit seiner Frau betrieb. Zum *Help The Poor Struggler* strömten die Touristen in Scharen, um sich ein Bier von den Händen zapfen zu lassen, die so viele Menschen in den Tod geschickt hatten. Albert legte Wert darauf, nie über seine »offiziellen Geschäfte« zu sprechen, obwohl er sicherlich manchem Stammgast die eine oder andere Anekdote erzählt haben dürfte.

Meist gingen Pierrepoints Hinrichtungen reibungslos vonstatten, aber es gab auch Ausnahmen. So versuchte 1949 Ernest Soper Couzins vor der Hinrichtung Selbstmord zu begehen, indem er sich die Kehle aufschnitt. Pierrepoint berechnete die Fallhöhe mit 2,33 Metern – zu viel, denn Couzins wurde beinahe der Kopf abgerissen, als sich seine noch nicht richtig verheilte Wunde am Hals wieder öffnete.

1941 wurde Pierrepoint mit der Hinrichtung des deutschen Spions Karel Richard Richter beauftragt, der schon wenige Stunden nach seinem Fallschirmabsprung in England verhaftet worden war. Der große, stiernackige Sudetendeutsche hatte keine Lust auf einen leisen Abgang. Als das Hinrichtungskommando seine Zelle betrat, versuchte er zur Tür zu gelangen. Man verhinderte dies jedoch, und Richter prallte mit dem Kopf gegen eine Mauer, was ihn vollends in Rage brachte. Die Wärter halfen Pierrepoint dabei, Richters Handgelenke mit einer nagelneuen Lederfessel zu fixieren, doch der verzweifelte Deutsche verdrehte sie und befreite sich aus der Fessel. Der Henker sprang auf seinen Rücken, fesselte Richters Handgelenke erneut und schleppte den Spion schließlich zum Galgen. Dort mussten vier kräftige Männer ihn an den über der Falltür gespreizten Beinen packen und sie zusammendrücken, um ihm die Fußfesseln anzulegen. Aber der Deutsche gab auch jetzt noch nicht auf:

Nach dem Krieg wurde der englische Henker durch die Hinrichtung von Naziverbrechern, darunter der KZ-Aufseher Josef Kramer, Irma Grese, Johanna Bormann und Elisabeth Volkenrath, weltweit bekannt.

Durch Hin- und Herschütteln des Kopfes löste er beinahe die Schlinge, und erst nach 18 Minuten stürzte er schließlich doch in den Tod.

Pierrepoint führte detailliert Tagebuch über jede seiner Hinrichtungen und verzeichnete Verbrechen, Verhalten beim Gang zum Galgen und alles andere von Interesse. Die Handgelenksfessel, aus der sich Richter beinahe befreit hätte, war ihm ein besonders geschätztes Andenken. Pierrepoint trug sie immer bei sich und benutzte sie in bestimmten »besonderen« Fällen erneut – vielleicht mit der makabren Freude daran, etwas selbst Hergestelltes zu benutzen.

Pierrepoint dachte stets auch an das Wohl der Todeskandidaten. Als er während des Krieges amerikanische Soldaten hinrichten musste, stieß er sich an den von den USA vorgegebenen Protokollen, die im Gegensatz zu den effizienten englischen Methoden das Leiden nicht nach Möglichkeit verkürzten. Bei der »Cowboy Coil« brach das Genick nur selten, und aufgrund einer vorgegebenen Fallhöhe von 1,5 Metern erlitten die Verurteilten einen langsamen Erstickungstod. Noch schlimmer machte diese US-Hinrichtungen in Shepton Mallet in der englischen Grafschaft Somerset, dass der Verurteilte für mindestens fünf Minuten mit Kapuze und Schlinge auf dem Fallbrett stehen musste, während man ihm die letzte Ölung erteilte, den Schuldspruch verlas und um seine letzten Worte bat.

Nach dem Krieg wurde der englische Henker durch die Hinrichtung von Naziverbrechern, darunter der KZ-Aufseher Josef Kramer, Irma Grese, Johanna Bormann und Elisabeth Volkenrath, weltweit bekannt. Die zuvor Genannten bildeten mit neun weiteren

LINKS: Irma Grese, hier mit dem Kommandanten Josef Kramer, gehörte zu den grausamsten Aufseherinnen im KZ Bergen-Belsen. Pierrepoint hängte sie beide.

Verurteilten die erste Gruppe, die an jenem Tag hingerichtet wurde. Alle waren in Zellen an einem langen Korridor im Hamelner Gefängnis untergebracht, an dessen Ende die beiden Galgen standen, an denen Pierrepoint sein tödliches Handwerk ausüben sollte. Als Zugeständnis an die Empfindsamkeit, die man dem schönen Geschlecht zuzuschreiben pflegt, ließ man die drei Frauen zuerst einzeln hängen, damit sie das laute Aufgehen der Falltür nicht zu oft hören mussten.

Pierrepoint brachte es im Laufe seiner Karriere auf die beeindruckende Zahl von 435 Hinrichtungen und wurde vom Innenministerium als der effizienteste Henker in der britischen Geschichte anerkannt.

John C. Woods

Die Inkompetenz des im Anschluss an den Nürnberger Hauptkriegsverbrecherprozess mit dem Hängen von zehn führenden Nazis beauftragten Mannes bedeutete für viele seiner Opfer einen langsamen und schmerzhaften Tod.

Der spätere Master Sergeant John C. Woods wurde 1930 schon wenige Monate nach der Diagnose eines psychotischen Minderwertigkeitskomplexes und

UNTEN: Angeklagte bei den Nürnberger Prozessen: In der ersten Reihe ganz links Hermann Göring, rechts neben ihm Rudolf Heß.

wegen allgemeiner Inkompetenz als einfacher Soldat wieder aus der Navy entlassen. In Kriegszeiten brauchte die Armee aber jeden Mann, und so nahm sie Woods 1943 erneut auf. Wohl um nicht an der Front zu landen, gab Woods vor, als Henkersgehilfe in Texas und Oklahoma tätig zu sein. Da das US-Militär dringend einen Henker brauchte, überprüfte sie seine – wie sich nach dem Krieg herausstellte inexistenten – Qualifikationen auf diesem Gebiet kaum.

So wurde er zum obersten Armeehenker und tötete 1944 und 1945 mindestens 34 US-Soldaten. Er erlangte zweifelhaften Ruhm für seine stümperhaften und verpfuschten Hinrichtungen, die zu einem qualvollen Tod der Verurteilten führten.

Möglicherweise waren sich die Behörden bei seiner Ernennung zum Nazihenker aber auch seiner himmelschreienden Inkompetenz bewusst, doch damit zufrieden, dass die Top-Nazis einen langsamen und qualvollen Tod sterben sollten. So berechnete Woods denn auch die Seillänge für viele der am 16. Oktober 1946 in Nürnberg hingerichteten Nazigrößen zu kurz. Augenzeugenberichten zufolge erstickten sie im schlimmsten Fall erst nach 26 Minuten, während die Glücklicheren schon nach vier Minuten tot waren.

Auch der Woods'sche Galgen war seiner Aufgabe nicht gewachsen: Er erlaubte zwar die gleichzeitige Hinrichtung zweier Todeskandidaten, die sich aber aufgrund der zu kleinen Falltüren in vielen Fällen die Köpfe an den Seiten der Öffnung blutig schlugen. Auf Fotografien einiger gehängter Nazigrößen sind gebrochene und blutende Nasen, aufgeschlitzte Wangen und schwarze Augen zu erkennen. Ein äußerst schlimmes Ende nahm nach diesen Bilddokumentationen Wilhelm Frick: Sein im Tod zur Grimasse erstarrtes Gesicht zeugte von höllischen Schmerzen, während das viele Blut offenbar aus mehreren tiefen Schrammen stammte, die er sich beim Sturz durch die Falltür zugezogen hatte.

Woods bezahlte schließlich für seine Ungeschicklichkeit und starb durch Stromschlag bei Reparaturarbeiten während seines Dienstes bei der *7th Engineer Brigade* auf den Marshallinseln.

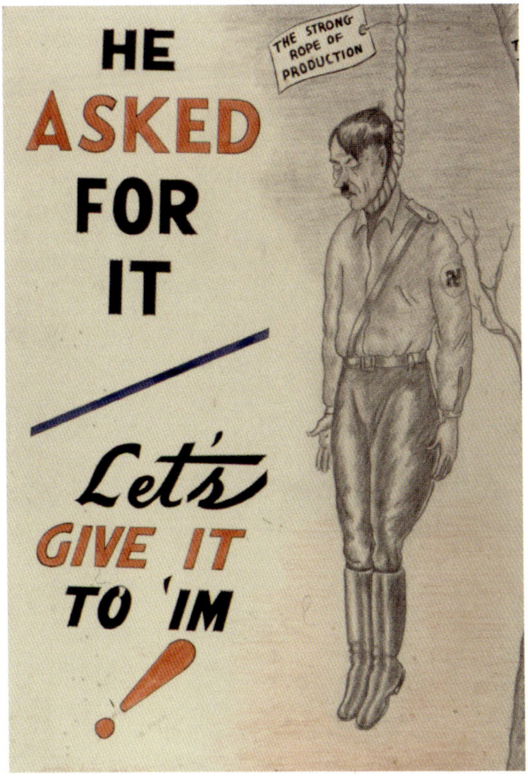

OBEN: Hitler, Goebbels, Himmler und Goering entgingen dem Galgen durch die Einnahme von Zyankali. Goering beging kaum drei Stunden vor seiner geplanten Hinrichtung durch Woods Suizid.

LINKS: John C. Woods überprüft die Schlinge. Vielen verurteilten Nazis bereitete der amerikanische Henker einen langsamen, qualvollen Tod.

Solomon Blay

Der am längsten seines Amtes waltende australische Henker Solomon Blay wurde 1836 wegen Fälschung zu 14 Jahren in der Strafkolonie von *Van Diemen's Land* (heute Tasmanien) verurteilt. Obwohl diese Stellung in der kolonialen Gesellschaft noch unter dem Auspeitscher stand, meldete sich Blay freiwillig dafür und übte das Amt von 1841 bis 1891 für rekordverdächtige 51 Jahre aus. Einem Gläschen nicht abgeneigt, beging er einmal unter Alkoholeinfluss einen Einbruch, für den er erneut ins Gefängnis kam, was aber seine Henkerstätigkeit nicht unterbrach – bei Bedarf eskortierte man ihn zu Galgen in ganz Tasmanien und wieder zurück. Nach seiner Entlassung betrieb er mit seiner Frau ein Geschäft, arbeitete aber auch weiter als Henker, um sein Einkommen aufzubessern. Blay verpfuschte in seiner langen Karriere nur eine einzige Hinrichtung und exekutierte mindestens 205 Verurteilte.

Von Blay hätte der Henker in Dubbo im australischen Bundesstaat New South Wales einiges lernen können. Er berechnete das Seil stets zu lang, und so riss der Fall den Verurteilten den Kopf ab und ließ diese bis zu zehn Meter weit fliegen, während der Rumpf zu Boden fiel und das Blut alle rundherum vollspritzte. Womöglich standen deshalb die Galgen im Dubbo-Gefängnis im Freien.

Furchtbare Hängungen

Zum Abschluss des Kapitels einige haarsträubende Hinrichtungen durch den Strang aus ihrer an Pfuschereien reichen langen Geschichte. Im Mai 1760 wurde in Tyburn ein Vorläufer der Falltür erprobt, und zwar am 4. Earl Ferrers. In einen standesgerechten weißen Satinanzug gekleidet, fuhr er in seiner von sechs Pferden gezogenen Kutsche von Grenadiergarden, Schulzen und Constables eskortiert zum Galgen. Doch das war nicht der ganze Hinrichtungszug: Seiner Kutsche folgten ein Leichenwagen, weitere Kutschen mit trauernden Freunden und eine weitere Kompanie der Grenadiergarde. Der Earl genoss seinen Auftritt in vollen Zügen und winkte der Menge tabakkauend zu. Auf dem Galgenpodest stand eine mit schwarzem Stoff überzogene würfelförmige Kiste mit gut 90 Zentimetern Seitenlänge. Ihr Deckel diente als primitive Falltür, denn er ließ sich über eine

LINKS: Lord Laurence Shirley, 4. Earl Ferrers war zu groß für den Galgen. So erlitt er einen langsamen und qualvollen Erstickungstod.

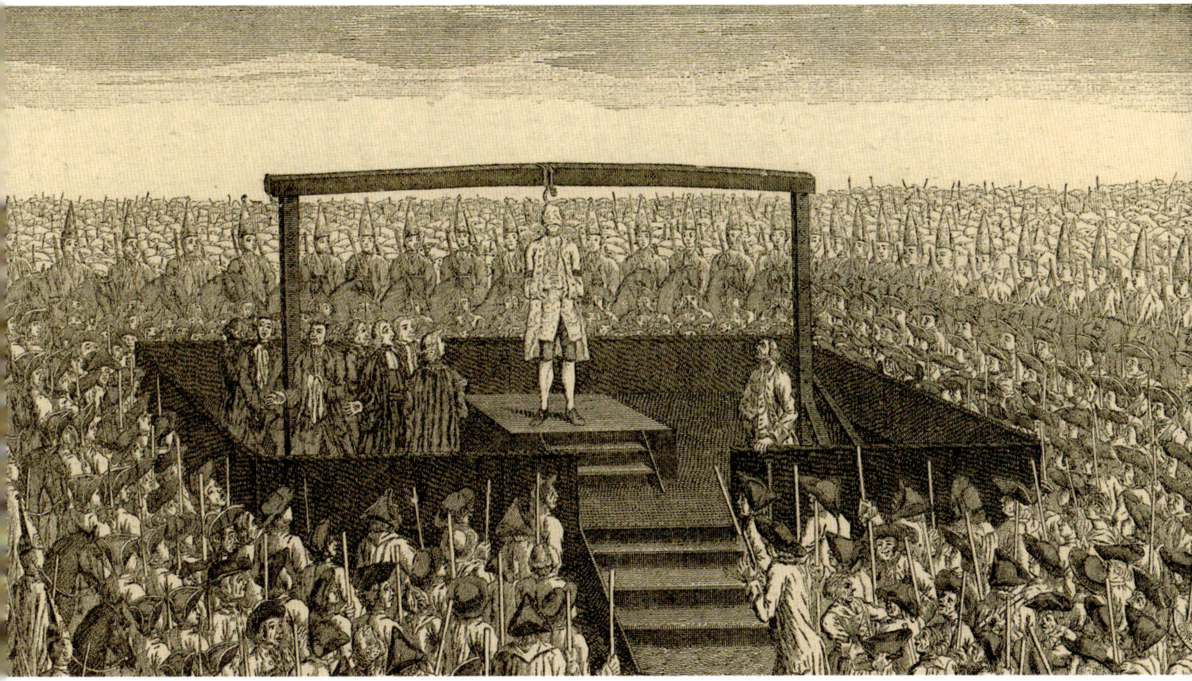

Hebelvorrichtung unter den Füßen des Earls wegziehen. Während der Vorbereitungen zum Hängen überreichte der Earl die üblichen fünf Guineen – aber nicht etwa *Chief Executioner* Turlis, sondern einem Assistenten, was einen erbitterten Streit mit Handgreiflichkeiten zwischen den beiden zur Folge hatte. Schließlich fesselte man dem Earl mit einer schwarzen Schärpe die Hände und stülpte ihm eine weiße Kapuze über. »Alles in Ordnung?«, lauteten seine letzten Worte. Das war es nicht, denn das Seil war zu lang, sodass er mit den Zehen Boden des Schafotts berührte. Bei vollem Bewusstsein versuchte er in seinem Elend die Kapuze abzunehmen, bevor Turlis und seine Assistenten sich auf ihn stürzten und ihn an den Beinen zogen, sodass er nach etwa vier Minuten verstarb.

OBEN: Adlige wurden mit Würde hingerichtet. So eskortierten Mitglieder der *Royal Horse and Foot Guards* Earl Ferrers zum Galgen. Gewöhnlichen Kriminellen blieb ein solcher Abschied versagt.

1814 wäre in Newgate der Straßenräuber John Ashton beinahe der Schlinge entkommen. Bei seiner Hinrichtung durch den Strang waren aller Augen auf ihn gerichtet, denn er tanzte auf dem Podest und sang »Ich bin Lord Wellington, ich bin Lord Wellington«. Obwohl der echte Lord Wellington eine Vorliebe für raffinierte Manöver besaß, hätte er Ashtons Kapriolen wohl kaum auszuführen vermocht: Als die Falltür aufging und die fünf verurteilten Schwerverbrecher in die Tiefe stürzten, tauchte Ashton wieder auf und hüpfte zurück auf die Plattform. Mit Kapuze und Schlinge um den Hals machte er sich rabiat über das Hinrichtungskommando her, bevor dieses ihn zurück auf die Falltür bugsierte und endgültig hinrichtete.

OBEN: Nach seiner Hinrichtung 1901 wurden Körperteile des berüchtigten »Black Jack« Ketchum konserviert und als Souvenirs verhökert.

Die 1827 erfolgte Hinrichtung von Charles White gehörte zum Grauenvollsten, was das Publikum in Newgate je zu sehen bekam, und setzte eine Diskussion über die Abschaffung öffentlicher Hinrichtungen in Gang. White hatte seinen Buchladen zwecks Versicherungsbetrug in Brand gesetzt, obwohl er wusste, dass Brandstiftung in London als Kapitalverbrechen galt. Nach mehreren gescheiterten Fluchtversuchen trat er schließlich dem Henker gegenüber. White wehrte sich jedoch gegen das Fesseln der Handgelenke und riss die Kapuze vom Kopf. Nach dem Öffnen der Falltür gelang es ihm irgendwie, mit einem Fuß auf der Plattform zu bleiben, er befreite seine Hände und versuchte selbst im Ersticken noch die Schlinge zu lösen. Der Henker Foxen führte zuletzt sein Werk zu Ende, indem er sich an seine Beine hängte.

»Lasst ihn los, Jungs!«, lauteten »Black Jack« Ketchums letzte Worte, als er 1901 in Clayton, New Mexico, vor der Schlinge stand. Leider hatte der Sheriff beim Berechnen der Seillänge nicht berücksichtigt, dass Jack während der längeren Wartezeit auf seine Hinrichtung etliche Pfunde zugelegt hatte. Deshalb riss der Sturz Ketchums Kopf ab, während sein Rumpf für ein paar Sekunden blutüberströmt stehen blieb, bevor er vor den Augen des entsetzten Publikums umkippte.

Der Henker des Mörders James Murphy zeigte 1906 in Ohio bei den Vorbereitungen zu viel Eigeninitiative. Statt das Seil vor dessen Hinrichtung mit einem Sandsack zu dehnen, benutzte er ein Fass voller Nägel. Dieses dehnte aber das Seil so stark, dass es bei Murphys Sturz durch die Falltür riss und jener nur hart auf dem Boden aufschlug. Als er wieder zu sich kam, stöhnte er: »Warum bin ich nicht tot? Ich bin nicht tot!« Ein neues Seil war bald gefunden und das Problem gelöst.

Auch bei der Hinrichtung der wegen des Mordes an ihrem Arbeitgeber zum Tode verurteilten Eva Dugan im Jahre 1930 wählte der Henker ein zu langes Seil und zog auch ihren schlaffen Hals nicht in Betracht. Als ihr Torso auf dem Boden aufschlug, lag ihr Kopf mehrere Meter entfernt, während aus ihrem Rumpf noch mehrere Minuten lang Blut hervorspritzte. In der Folge entschied sich Arizona für die »humane« Gaskammer.

Auch der Augenzeugenbericht über eine verpatzte Hängung durch Clinton Duffy, Oberaufseher des Gefängnisses von San Quentin von 1940 bis 1952, wirkt ernüchternd: »Der Mann schlug auf dem Boden auf, und ich beobachtete, wie er kämpfte und an den Fesseln zerrte, keuchte, pfiff, nach Luft schnappte, sah das Blut durch die schwarze Kappe sickern. Ich beobachtete auch, wie er urinierte und defäkierte, wie Kot auf den Boden fiel, und der Gestank war schrecklich. Und ich sah, wie Zeugen ohnmächtig wurden, sodass man sie aus dem Zeugenraum tragen musste. Einige mussten sich übergeben.« Bis zum Tod des Verurteilten vergingen zehn Minuten, und bei seiner Autopsie stellte man fest, dass das Seil Fleischstücke herausgerissen hatte, seine Augen und seine Zunge geschwollen und sein Gesicht lila waren.

Doppelhängungen

In einigen Gefängnissen, insbesondere nach den Nürnberger Prozessen, führten gut eingespielte Teams Doppelhinrichtungen durch. Mindestens zwei Zellen befanden sich nebeneinander, und zwei Assistenten waren erforderlich. Der *Chief Executioner* befolgte die übliche Prozedur, außer dass sein Assistent oft die Fußfessel anbrachte, die Kapuze aufsetzte und die Schlinge zurechtzog, wenn der erste Verurteilte auf der Falltür stand. In den 6 bis 10 Sekunden, die er dafür brauchte, holten der Chef und sein anderer Assistent den zweiten Todeskandidaten und wiederholten die Prozedur. Der einzige wirkliche Unterschied bestand darin, dass der zweite Verbrecher, der am Galgen ankam, den ersten bereits mit Kapuze, gefesselt und fallbereit sah – ein paar lange Sekunden für Ersteren, aber in Anbetracht der Tatsache, dass so oder so beide Männer starben, dürfte das kaum als Problem angesehen worden sein.

Kapitel 7

Madame Guillotine

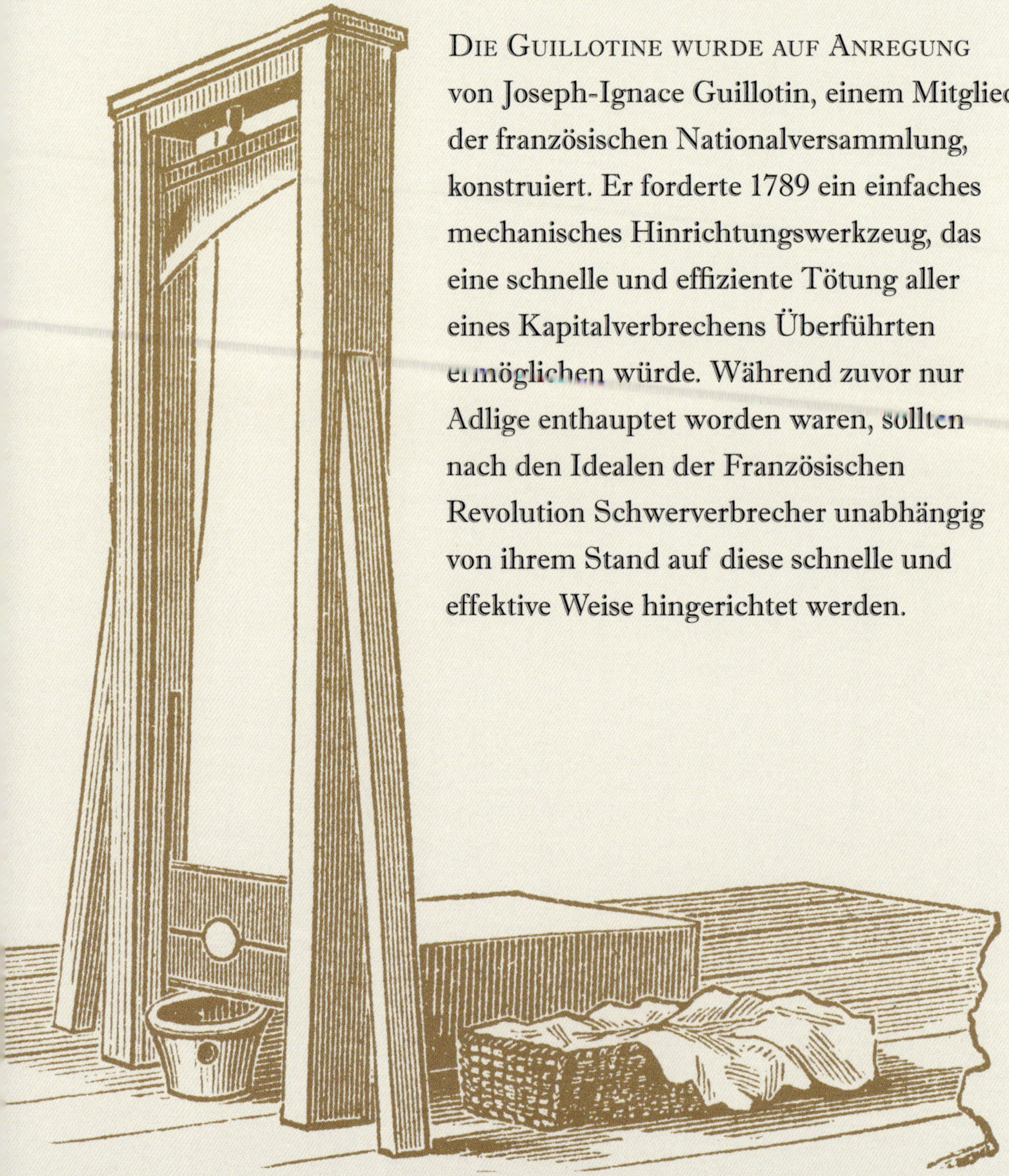

Die Guillotine wurde auf Anregung von Joseph-Ignace Guillotin, einem Mitglied der französischen Nationalversammlung, konstruiert. Er forderte 1789 ein einfaches mechanisches Hinrichtungswerkzeug, das eine schnelle und effiziente Tötung aller eines Kapitalverbrechens Überführten ermöglichen würde. Während zuvor nur Adlige enthauptet worden waren, sollten nach den Idealen der Französischen Revolution Schwerverbrecher unabhängig von ihrem Stand auf diese schnelle und effektive Weise hingerichtet werden.

Die Köpfe rollen

Der französische Chirurg, Gerichtsmediziner und Enzyklopädist Antoine Louis, der den ersten Prototyp der späteren Guillotine entwickelte, nannte ihn ursprünglich *louison* oder *louisette*. Seine Erfindung wurde zunächst an Tieren wie Schafen und Ziegen getestet, bevor man zum Enthaupten von Frauen- und Kinderleichen überging. Da sich herausstellte, dass Männerhälse mehr Widerstand leisteten, änderte man die Form der Klinge vom Halbmond zum schrägen Dreieck und erhöhte ihr Gewicht.

LINKS: Die Guillotine hatte mehrere Vorgänger, die nach dem gleichen Prinzip funktionierten. Hier eine Louisette aus der Mitte des 19. Jahrhunderts. Man beachte die axtförmige Klinge.

Als Ersten küsste Madame Guillotine im Juni 1792 Nicolas-Jacques Pelletier. Der wegen Diebstahls und Mordes Verurteilte kam in den Genuss des zweifelhaften Vergnügens, dass seine Hinrichtung aufgeschoben wurde, bis das neue Gerät fertiggestellt war. Eine Menschenmenge versammelte sich vor dem *Hôtel de Ville* (Rathaus) in Paris, um den Aufbau der rot gestrichenen Fallschwertmaschine mitzuverfolgen. Zuletzt aber erwies sich das neue Tötungswerkzeug in den Händen des Henkers Sanson als so effizient, dass die Menge die Hinrichtung als große Enttäuschung empfand. »Gebt uns den hölzernen Galgen zurück!«, skandierte sie. Doch da die Exekutionen schon bald in Fahrt kamen, erlebte das Publikum dennoch ein Heidenspektakel. Drei Soldaten wurden dicht gefolgt von drei Fälschern geköpft. Als erster von vielen politischen Todeskandidaten landete am 21. Juli ein Kommandant der Nationalgarde auf der Guillotine.

Schon bald akzeptierte das Volk die Guillotine und verpasste ihr Spitznamen wie »die Kurzmacherin«, »Rächerin des Volkes« oder »das nationale Rasiermesser«.

Rendezvous mit dem Tod

Die Guillotine galt zwar als physisch humane Hinrichtungsmethode, aber das damit verbundene emotionale Trauma blieb in Frankreich weitgehend unberücksichtigt. So wurden Todeskandidaten bis weit ins 20. Jahrhundert nicht über ihr Hinrichtungsdatum informiert und wussten nie, ob die Schritte, die sich ihrer Zelle näherten, den bevorstehenden Tod oder das Frühstück verhießen! Während der Französischen Revolution (1789–1799) holte man in Paris die Verurteilten zusammen mit anderen »konterrevolutionären« Kriminellen aus ihren armseligen

LINKS: Die Louisette bestand aus einem Gestell mit einer Klinge. Sie hatte weder eine *bascule* (Wippe) noch eine *lunette* (Halsauflage).

UNTEN: Die Place du Carrousel, wohin man die Verurteilten durch die Straßen von Paris karrte.

Das Fallbeil von Halifax

Das 1260 bis 1650 für mindestens 100 Hinrichtungen verwendete Fallbeil von Halifax gilt als einer der Vorläufer der Guillotine. Offenbar nahmen sich die braven Bürger der englischen Stadt das Gebot »Du sollst nicht töten« wirklich zu Herzen, denn sie wollten dafür sorgen, dass niemand allein für die Tötung des Verurteilten verantwortlich war. Eine Möglichkeit, dies zu gewährleisten, bestand darin, dass kein Einzelner, sondern alle Männer der Umgegend am Seil zogen, das das schwere Fallbeil auslöste. Alle zusammen packten das Seil und zogen auf ein bestimmtes Signal hin gleichzeitig ruckartig daran.

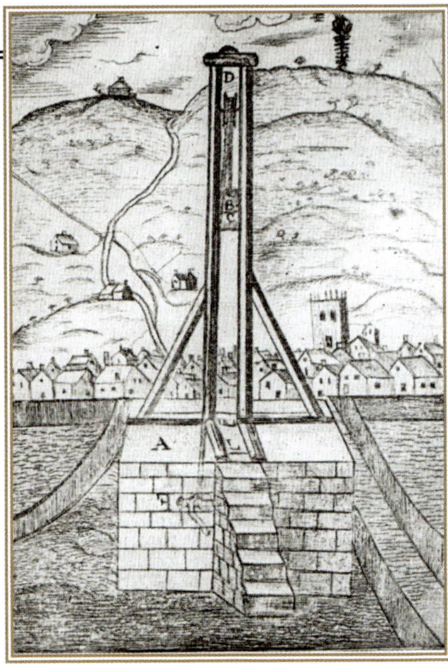

OBEN: Das Fallbeil von Halifax war eine fest installierte Hinrichtungsmaschine. Falls der Todeskandidat wegen Tierdiebstahls verurteilt worden war, zogen Tiere am Seil und lösten das Fallbeil aus.

OBEN: Joseph-Ignace Guillotin befürwortete die Verwendung der Guillotine für die Hinrichtung.

Zellen und fuhr sie auf einem Karren ausgestellt durch die Straßen zur Place de l'Hôtel de Ville und später zur Place du Carrousel. Das Publikum beschimpfte die Gefangenen auf dem ganzen Weg und bewarf sie mit Fäkalien und Dreck.

Vor ihrem Termin bei Madame Guillotine wurden bei den Verurteilten lose Kragen entfernt und langes Nackenhaar gekürzt. Sanson achtete stets darauf, dass sie beim Anstehen vom Galgen wegschauten, um ihre Angst zu minimieren.

Sobald ihr Name ertönte, wurden sie mit auf dem Rücken gefesselten Händen die Stufen empor auf das Schafott geschleppt, an die als *bascule* bezeichnete, senkrechte Wippe geschoben und mit Lederriemen festgeschnallt. Darauf wurde die Wippe in die Horizontale gekippt und nach vorne geschoben, sodass der Kopf der bäuchlings Festgeschnallten zwischen den beiden 15 Zentimeter dicken senkrechten Pfosten auf der Halsauflage zu liegen kam, wo schon bald das 15-Zentimeter-Fallbeil auf ihn herunterfallen würde. Die wegen ihrer Ähnlichkeit mit dem Mond als (untere) Lünette bekannte Auflage wurde so eng mit der oberen Lünette verriegelt, dass die Verurteilten nicht selten nach Atem rangen. Bei Obduktionen stellte sich heraus, dass das Verriegeln der Lünette manchmal zu leichten Schädelbrüchen führte.

Der Scharfrichter zog an einer Leine und gab damit die 30 Kilogramm schwere Klinge frei, worauf ein sauber enthaupteter Kopf in den bereitstehenden Korb fiel. Der tote Rumpf wurde vom Henkersgehilfen von der Wippe in einen langen Weidenkorb neben der Guillotine gerollt. Schließlich hielt der Henker den Kopf unter dem Beifall der johlenden Menge in die Höhe, bevor er ihn zum Rumpf warf und beide zur Bestattung weggebracht wurden.

DER VERTEIDIGER DER REVOLUTION

Charles-Henri Sanson genoss seine Rolle als Verteidiger der Revolution und bemühte sich mit seinen Assistenten redlich, möglichst effizient und human zu arbeiten.

Rekordverdächtige »Errungenschaften« wie zwölf Hinrichtungen in 13 Minuten, 20 in 42 Minuten, 300 in drei Tagen oder 1300 in sechs Wochen zeugen von seiner Meisterschaft – zumal er die Opfer einzeln aufrufen, die Treppe hinaufführen, sichern und hinrichten musste.

Die Familie Sanson wurde aber auch selbst von dem Schrecken der Guillotine heimgesucht. Nachdem Charles-Henris Söhne Henri und Gabriel bei ihrem Vater das Handwerk des Henkersgehilfen erlernt hatten, fand Gabriels Karriere 1792 ein jähes Ende, als er vom Schafott stürzte und sich das Genick brach. Er hatte den blutigen Kopf eines Hingerichteten hochgehalten und muss auf der blutigen Oberfläche ausgerutscht sein.

Man könnte das Verpfuschen einer Hinrichtung mit einem so präzisen Instrument wie der Guillotine für beinahe unmöglich halten, doch Henry-Clément, Enkel von Charles-Henri Sanson, machte das Unmögliche möglich. 1836 sollte er einige Männer für das misslungene Attentat auf König Louis-Philippe hinrichten,

OBEN: Charles-Henri Sanson, der Inbegriff der Revolutionsjustiz. Ursprünglich misstrauisch gegenüber der Guillotine, ging er schon bald sehr geübt damit um. Er köpfte König Ludwig XVI.

Madame Tussaud

Sanson war auch maßgeblich an der Gründung des Wachsfigurenkabinetts von Madame Tussaud in London schuld. Jean-Christophe Curtius, ein Schweizer Lieferant von Wachskopien menschlicher Organe für das Medizinstudium, eröffnete in Paris zusätzlich eine Ausstellung mit Modellen berühmter französischer Persönlichkeiten sowie von Folter- und Hinrichtungsinstrumenten. Schon bald kam er mit Sanson überein, ihm die Köpfe todkranker Aristokraten zwecks Anfertigung eines Gesichtsabdrucks in Wachs auf dem Weg zum Friedhof vorübergehend zur Verfügung zu stellen. Seine talentierte Nichte Marie fertigte darauf detailgetreue Kopien der Köpfe an. Hin und wieder begleitete sie Sanson auch zum Friedhof, um noch schnell eine Totenmaske anzufertigen, bevor die Leiche zu trocknen begann.

Dazu ölte Marie die Haut zuerst ein, damit der Gips, wenn sie ihn auf das Gesicht legte, nicht kleben blieb. Dann nahm sie die Masken aus den Formen, färbte sie und verlieh ihnen eine Textur. Da auch die französische Revolutionsregierung von ihren und Curtius' Fähigkeiten wusste, betraute sie sie mit der Anfertigung der Totenmasken von Ludwig XVI. und Marie Antoinette.

In der von den beiden kuratierten Ausstellung über die Revolutionsjustiz prangten die Köpfe berühmter Persönlichkeiten wie Robespierre und Saint-Just passend auf Piken und Bajonetten. Offenbar hatte man sogar die Original-Guillotine erworben, mit der Ludwig hingerichtet worden war, doch sie ging bei einem Brand verloren. Nach Curtius' Tod und der Heirat mit François Tussaud wanderte Marie mit ihrer Sammlung nach London aus und gründete dort *Madame Tussaud's Waxworks.*

UNTEN: Marie Tussaud gelang der Durchbruch im Schaugeschäft, indem sie während der Terrorherrschaft in Frankreich von den Köpfen Enthaupteter Gipsabgüsse anfertigte. Viele gruselige Exponate im *Madame Tussauds* in London stammen aus dieser Zeit.

bei dem 18 Unbeteiligte umgekommen waren. In einem Fall hörte der Todeskandidat schon die Klinge fallen, doch diese blieb wenige Zentimeter vor seinem Hals stecken. Auch beim zweiten und dritten Durchgang blockierte das Fallbeil, und erst der vierte Zug an der Leine führte zum Erfolg und erlöste den armen Kerl von seinem Leiden. Nach Augenzeugenberichten hatte er sich da schon umgedreht und sah die Klinge auf sein Gesicht herabfallen. Sein Gesichtsausdruck habe jedoch mehr von Überraschung als von Angst gekündet.

OBEN: Die Hinrichtung Marie Antoinettes am 16. Oktober 1793. Viele Guillotinen der Französischen Revolution waren leuchtend rot gestrichen.

Henry-Clément Sanson unterliefen aber noch weitere Missgeschicke, denn er ließ sich im Gegensatz zu seinem berühmten Großvater zum Trinken und Glücksspiel hinreißen. Einmal bot er die Guillotine als Bürgschaft für seine Schulden an und konnte sie, als er sie 1847 benutzen sollte, nicht auslösen. Die Pariser Stadtverwaltung zahlte schließlich die 3800 Francs, verzichtete aber in Zukunft auf Sansons Dienste.

MAN KÖNNTE DAS VERPFUSCHEN EINER HINRICHTUNG MIT EINEM SO PRÄZISEN INSTRUMENT WIE DER GUILLOTINE FÜR BEINAHE UNMÖGLICH HALTEN, DOCH HENRY-CLÉMENT, ENKEL VON CHARLES-HENRY SANSON, MACHTE DAS UNMÖGLICHE MÖGLICH.

Ein blutiger Tyrann

Zu den Bösewichten der Weltgeschichte gehört wohl auch Maximilien Marie Robespierre. Anfänglich ein unbestechlicher Verteidiger der Revolution, entwickelte er sich zum blutrünstigen Tyrannen und starb bei einem Putsch selbst einen grausamen Tod.

Die Haut des kleinen, mageren und blassen Mannes mit dem echsenhaften Gesicht war von den Pocken stark vernarbt. Nicht nur seine Augen waren grün, auch seine Blässe wirkte oft grünlich, und er bevorzugte grüne Kleidung. Er konnte anderen Menschen nicht in die Augen sehen, folgte strengen Routinen, war ein absoluter Perfektionist und konnte sich nicht in andere hineinversetzen – Merkmale, bei denen man heute vermutlich auf das Asperger-Syndrom schließen würde. Auch an den Freuden des Fleisches scheint er kein Interesse gehabt zu haben. Vielleicht hätte man ihn besser nicht als »den Unbestechlichen«, sondern vielmehr als den »Psychotiker« bezeichnet.

Mit seinem schwachen Nervenkostüm, dem ausgeprägten Selbstwertgefühl, einem nervösen Tick, dem Nägelkauen, und seiner überpeniblen Körperpflege entmutigte er alle, die mit ihm Freundschaft schließen wollten oder eine Romanze in Betracht zogen. Von klein auf gern allein, widmete er sich einsamen Hobbys wie Modellbau und Klöppeln. In der Schule und an der Universität strebte er stets nach Bestleistungen und zögerte auch nicht, seine Mitschüler und Kommilitonen zu verpetzen. Er lachte selten und gab sein Geld sparsam für Spitzenmanschetten, Schuhschnallen, für das Lockenwickeln und das Pudern des Haars aus. Er stand früh auf und arbeitete abgesehen von den aus Brot, Milch und ein wenig wässrigem Wein bestehenden Mahlzeiten bis zum Abend.

Nach seinem Umzug in die Hauptstadt gewann Robespierre schnell an Einfluss in der neuen Revolutionsregierung. Als Vorsitzender des Klubs der Jakobiner und Leiter des Wohlfahrtsausschusses konnte er ab 1793 mit seinen Mitstreitern Louis Antoine de Saint-Just und François Hanriot die blutigste Phase der Revolution einleiten: die Terrorherrschaft.

LINKS: Robespierre der »Unbestechliche«. Für Tausende Todesurteile verantwortlich, schritt er erhobenen Hauptes zur Guillotine.

Die Terrorherrschaft

Der Terror setzte schon lange vor den organisierten Kämpfen des Wohlfahrtsausschusses gegen den Adel ein. Als erster Ausbruch brutaler Gewalt gelten die fünftägigen Septembermassaker von 1792. Da sie einen Aufstand der Royalisten befürchteten, stürmten radikale Anhänger der neuen Ordnung, angestachelt und angeführt von Revolutionären wie François Hanriot, die Gefängnisse und ermordeten dort inhaftierte Gegner der Revolution – aber nicht nur sie.

Priester zählten zu den ersten Opfern: Ein bewaffneter Mob griff die Insassen mehrerer Kutschen durch die offenen Fenster an, hackte ihnen Arme und Hände ab und zerschnitt Gesichter und Schultern. Dann zog der mit Piken, Schwertern, Knüppeln und Äxten gerüstete Mob weiter und liquidierte alle politischen Häftlinge in Gefängnissen rund um Paris.

François Jourgniac de Saint-Méard und seine Zellengenossen überlegten, wie sie die bevorstehenden Qualen minimieren konnten. Sie warfen einen Blick aus dem Fenster und stellten fest, dass am meisten litt, wer sich mit den Händen vor den Angriffen der Revolutionäre zu schützen versuchte, denn er wurde erst nach einiger Zeit erschlagen oder erdolcht. Deshalb beschlossen Saint-Méard und seine Mithäftlinge, die Hände auf den Rücken zu legen, wenn sie an der Reihe wären, und kamen in der Tat eher »glimpflich« davon.

Ein Häftling flüchtete vor dem Mob in einen Schornstein und konnte mit Schüssen nicht von dort vertrieben werden. Deshalb steckten die Revolutionäre im Kamin Stroh in Brand, um ihn auszuräuchern. Als er herunterfiel, wurde er erdolcht. In einem anderen Gefängnis wurden 378 Häftlinge in Stücke gehackt und auf Haufen geworfen. Frauen beluden Karren mit den verstümmelten Überresten und hefteten sich in manchen Fällen die Ohren als Souvenirs an ihre Kleider.

RECHTS: Während der Septemberunruhen ertranken die Ideale der Französischen Revolution in einem Blutbad: Gefängnisinsassen wurden reihenweise massakriert, viele Priester verstümmelt und ermordet.

OBEN: Die grausame Massakrierung adliger Frauen brachte viele Nationen gegen die Revolution auf.

Manchmal benutzten die Massakrierer die zerstückelten Leichen bei ihren Picknicks mit gutem Rotwein und Brot als Tische und Stühle, bevor sie wieder zu Werke gingen. Marie Gredeler, der Besitzerin eines Verkaufsstandes für Regenschirme, schnitten sie die Brüste ab, nagelten ihre Füße am Boden fest und machten ein Feuer unter ihren gespreizten Beinen. Princesse de Lamballe wurde ausgezogen und vergewaltigt, bevor man ihr die Brüste abschnitt. Anschließend steckte der Mob ihre Beine in eine Kanone und feuerte sie ab, aß das Herz, entfernte die Genitalien und spießte sie zusammen mit dem Kopf auf.

Der Löwenanteil der über 1200 Opfer ging auf das Konto von nur etwa 150 Mordlustigen, die zu zwei Dritteln der Unterschicht entstammten. Im Bestreben, Gewalt in immer neuen Ausmaßen zu kodifizieren und zu rechtfertigen, erteilte das neue Regime dem sogenannten Wohlfahrtskomittee die Befugnis zur Verhaftung, Verurteilung und Hinrichtung aller, die der neuen Gesellschaft im Weg standen.

Unter Robespierre verschärfte sich die Terrorherrschaft noch einmal stark: In der ersten Phase von März 1793 bis Juni 1794 wurden in Paris in 15 Monaten 1251 wirkliche und vermeintliche Revolutionsgegner enthauptet, in der zweiten vom 10. Juni bis zum 27. Juli 1794 in nur anderthalb Monaten ganze 1376.

PRIESTER ZÄHLTEN ZU DEN ERSTEN OPFERN: EIN BEWAFFNETER MOB GRIFF DIE INSASSEN MEHRERER KUTSCHEN DURCH DIE OFFENEN FENSTER AN, HACKTE IHNEN ARME UND HÄNDE AB UND ZERSCHNITT GESICHTER UND SCHULTERN.

Der Tod von König Ludwig

Als einer der Ersten wurde während der Terrorherrschaft König Ludwig XVI. am 21. Januar 1793 nach einem Scheinprozess hingerichtet. Er schritt gemessen über das Schafott und beeindruckte alle mit seiner Gelassenheit. Die Guillotine wurde jedoch erst nach mehreren Anläufen mit dem dicken Hals des abgesetzten Königs fertig, während jener vor Schmerzen laut schrie. Die Leute rannten herbei und tauchten zum Andenken Taschentücher oder Papier in sein Blut, einige kosteten sogar vom bitteren »blauen Blut«.

UNTEN: Die Hinrichtung von Ludwig XVI. fand am 21. Januar 1793 auf dem nach seinem Vorgänger Ludwig XV. benannten Platz statt. Zeitweilig als »Platz der Revolution« bekannt, heißt er heute »Platz der Eintracht«.

OBEN: Ludwig XVI. wurde von den Revolutionären zum Aufsetzen der Freiheitsmütze mit Trikolore-Kokarde gezwungen.

Das Gesetz über die Verdächtigen

Das im September 1793 verabschiedete »Gesetz über die Verdächtigen« erlaubte, auch vermeintliche Revolutionsgegner zum Tode zu verurteilen. Mit den Worten von Saint-Just, einem glühenden Anhänger Robespierres: »Man muss nicht nur die Verräter bestrafen, sondern jeden, der passiv ist und nichts für die Revolution tut.« So säumten denn, wenn die Opfer zum Schafott gekarrt wurden, die Bürger die Straßenränder und grölten unter mit Blumen und Trikolore geschmückten Fenstern laut »À la guillotine! À la guillotine!«. Und die legendären *tricoteuses*, die politischen Aktivistinnen, saßen um das Schafott herum und beobachteten die Hinrichtung strickend. Das Publikum konnte Wein und Kekse kaufen oder auf die Reihenfolge Wetten abschließen, in der der *huissier* (Gerichtsvollzieher) die Verurteilten aufrief. Zum Schluss strebten selbst die glühendsten Patrioten eine Verlegung der Guillotine an, denn es war so viel Blut geflossen, dass es Fundamente und das Grundwasser verunreinigte und ein ekelerregender Gestank die Luft rund um die Rue Saint-Honoré erfüllte, was den Wert von Immobilien minderte.

Angehörige aller Gesellschaftsschichten wurden guillotiniert, ob erfolgloser General, in Ungnade gefallener Politiker, Kurtisane, Ex-Bürgermeister, wohlhabender Bauer, nicht mehr rechtzeitig geflüchteter Adliger oder junge Frau, die um ihren toten Bruder geweint oder mit preußischen Soldaten getanzt hatte. Eine unbedachte Äußerung über die Revolution oder Nation – und schon denunzierte einen der rachsüchtige Nachbar. Zu einer Frau, die mit einer anderen gleichen Namens verwechselt wurde, sagte der Staatsanwalt: »Wenn Sie schon mal hier sind, können wir Sie ja auch gleich mitnehmen.« Der Abgeordnete Valazé erstach sich vor seiner Hinrichtung, so wurde am nächsten Tag sein Leichnam guillotiniert. Eine Frau, die bei der Hinrichtung ihres Mannes weinte, setzte man für mehrere Stunden lang unter die bluttropfende Klinge, bevor sie ihm in den Tod folgte.

LINKS: Ein weiteres bleibendes Symbol der Revolution waren die *tricoteuses* (Strickerinnen), die selbst die blutigsten Enthauptungen strickend mitverfolgten.

OBEN: General de Custine, ein Held der Revolution, wurde später als Verräter verurteilt und guillotiniert.

EIN KLÄGLICHES ENDE

Nicht alle Verurteilten gingen gleichmütig in den Tod. Marie-Jeanne Bécu, Comtesse du Barry, gefeierte Schönheit und Mätresse des hingerichteten Königs, beging den fatalen Fehler, während des Terrors nach Paris zurückzukehren. Als Tochter eines Schneiders glaubte sie der Guillotine zu entgehen. Sanson beschreibt ihr klägliches Ende so:

> *Madame Dubarry wurde gestern Abend verurteilt und heute Morgen hingerichtet. … Ich hatte sie seit zwanzig Jahren nicht wiedergesehen und konnte sie kaum erkennen; sie war ebenso wohl durch ihre zu große Beleibtheit wie durch Angst und Kummer entstellt. Als sie mich hinter den schon gefesselten Verurteilten stehen sah, stieß sie einen Schrei aus, verbarg ihre Augen hinter ihrem Taschentuch und warf sich auf die Knie, indem sie schrie: »Ich will nicht, ich will nicht!« … Ein Gehilfe trat zu ihr und hielt den Augenblick für günstig, ihr das Haar abzuschneiden. Beim ersten Schnitt mit der Schere sprang sie aber auf und stieß ihn zurück; zwei andere Gehilfen*

UNTEN: Madame du Barry war eine gefeierte Schönheit ihrer Zeit. Ihre Anmut und Grazie schützten sie allerdings nicht vor der Guillotine.

mussten sie binden helfen. Nun ließ sie alles mit sich geschehen, weinte aber, wie ich niemals weinen sah. Auf dem Kai befanden sich ebenso viele Menschen, wie bei der Hinrichtung der Königin und der Girondisten. Man schrie laut, aber das Geschrei des Opfers übertönte fortwährend das des Volkes. ... Sie rief: »Gute Bürger, befreit mich, ich bin unschuldig! Ich gehöre dem Volke an, wie ihr, gute Bürger; lasst mich nicht sterben!« Man rührte sich nicht, aber alle senkten den Kopf und schmähten sie nicht ferner. ... Ihre Zähne klapperten und ihre Stimme war rau und heiser. Ich fühlte mich so gerührt, ... denn der Anblick dieser unglücklichen Frau erinnerte mich an unsere Jugend, die uns ein solches Schicksal nicht vermuten ließ, und an ihren würdigen Vater ... Man schleppte sie weg, aber sie wehrte sich und versuchte zu beißen. Sie war stark und kräftig, denn obgleich es ihrer vier waren, brauchten sie mehr als drei Minuten, um sie hinaufzubringen.

Tagebücher der Henker von Paris 1685–1847, zweiter Band

Der Terror in der Provinz

Im übrigen Frankreich grassierte die Tötungswut so sehr, dass selbst die Guillotine nicht mehr ausreichte. In Lyon wurden Häuser reicher Männer in die Luft gesprengt und 300 Bürger auf dem Stadtplatz mit Kanonenschüssen getötet. In Nantes starben 3000 in überfüllten Gefängnissen, und 2000 weitere wurden auf Booten gefesselt in die Mitte der Loire gebracht und samt Kähnen versenkt.

Sogar ein mobiles Gericht tourte unter der Leitung des ehemaligen Priesters Le Bon mit Richtern und zerlegter Guillotine durch den Norden und hinterließ insbesondere

UNTEN: Stand keine Guillotine zur Verfügung, gab man sich mit jeder beliebigen Hinrichtungsmethode zufrieden. Hier beobachten Vertreter der Revolution, wie Bürger aus Nantes ertränkt werden.

Nichts zu lachen

Zu den Paradiesvögeln unter den zum Tode Verurteilten gehörte ein Zirkusclown, der in seinem Clownskostüm guillotiniert wurde. Er wohnte in Chinon an der Loire und wechselte vorübergehend seinen Beruf – er amtierte fortan als oberster Richter eines Revolutionstribunals. Er bezeichnete sich selbst als »Flamme der Revolution« und verurteilte Jung und Alt, Unschuldige wie auch Schuldige zum Tod durch das Fallbeil, bis er abgesetzt und in weiten Hosen und übergroßen Schuhen hingerichtet wurde.

in den Départements Somme und Pas-de-Calais eine blutige Spur. Die Zusammensetzung des Tribunals wirft mehr als eine Frage auf, denn es bestand aus Le Bon, seiner Frau, dreien seiner Onkel und seinem Schwager. Außerdem war Le Bons Frau zugleich seine Cousine. Da Le Bon den Damen besonders zugetan war, sorgte seine liebende Frau für die Hinrichtung seiner Ex-Geliebten. Die ganze Familie verfolgte die Hinrichtungen mit sadistischem Vergnügen mit, bis auch sie selbst nach dem Sturz von Robespierre und seiner Clique den Gang aufs Schafott antraten.

OBEN: Joseph Le Bon war ursprünglich Priester und begeisterte sich später für die Ideale der Revolution. Schon bald aber war auch er von der Macht korrumpiert.

Die Sache mit dem Blut

Im Juni 1794 mündete der Terror in einen ungeahnten Blutrausch. Das Gesetz vom 22. Prairial (nach dem Revolutionskalender: entspricht dem 10. Juni) legte fest, dass die Tribunale Konterrevolutionäre nur freisprechen oder zum Tode verurteilen konnten.

Die Pariser Guillotine wurde an einen neuen Standort verlegt und darunter ein großer Graben ausgehoben, in dem 1350 Gallonen (etwa 6000 Liter) Blut Platz fanden. Wenn er dennoch auf das Kopfsteinpflaster überlief, lockte er Horden streunender Hunde an. Da die Guillotine damals 230 Opfer pro Woche forderte, sorgte ein weiterer Graben dafür, dass Fäkalien im Lehmboden versickerten oder abliefen.

Auch die Beseitigung der Leichenberge stellte eine Herausforderung dar. Nach getanem Tagewerk entfernte Sanson das Fallbeil und verstaute es sicher für die Nacht, bevor er die Rümpfe und Köpfe der Opfer auf die bereitstehenden Karren lud. Auf

OBEN: Revolutionäre wie Le Bon wurden bevorzugt als blutrünstige Wilde dargestellt. Hier trinkt Le Bon Blut aus einem Kelch, während er einen anderen mit Blut füllt, das aus einem gerade enthaupteten Opfer strömt.

dem Weg zu den zugewiesenen Friedhöfen hinterließen sie Blutspuren, die ein gewisses Gesundheitsrisiko darstellten. Dort angekommen, wurden die Leichen wie Brennholz in großen Gräben aufgestapelt und die Köpfe wie reife Melonen daraufgelegt, bevor man alles mit Branntkalk bedeckte. Der Leichnam von König Ludwig XVI. wurde zwar in einem Sarg bestattet – jedoch in einem Gemeinschaftsgrab und ohne Deckel. Dabei legte man seinen Kopf mit den noch offenen Augen zwischen die Beine. Der insgeheim royalistische Advokat Olivier Desclozeaux wohnte direkt am *Cimetière de la Madeleine* und notierte sich den Bestattungsort des Königspaars. 1802 erwarb er das Friedhofsgrundstück, und 1815 wurde das Königspaar in die Kathedrale von Saint-Denis umgebettet.

Singen bis zum bitteren Ende

Zu den Hauptfriedhöfen der Republik gehörte der Cimetière de la Madeleine. Im Juli 1794 wurden hier nach ihrer Hinrichtung auf der Place de la Révolution 16 Karmeliterinnen begraben. Während sie auf den Tod warteten, sangen sie eine Hymne. Im Laufe der 24 Minuten, in denen sie eine nach der anderen hingerichtet wurden, verwandelte sich der Chor- allmählich in einen Sologesang und mündete schließlich in Totenstille.

Das Ende von Robespierre

Dieser beispiellose Aderlass führte letztlich zum Untergang von Robespierre und seiner Fraktion. Als er die Existenz einer Liste mit weiteren zu guillotinierenden Mitgliedern des Konvents andeutete, wurde er samt seinen Gefolgsleuten bei einem blutigen Staatsstreich verhaftet. Der Gendarm Charles-André Merda zerschmetterte ihm beim Sturm des Rathauses den Unterkiefer. Nach seiner gewaltsamen Festnahme wurde Robespierre in die Büroräume des Wohlfahrtskomitees gebracht, wo er reglos mit geschlossenen Augen auf einem Tisch lag, während weiterhin Blut aus seinem Mund floss. Nach einer Stunde öffnete er die Augen und versuchte, sich das Blut aus dem Gesicht zu wischen. Erst um sechs Uhr morgens kümmerte sich endlich ein Chirurg um den abgesetzten Tyrannen, zog ihm einige zertrümmerte Zähne und Knochensplitter aus dem Unterkiefer und verband diesen. Robespierre blieb die ganze Zeit über teilnahmslos und starrte seine Entführer mit leeren Augen an.

Der für die Septembermassaker mitverantwortliche Kommandant der Pariser Nationalgarde Hanriot wurde aus einem Fenster geworfen, landete auf einem Misthaufen und flüchtete in die Kanalisation. Dort entdeckten ihn jedoch Soldaten, die mit ihren Bajonetten auf ihn einhieben und ihm ein Auge ausstachen, das dann an seiner Wange herunterhing.

Das Revolutionstribunal verurteilte die Männer schnell zum Tode, und die Verurteilten wurden um fünf Uhr auf die Karren geladen. Eine gewaltige Menschenmenge säumte den Weg und

UNTEN: **Die der Unterschicht entstammenden Sansculotten (»die ohne Kniebundhosen«) wandten sich gegen Robespierre. Tausende strömten herbei, um seinen blutigen Tod mitzuverfolgen.**

skandierte: »Auf die Guillotine! Lang lebe die Republik! Nieder mit dem Tyrannen!« Kurz vor dem Schafott schrie eine Frau Robespierre ins Gesicht mit den blutgetränkten Verbänden und den geschlossenen Augen: »Du Ausgeburt der Hölle, geh hinab in dein Grab mit der Last der Flüche der Frauen und Mütter Frankreichs auf den Schultern.« Dann wurde er aus dem Wagen gehoben und wartete auf dem Boden liegend teilnahmslos, bis er an der Reihe war. Er öffnete die Augen erst, als er zum Schafott getragen wurde. Dort riss der Scharfrichter den Verband ab, der Robespierres Kiefer festhielt – Blut floss in Strömen, und der Knochen fiel zu Boden. Daraufhin sei das Stöhnen eines sterbenden Tigers auf dem ganzen Platz zu hören gewesen.

Hanriot taumelte vom Alkohol benebelt zum Schafott, als ein Schaulustiger ihm plötzlich das noch immer aus der Augenhöhle über die Wange herabhängende Auge ausriss.

Die französische Justiz nach der Revolution

Die Zahl der Hinrichtungen ging nach der Revolution stark zurück, aber die Guillotine diente in Frankreich noch bis 1977 der Hinrichtung abscheulicher Verbrecher – und als »Mittel der politischen Überzeugung«. Im französischen Bewusstsein blieb sie als »Witwenmacherin«, so ihr Beiname, für immer präsent.

Eine Besonderheit der französischen Justiz verstärkte die seelischen Qualen und die Angst der Todeskandidaten. Anders als in Großbritannien oder den USA kannten sie ihr Hinrichtungsdatum nicht, sondern wussten nur, dass es kein Sonntag oder Montagmorgen wäre, da die Gesetzesdiener dann nicht arbeiteten. Später im 19. Jahrhundert wurden die Guillotinen sogar in aller Stille zusammengesetzt. So konnten Schritte, die durch den Gang zu den Zellen hallten, für die zum Tode Verurteilten sowohl eine Tasse Tee als auch den Gang zur Guillotine bedeuten.

Bei einer frühmorgendlichen Hinrichtung warteten der Scharfrichter und seine Gehilfen bei der zusammengesetzten Guillotine, während die Wärter sich nur in Strümpfen auf den Weg zur Zelle des Todeskandidaten machten. So wurden die anderen nicht wach. Dort angekommen, weckten sie den Verurteilten und ließen ihn seine Zivilkleidung anziehen. Anschließend durfte er einen Abschiedsbrief schreiben, an einer Messe teilnehmen und beim staatlich bestellten Priester die Beichte ablegen. Zum Abschluss der langwierigen und womöglich demütigenden Prozedur wurde ihm sein Strafbescheid gezeigt und verlesen. Sobald der Oberaufseher ihn unterschrieben hatte, wurde der Verurteilte zum Eigentum des Scharfrichters.

Es folgte die »Verurteiltentoilette« – das Abschneiden von Kragen und Nackenhaar. Dann erhielt der Todeskandidat ein Gläschen Cognac, bevor man ihn an Händen und Füßen fesselte und zu seinem Rendezvous mit Madame Guillotine führte. Dort schnallte man ihn auf der senkrechten Wippe fest, kippte sie in die Waagrechte und schob sie so nach vorne, dass sein Kopf unter der wartenden Klinge lag. Hier begegnete der Verurteilte »dem Fotografen«, einem Assistenten des Henkers, der den Gefangenen daran hindern musste, den Kopf in die Lünette zurückzuziehen. Falls dies doch

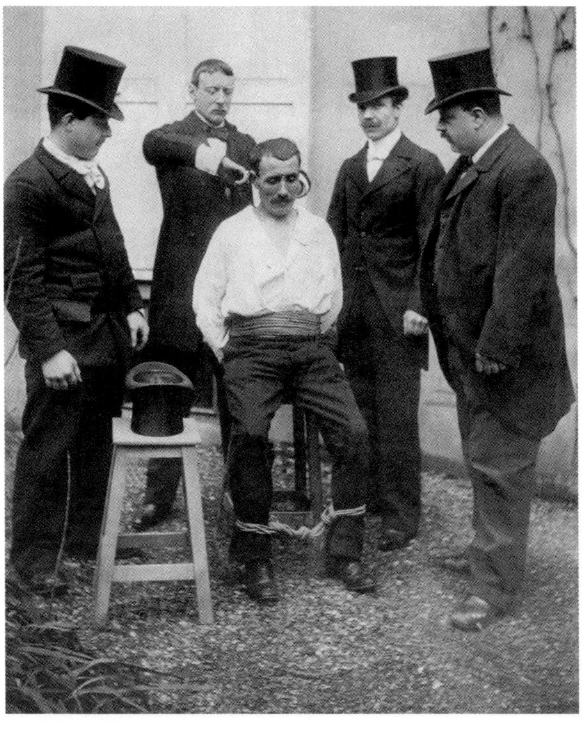

LINKS: Im weltumspannenden französischen Kolonialreich des 18. und 19. Jahrhunderts kam die Guillotine häufig gegen Rebellen zum Einsatz.

RECHTS: Diesem Gefangenen hat man den Kragen abgeschnitten und rasiert ihm den Nacken. Er denkt sicher an die andere Klinge, die bald seinem Leben ein Ende bereiten wird.

geschah, spaltete das Fallbeil den Kopf in zwei Hälften. Deshalb brachte der Fotograf ihn in die richtige Lage, indem er an den Haaren oder an den Ohren des Verurteilten zog. Dies galt als schwierigste Aufgabe eines Assistenten – es wird sogar von abgehackten Fingern berichtet. Außerdem war der »Fotograf« nach getaner Arbeit voller Blut. Nicht wenige Kriminelle ließen sich eine gepunktete Linie mit den Worten »hier abtrennen« oder »entlang der gepunkteten Linie abtrennen« rund um den Hals tätowieren.

Frankreich und seine Guillotine

Jean-Baptiste Troppmann landete mit nur 21 Jahren auf der Guillotine, weil er acht Mitglieder einer Familie ermordet hatte. Der am 19. Januar 1870 zum Tode Verurteilte wirkte während der Vorbereitungen sanftmütig und ruhig, machte aber auf der Wippe einen Buckel und zog den Kopf in den Kragen seines Hemdes. Ein Assistent zerrte ihn an den Haaren in die richtige Position zurück, doch im selben Augenblick streckte sich Troppmann und biss ihm einen Finger beinahe ganz ab. Das Fallbeil setzte dem Treiben ein Ende. Louis Lefèvre überlistete 1916 das Henkerskommando und zog den Kopf ein. So hackte das Fallbeil statt seinem Hals den Kopf in zwei Hälften.

Louis Deibler, 1879–1898 Scharfrichter von ganz Frankreich, wurde nicht selten als zu langsam oder sanft bezeichnet, obwohl eine Hinrichtung unter seiner Aufsicht vom Eintreffen an der Guillotine bis zum Fall der Klinge durchschnittlich nur acht Sekunden dauerte. Als er mit 75 Jahren in den Ruhestand ging, begann er sich auffällig zu verhalten: Offensichtlich litt er an einer posttraumatischen Belastungsstörung, und wiederkehrende Albträume von Blutströmen ließen ihn nicht mehr ruhig schlafen. Genau wie Lady Macbeth rieb er sich fortwährend die Hände, als würde er sie waschen, um Hände und Seele zu reinigen. Da er in seinen letzten Jahren als Scharfrichter aufgrund mangelnder Beweglichkeit dem hervorspritzenden Blut nicht mehr ausweichen konnte und es seine Kleidung durchtränkt hatte, übergab er schließlich sein Amt an seinen Sohn Anatole, der es 1899 bis 1939 innehatte.

LINKS: Jean-Baptiste Troppmann wurde am 19. Januar 1870 hingerichtet. Sekunden vor seinem Tod biss er einem Assistenten beinahe einen Finger ab.

OBEN: Das letzte Todesurteil wurde in Frankreich am 10. September 1977 an Hamida Djandoubi vollstreckt.

Keine öffentlichen Hinrichtungen mehr

Die letzte öffentliche Hinrichtung in Frankreich war in mehrerer Hinsicht bemerkenswert. Erstens kam es zu mehreren Fehlfunktionen, zweitens wurde die Guillotinierung sowohl gefilmt als auch fotografiert, und drittens veranlassten Tumulte die Behörden, öffentliche Hinrichtungen mit sofortiger Wirkung zu verbieten. Der neue Scharfrichter von Frankreich, Jules-Henri Desfourneaux, war mit der Hinrichtung des deutschen Serienmörders Eugen Weidmann im Juni 1939 vor dem Gefängnis in Versailles offensichtlich überfordert. Außerdem soll er sich betrunken mit einem der Assistenten gestritten und die Funktionsbereitschaft der Guillotine nicht überprüft haben. Die Verschiebung der Hinrichtung um mehrere Stunden ermöglichte Fotografen die Reise zum Hinrichtungsort, um dort unter Verstoß gegen das französische Gesetz Aufnahmen zu machen. Als die Assistenten das Opfer auf die Wippe geschnallt hatten, klemmte diese und ließ sich nicht in die Horizontale kippen. Deshalb schnallte man Weidmann kurzerhand los und bugsierte ihn von Hand in die Lünette. Chaos stifteten auch die über 30 000 bis 40 000 betrunkenen feiernden Schaulustigen. Nur ein Polizeikordon hielt sie vom Vordringen zur Guillotine ab. Sobald die Polizei den Zugang nicht mehr versperrte, strömte das Publikum zum Ort des Geschehens und tauchte Berichten zufolge die Taschentücher in die Blutabflussrinnen. Dieser Anblick mag für den Beschluss den Ausschlag gegeben haben, Hinrichtungen in Zukunft nur noch hinter verschlossenen Türen durchzuführen.

Deutsche Gründlichkeit

In Nazideutschland nahmen Ingenieure einige Änderungen an der Grundkonstruktion vor, um die Guillotine bzw. das Fallbeil noch effizienter zu machen – in Deutschland fand teilweise bis 1938 noch das Richtbeil zur Vollstreckung der Todesstrafe Anwendung. Um kürzere, ganz aus Metall gefertigte Ständer verwenden zu können, wurde ein deutlich schwereres Messer verwendet. Außerdem verzichtete man auf die Wippe. Dem Scharfrichter stand frei, ob er den Verurteilten mit dem Gesicht nach unten oder zum Fallbeil hin enthauptete. Das Messer konnte auch durch einen Schirm vor dem Verurteilten verborgen werden, während man ihn darunterschob. Allein die 20 von Adolf Hitler persönlich in Auftrag gegebenen Fallschwertmaschinen forderten zwischen 1933 und 1945 etwa 16 000 Opfer. Nach guter deutscher Sitte mussten die Hinterbliebenen eine Gebühr von 1,50 Reichsmark pro Hafttag, 300 Reichsmark für die Hinrichtung und 12 Pfennig für die Portokosten der Rechnungen entrichten. Röttger konnte als Scharfrichter im Berliner Gefängnis Plötzensee alle drei Minuten eine Guillotinierung durchführen, für die er je 60 Reichsmark erhielt.

Das Fallbeil in Plötzensee

Adolf Hitler ließ den von den Nazis kontrollierten Reichstag das Mindestalter für die Todesstrafe auf 14 Jahre herabsetzen. Politische Gegner waren die Hauptopfer der neuen Terrorherrschaft, die bis zu 45 Fallbeile im ganzen Reich im Einsatz hatte. Schon das Äußern von Zweifeln am Endsieg oder das Hören von alliierten Radiosendungen galt zuletzt als Kapitalverbrechen. Einmal wurden in Plötzensee in elf Stunden 75 zum Tode Verurteilte mit zwei gleichzeitig betriebenen Fallbeilen hingerichtet. In Wien fielen der Fallschwertmaschine 1400 Menschen zum Opfer.

Mit 2876 Opfern während der NS-Herrschaft und 3165 Hinrichtungen in seiner gesamten Karriere kommt Johann Reichhart die zweifelhafte Ehre zu, der produktivste Scharfrichter seiner Zeit gewesen zu sein. Er wurde von den Alliierten nicht strafrechtlich verfolgt und war für die Vorbereitung der Galgen für die Hinrichtung der in den Nürnberger Prozessen verurteilten Kriegsverbrecher verantwortlich.

LINKS: Die deutschen Fallbeile verwendeten ein viel schwereres Messer als frühere Modelle. So konnte das Gestell kürzer gehalten werden.

Schneller Tod?

Gibt es ein Leben nach dem Tod? Existiert das Bewusstsein ohne sterbliche Hülle weiter? Diese Fragen werden wir womöglich nie beantworten, aber die Guillotinierten lebten zumindest für eine kurze Zeit weiter – wie lange, darüber wird diskutiert.

Möglicherweise verlieren Guillotinierte schon nach zwei bis drei Sekunden das Bewusstsein und ihr Leiden findet ein Ende, weil das Gehirn kaum mehr mit Blut versorgt wird. Alle Lebenszeichen, so wird vermutet, erlöschen nach 60 Sekunden infolge von Blutverlust und Trennung von Gehirn und Wirbelsäule. Einigen Schätzungen zufolge reicht der Sauerstoffvorrat im Gehirn aber auch aus, um es noch für sieben Sekunden nach der Enthauptung am Leben zu erhalten. So versuchten Wissenschaftler herauszufinden, wie viel Zeit genau vergeht, bis ein Kopf tot ist.

Die erste wissenschaftliche Analyse lieferte der französische Chemiker Antoine Laurent de Lavoisier (unten), der vor seiner Hinrichtung während der Terrorherrschaft sagte, er werde nach der Enthauptung so lange wie möglich blinzeln. Nach Augenzeugenberichten waren es 30 Sekunden. Bei postmortalen Untersuchungen stellte man jedoch nicht selten fest, dass sich die Augenlider bewegten und die Gesichter zitterten. Scharfrichter Sanson berichtete, dass sich die Köpfe oft bewegten, wenn sie im wartenden Korb landeten, und er sie mitunter nur mit Mühe trennen konnte, wenn sie sich mit den Zähnen an Köpfen oder Kiefern festgehakt hatten. Bei einer seiner Hinrichtungen flog der Kopf so schnell davon, dass er unter dem Rock einer jungen Zuschauerin landete, die »Oh là là« gesagt haben soll. Erst nach einiger Zeit gelang es Sansons Assistent, den Kopf einzusammeln.

»… dessen Kopf sich auf dem Stein hin und wider gekehret und bewegt, als ob er sich umsehen wollt, die Zung bewegt den Mund auftun, als ob er reden wollt, bei einer guten halben Viertelstund, dessen ich mein Tag niemals gesehen hab.«

Meister Franz Schmidt, Scharfrichter in Nürnberg zum Tod von Georg Praun (1602)

KAPITEL 8

Tod durch Häutung

Das Häuten ist eine uralte Hinrichtungsmethode, die insbesondere von den Völkern des amerikanischen Doppelkontinents seit Jahrtausenden praktiziert wurde. Als Pioniere der Häutung zur Abschreckung gelten jedoch die alten Assyrer, die in eroberten Städten nicht selten der ganzen Bevölkerung die Haut abzogen und sie auf die Zinnen hängten – zur Warnung an alle, die auch nur mit dem Gedanken spielten, sich der assyrischen Macht zu widersetzen. Im mittelalterlichen Europa wurden Kriminelle, Hexen und gefangene Soldaten in vielen Fällen so hingerichtet.

Lebendig gehäutet

Beim Häuten banden ein oder mehrere Folterknechte die Arme oder Beine des Opfers an eine aufrechte Stange und schälten mit scharfen Messern vom Gesicht abwärts oder von den Füßen aufwärts langsam die Haut ab. Der Tod trat infolge Blutverlusts und Schocks ein. Das Festbinden des Opfers mit dem Kopf nach unten minimierte den Blutverlust, sodass es länger am Leben blieb. Damit das Schälen leichter fiel, goss man kochendes Wasser oder Öl auf die Haut und verbrühte sie.

Frühe europäische Siedler entdeckten die Vorliebe der nordamerikanischen Ureinwohner für das Häuten. So schildert ein puritanischer Kolonist 1676 in einem Brief, sie hätten gefangene englische Soldaten an einen Pfahl gebunden und ein Feuer unter ihnen entfacht. Während jene langsam verbrannten, hätten die Ureinwohner Haut- und Fleischstücke herausgeschnitten und heiße Kohlen in die Wunden gelegt.

Solche Foltermethoden waren aber nicht etwa den Eindringlingen vorbehalten – von einem anderen Stamm gefangen genommene Krieger wussten genau, was sie erwartete. Ein Mann verdiente sich Achtung, wenn er die entsetzlichen Schmerzen ohne zu zucken ertrug. Die Indianer lernten von klein auf, wie sie sich zu verhalten hatten, um nicht durch Feigheit Schande über ihren Stamm zu bringen.

Die Sioux waren bekannt dafür, Gefangene an den Füßen kopfüber an einen Baum zu binden und ein langsam schwelendes Feuer darunter anzuzünden, das den Kopf des Opfers allmählich durchbriet. Während es sich krümmte und wand, schnitt oder riss man ihm Fleischstreifen heraus.

Die Huronen und andere benachbarte Völker fürchteten die sechs Stämme der Haudenosaunee (Irokesen): Cayuga, Mohawk, Oneida, Onondaga, Seneca und Tuscarora. Viele ihrer Nachbarn flohen lieber, statt Gefangennahme und Folter zu riskieren. Schon allein ihr Aussehen jagte den Feinden der Irokesen Angst ein. Viele christliche Missionare beschrieben die Arten der Gesichtsbemalung ihrer Krieger: Es dominierten Schwarz und Rot, die mit Ausnahme der Oberseite der Stirn und der Unterseite des Kinns das ganze Gesicht als breite Bänder durchzogen. Diese Priester waren sich der Gefahr jedoch nicht bewusst, in der sie sich befanden, als sie die Kämpfer mit Kriegsbemalung sahen. Schwarz stand für Konflikt und Trauer, Rot für einen gewaltsamen Tod.

UNTEN: Der Sioux-Häuptling To-Ka-Con in Kampfmontur. Mit dem abgebildeten Schwert häutete er mit Sicherheit Gefangene.

DER TOD VON JEAN DE BRÉBEUF

Der später heiliggesprochene Jesuitenmissionar Jean de Brébeuf, der die Kultur der Ureinwohner eingehend studierte, wurde 1649 von den Irokesen in der Georgsbucht auf besonders grausame Art zu Tode gemartert. Als er mit einigen Bewohnern in einem Huronendorf zurückblieb, wurde dieses von 1200 Irokesenkriegern überfallen. Jean und sein Stellvertreter Pater Gabriel Lalemant wurden entkleidet und an zwei aufrechte Pfähle gebunden. Dann riss man ihnen die Fingernägel aus und schlug sie mit Knüppeln insbesondere auf die Oberschenkelinnenseiten und Geschlechtsteile. Ein Irokese, den die beiden vor einigen Jahre zu bekehren versucht hatten, goss kochendes Wasser über die Missionare und sagte dabei zu ihnen, sie würden bald in den Himmel kommen, denn er taufe sie ja erneut.

Da die Priester weiterhin laut beteten, statt schweigend zu leiden, brachten die Krieger andere Techniken aus ihrem grausamen Repertoire zur Anwendung. Sie pressten glutheiße Äxte auf die Körper der beiden Missionare, legten Brébeuf eine Kette aus ebensolchen Axtklingen um den Hals, was unerträgliche Schmerzen verursachte, wenn er sich krümmte, um einer Klinge zu entkommen, und andere sich in sein Fleisch brannten. Doch er betete immer weiter für die Seelen seiner Huronenschützlinge, sodass er später zusammen mit sieben weiteren nordamerikanischen Märtyrern heiliggesprochen wurde. So lautet die traditionelle Version. In Wirklichkeit konnte er wohl keinen Laut mehr von sich geben, da ihm die Irokesen nach der Axtfolter Ober- und Unterlippe sowie Zunge ab- und Happen aus Armen und Beinen herausschnitten, um sie zu braten. Schließlich zwang man ihn dazu, sich zum Skalpieren hinzusetzen, bevor man sein Herz herausriss und aufaß.

LINKS: Nach der griechischen Mythologie forderte Marsyas Apollo heraus und wurde für seine Unverschämtheit gehäutet. Der Gott hängte seine Haut an einer Kiefer auf.

RECHTS: Erbarmungslose Irokesenkrieger bereiteten Jean de Brébeuf einen qualvollen Tod.

Eine langsame Exekution

Die Tötungszeremonie der im Tal des Mississippi siedelnden Natchez für gefangene feindliche Krieger ähnelte den Praktiken anderer indianischer Völker. Sie begann mit der Skalpierung, bevor das Opfer für die Folter mit gespreizten Beinen an ein Gestell aus zwei Pfosten und zwei Querstangen gebunden wurde.

Bei der Annäherung an ihr Lager kündigte die siegreiche Partei ihre Ankunft mit drei lauten Kriegsschreien an, bevor der Gefangene eine letzte Mahlzeit erhielt. Danach wurde er bewusstlos geschlagen, und ein Krieger schnitt die Kopfhaut rund um den Haaransatz ein, kniete sich auf die Stirn des Opfers und zog ihm die Kopfhaut mit beiden Händen drehend ab, um sie nicht zu zerreißen. Darauf fesselte man den Gefangenen mit den Handgelenken an die obere Ecke des Rahmens und mit den Knöcheln an den unteren Querbalken und begann mit Folter und Hinrichtung.

Stammesmitglieder näherten sich dem Opfer mit Fackeln, brennenden Rohren oder brennenden Binsen und versengten es. Manchmal trieben sie auch Nägel durch Füße oder Beine, schnitten Haut- und Fleischstücke heraus oder entfernten die Genitalien und überreichten sie den Witwen der im Kampf gefallenen Krieger zum Verbrennen. Die Achselhöhlen und andere besonders empfindliche Körperteile zählten beim Versengen zu den ersten Zielen. Die Marter dauerte bis zu drei Tagen, während der einige schwiegen, während andere ein Todeslied sangen. Einige Stämme aßen die abgeschnittene Haut roh oder gekocht, andere warfen sie weg. Es kam auch vor, dass die Krieger Pfeile in die Muskeln der Gliedmaßen schossen und brennende Äste in die Kehle oder den Anus des Opfers rammten.

Auf diese Weise brachten viele amerikanische Ureinwohner auch Menschenopfer dar, um sich eine reichliche Ernte zu sichern. Dabei starben die gefangenen jungen Frauen feindlicher Stämme am Marterpfahl keinen langsamen und qualvollen Tod, sondern wurden von Pfeilen durchbohrt. Das aus den

LINKS: Ein tätowierter Irokese skalpiert einen Gefangenen. Den Beutel des Irokesen schmücken möglicherweise weitere Skalps.

Wunden strömende Blut wurde in Töpfen aufgefangen und auf den Äckern verteilt. Sobald das Opfer tot war, schnitt man kleine Fleischstücke aus seinem Körper, die man auf den Getreidefeldern vergrub.

Diese weitverbreiteten Marterungen und Hinrichtungen löschten mitunter Stämme aus, beschränkten sich aber im Wesentlichen auf männliche Krieger. Frauen und kleine Kinder wurden meist vom siegreichen Stamm adoptiert – insbesondere wenn Familien Söhne in der Schlacht verloren hatten, sorgten sie gern durch die Adoption junger männlicher Feinde für den eigenen Fortbestand. Die gelegentliche Adoption weißer Kinder belegt der Fall von Herman Lehmann (1859–1932). Er wurde als initiierter Krieger von den Apachen aufgezogen und schloss sich später, nachdem er einen Medizinmann seines Stammes getötet hatte, den Comanche an.

Die besondere Vorliebe der Prärie-Indianer für langsame Hinrichtungsmethoden belegt folgende Geschichte aus dem Grenzland über die Rache an einem Siedler, der 1853 eine Indianerfrau getötet hatte:

Die Indianer nahmen ein 18 Meter langes Lasso aus unbearbeiteter Büffelhaut von einem ihrer Ponys und banden den Mann mit Kopf und Fuß an ein Hinterrad eines Wagens. Sie brauchten nicht lange für die Vorbereitungen, überprüften die Schärfe ihrer Messerklingen, dann begann auch schon die schreckliche Szene des Häutens bei lebendigem Leibe, sie fingen am Hals an, das Blut des Mannes rann bald in kleinen Strömen seinen nackten Körper hinunter – sie hatten ihm alle Kleider ausgezogen, bevor sie ihn an das Rad banden. Sie zogen ihm nach und nach die Haut vom ganzen Körper ab, nicht in kleinen Stücken oder Streifen, sondern im Ganzen. Die schreckliche Folter wurde in Gegenwart der weißen Männer durchgeführt. Mankins zappelte und schrie in Todesangst, sein Leiden war schrecklich und erbärmlich; er bettelte und fluchte. Das blutige Werk ging weiter. Die unerträgliche Folter wurde fortgesetzt. Der Mann hatte eine arme wehrlose Indianerin grausam ermordet, und ihr Stamm bestrafte ihn mit der schlimmsten Folter, die seine Mitglieder sich ausdenken konnten. Die jubelnden Indianer führten ihr grausames und qualvolles Werk zu Ende und stießen einen Freudenschrei aus; ihr Opfer lebte zwar noch, war aber schon fast ganz in Ohnmacht gefallen. Sie banden es los, und die blutüberströmte, sich windende Gestalt fiel zu Boden, wo sie eine Stunde lang zitternd liegen blieb, bis der Tod dem Leben ein Ende setzte und weiteren Grausamkeiten der Indianer zuvorkam.

Kein Indianer verließ den Ort des Geschehens, bevor sich alle vergewissert hatten, dass er tot war; dann bestiegen sie ihre Ponys und zogen mit Kriegsgeschrei davon, die menschliche Haut mit sich tragend.

Silas Claiborne Turbo: *Fireside Stories of the Early Days in the Ozarks*, 1904

Skalpkriege

Viele Indianervölker skalpierten ihre Feinde. »Skalpierungsangriffe« auf andere Stämme unter Einbezug der Hinterbliebenen sollten den Tod von eigenen Kriegern rächen. Der Aufbruch der Krieger wurde in diesem Fall mit großem Zeremoniell gefeiert, wie auch ihre Rückkehr vom erfolgreichen Beutezug, bei der der Skalptanz zur Aufführung kam. Anschließend wurden die Skalps auf Stangen vorgeführt und der Familie des toten Kriegers als Zeichen der Versöhnung überreicht.

Da für die Krieger Skalp und Kämpfergeist eine Einheit bildeten, wurde ihre Seele beim Skalpieren nicht nur getötet, sondern auch gedemütigt. Nach dem Ende der Zeremonien spannte man die Skalps auf Holzrahmen, nähte sie in Kleidung sowie Sattel- und Zaumzeug ein oder befestigte sie als Schmuck an Waffen.

In den meisten Fällen wurde die Kopfhaut vor dem Abschälen des Skalps mit einem scharfen Messer rund um den Haaransatz eingeschnitten. Kalifornische Stämme enthaupteten dagegen das tote Opfer und nahmen die ganze Kopfhaut ab – einschließlich Gesicht und Ohren. Die Mohave gingen ebenso vor, schnitten aber ein Dreieck aus und ließen so die Haut um Augen, Mund und Nase am Schädel. Die Prärie-Indianer begnügten sich mit kleineren Skalps und stellten daraus Gürtel oder Sattel- und Zaumzeug her – als Statussymbol, das auf die Zahl der getöteten Feinde verwies. Die Yuki und andere Stämme, die eher sesshaft lebten, schmückten ihre Lager mit intakten Kopfhäuten. Sie rieben sie zuerst mit Hirschmark ein, um sie geschmeidig zu machen, spannten sie dann auf Rahmen und gaben sie dem Spott der Allgemeinheit anheim. Die behandelten Häute wurden auch in Zeremonien verwendet, während derer Witwen und Waisen von Kriegern sie zerkauten und zerrissen, bevor sie weggeworfen wurden.

LINKS: Die europäischen Siedler mussten nicht nur gegen Naturgewalten kämpfen, sondern auch gegen den erbitterten Widerstand der Ureinwohner.

Lingchi: Tod durch Tausend Schnitte

Lingchi stand in China seit der Han-Dynastie (206 v. Chr.–220 n. Chr.) bis zu ihrem Verbot im frühen 20. Jahrhundert auf die schlimmsten Verbrechen wie Vatermord oder Verrat. Diese Form des Folterns sollte ein Höchstmaß an Leid sowohl im Dies- als auch im Jenseits verursachen, indem der Verurteilte rituell gedemütigt wurde und unsägliche Schmerzen ertragen musste.

Vom Gericht zu einem öffentlichen Platz gezerrt, traf er dort auf eine große, randalierende Menge. Der Scharfrichter schnallte ihn an einen Pfahl und legte seine Werkzeuge bereit. Dann schnitt er Hautstücke vom Körper, oft mit den Brustwarzen und den Innenseiten der Oberschenkel beginnend. Die geschicktesten Henker konnten ihr Opfer stundenlang am Leben halten, indem sie den Blutverlust minimierten. In der Regel legte das Gericht fest, wie viel Zeit vergehen musste, bis der Gefolterte den Gnadenstoß mit einer schmalen Klinge erhalten durfte. Der Henker stieß ihm diese ins Herz.

Nach chinesischen Glaubensvorstellungen muss der Mensch intakt, das heißt mit allen Gliedmaßen und Fingern, ins Jenseits gelangen. (Eunuchen bewahrten nach der Kastration ihre Hoden in einem kleinen Gefäß auf, sodass sie zusammen mit ihnen begraben wurden.) Damit der Verbrecher auch im Jenseits litt, zerstückelte der Henker seinen Leichnam und ließ seine abgetrennten Gliedmaßen, den Kopf und auch den Torso zum Fraß der herumstreunenden Hunde zurück.

RECHTS: Diese Chinesin muss eines schlimmen Verbrechens überführt worden sein, denn sie wurde zum *Lingchi* verurteilt. Ein Regierungsbeamter schaut zu und stellt sicher, dass sie für die vom Gericht vorgesehene Zeit am Leben gehalten wird.

Kapitel 9

Der elektrische Stuhl

An der Schwelle zum 20. Jahrhundert herrschte in den Vereinigten Staaten Aufbruchstimmung. Die USA galten als Land der Erfindungen – man denke nur an den Telegrafen und andere Anwendungen der Elektrizität. Die wohlhabende und moderne Nation suchte nach einer humaneren Hinrichtungsmethode, die an die Stelle des bisher praktizierten Hängens treten konnte. So wurde »Old Sparky«, der elektrische Stuhl, geboren. Auch heute noch bieten einige Bundesstaaten Verurteilten diese Hinrichtungsmethode als Option an.

Neue Technologie

In den 1880er- und 1890er-Jahren kam die Modernisierung und Industrialisierung der USA rasant voran. Mit Hochspannung betriebene Bogenlampen machten in den Straßen der Großstädte die Nacht zum Tag. Leitungsmonteure und unschuldige Zivilisten fielen der neuen Technik zum Opfer, wobei man feststellte, das sie sofort tot waren und der Stromschlag keine Spuren am Körper hinterließ. Alfred P. Southwick aus Buffalo experimentierte darauf mit streunenden Hunden, um herauszufinden, wie man Strom zum Töten von Lebewesen einsetzen kann. Da Southwick Zahnarzt war, verband er seine Faszination für Elektrizität mit seinem Wissen über Zahnarztstühle und konstruierte so den ersten elektrischen Stuhl. Thomas Edison steuerte sein technologisches Know-how bei und trug zur Finanzierung der ersten elektrischen Stühle bei.

OBEN: John Feeks' Unfalltod im Jahr 1889 trug zur Erfindung des elektrischen Stuhls bei. Man stellte fest, dass der Stromschlag keine Spuren am Körper hinterließ.

UNTEN: Hilflose Tiere wie dieses Pferd wurden bei Experimenten mit Elektrizität im Namen der Wissenschaft durch Stromschläge getötet.

DIE ERSTE HINRICHTUNG AUF DEM ELEKTRISCHEN STUHL

Als Erster wurde William Kemmler, der seine Freundin Tillie Ziegler ermordet hatte, auf dem elektrischen Stuhl hingerichtet. Nachdem er mehrfach mit einer Axt auf ihren Kopf eingeschlagen hatte, ging er in den nächstgelegenen Saloon, doch dort weigerte man sich, den blutüberströmten Mann zu bedienen. Im nächsten Saloon war man weniger zimperlich, und so wurde er dort beim ersten Bier des Tages von einem Polizisten aus Buffalo verhaftet. Sein Verteidiger plädierte: »Wir werden Sie nicht bitten, diesen Mann freizusprechen, denn ich glaube, es wäre ungeheuerlich, einen Mann mit solchen Neigungen auf die Gesellschaft loszulassen.«

Kemmler wurde im Gefängnis von Auburn im US-Bundesstaat New York hingerichtet. Am Morgen des 6. August 1890 wurde er geweckt, frühstückte und zog sich an. Man rasierte ihm den Scheitel kahl und schlitzte die Hose unterhalb der Taille auf. Dann wurde er in die Todeskammer geführt, einen größeren Raum mit dem ersten Prototyp des elektrischen Stuhls in der Mitte und 25 im Halbkreis darum aufgestellten Stühlen für die Zuschauer, darunter zwei Journalisten, nicht aber der Miterfinder des Stuhls Thomas Edison.

Da es sich um die erste Hinrichtung dieser Art handelte, wusste niemand, wie lange der Verurteilte unter Strom gesetzt werden musste. Die anwesenden Ärzte suchten zuerst nach einer Stoppuhr, entschieden sich dann aber, Dr. Edward C. Spitzka den Strom nach eigenem Gutdünken an- und abschalten zu lassen. Kemmler wurde in die Todeskammer geführt und der zuschauenden Menge vorgestellt. Man vergrößerte den Schlitz in seiner Hose, um eine Gummielektrode an der Basis seiner Wirbelsäule befestigen zu können – neben der anderen auf seiner Kopfhaut. Dann wurde dem auf dem Stuhl Festgeschnallten eine Ledermaske über den Kopf gestülpt, die an einem Kissen oben auf dem Stuhl befestigt war, sodass Kopf und Hals fixiert waren und nur der Mund frei blieb.

Der Gefängnisdirektor Charles Durston sagte: »Goodbye, William«, und klopfte zweimal an die Tür des Schaltraums. Auf dieses Signal hin leitete der Mann am Schaltbrett einen 1000-Volt-Stromstoß in Kemmlers Kopf.

UNTEN: William Kemmler hatte die zweifelhafte Ehre, als Erster auf dem elektrischen Stuhl hingerichtet zu werden. Die Kleidung der Zuschauer sog den Geruch von brennendem Fleisch auf, und einige fielen in Ohnmacht.

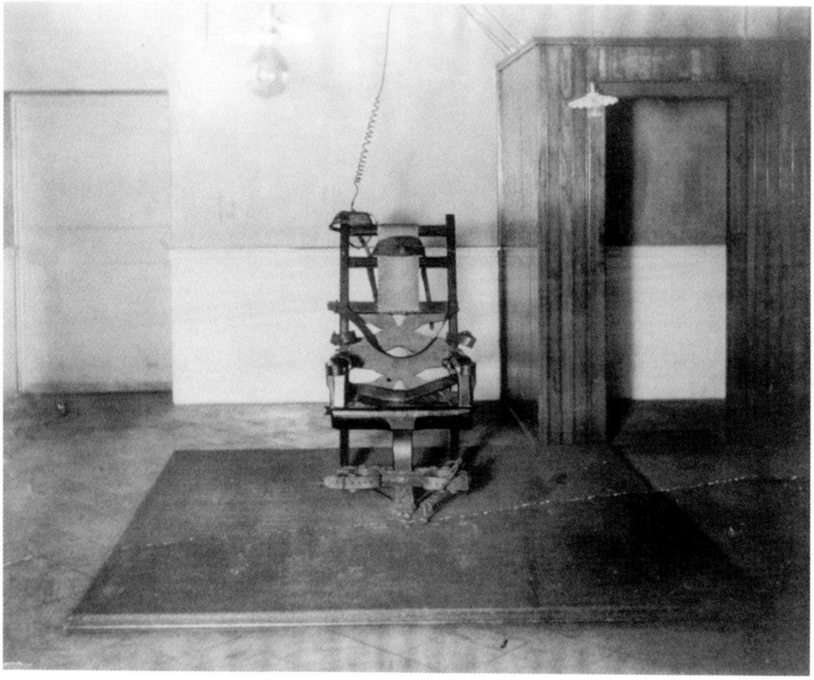

OBEN: Dieser elektrische Stuhl im *Auburn State Prison* im US-Bundesstaat New York war deutlich stabiler als seine experimentellen Vorgänger gebaut.

Sein Körper verkrampfte sich, Rauch und der Geruch von verbranntem Fleisch erfüllten den Raum. Kemmlers rechter Zeigefinger bohrte sich in die Handfläche, während 17 Sekunden lang Starkstrom durch seinen Körper geleitet wurde, bevor man ihn für tot erklärte. Die Ärzte begutachteten den Leichnam, und einer verkündete: »Dies ist der Höhepunkt von zehn Jahren Arbeit und Studium, wir leben jetzt in einer höher entwickelten Zivilisation.«

Leider erwies sich diese Aussage als verfrüht, denn einer der anwesenden Ärzte stellte fest, dass stoßweise Blut aus der verwundeten Hand trat. Ein Augenzeuge rief: »Großer Gott, er lebt!« Ein anderer sagte: »Seht nur, er atmet!« Kemmlers Brustkorb hob und senkte sich, aus seinem Mund hörte man ein Röcheln, das mit jedem Atemzug schneller und heftiger wurde. Von seinen Lippen spritzte lila Schaum auf die Ledermaske, und aus dem Mund trat Speichel aus, der in drei Rinnsalen über den Bart auf seine graue Weste tropfte. Die Brustgurte quietschten, während er nach Atem rang und einen animalischen Schrei ausstieß, den die Zeugen nicht zu beschreiben vermochten. Er zitterte und bebte am ganzen Körper. Erst nach zwei Minuten waren die Elektroden wieder angebracht. Diesmal ließ man den Strom so lange durch seinen Körper fließen, bis der Schwamm an seinem Hinterkopf austrocknete und samt Haut und Haar in Brand geriet. Er defäkierte und urinierte, während mehrere Zeugen, darunter einer der Zeitungsleute, in Ohnmacht fielen und Stühle in alle Richtungen umstürzten.

Gesicht und Arme waren mit blauen und violetten Flecken übersät, und bei der Autopsie stellte man fest, dass ein Großteil des Gehirns verkohlt war. Auch der untere Rücken war verbrannt und die Wirbelsäulenmuskulatur sah aus wie »zu stark gebratenes Rindfleisch«. Edwin F. Davis, der den Schalter umgelegt hatte, ließ sich davon offenbar nicht beeindrucken und richtete weitere 240 Schwerverbrecher hin, darunter am 20. März 1899 mit Martha Place die erste Frau auf dem elektrischen Stuhl.

Es ... lebt?

Eines der ersten dokumentierten Experimente zur Wiederbelebung durch Elektrizität fand 1803 in London statt. Es wurde an der Leiche des Mörders George Foster durchgeführt. »Als wir das Verfahren auf das Gesicht anwendeten, begann der Kiefer des verstorbenen Verbrechers zu zittern, während sich die angrenzenden Muskeln schrecklich verformten und sich ein Auge öffnete. Im weiteren Verlauf des Experiments hob und ballte sich die rechte Hand, Beine und Oberschenkel bewegten sich, und die Umstehenden glaubten alle, der unglückliche Mann sei im Begriff, zum Leben zu erwachen! Der Zweck dieser Experimente bestand darin, die Erregbarkeit des menschlichen Gerippes bei fachgerechter Anwendung von Elektrizität aufzuzeigen.« Ein Zeuge wurde unerwartet von Fosters Arm getroffen und starb noch gleichentags an einem Nervenzusammenbruch.

RECHTS: Man wusste, dass Elektrizität Menschen töten kann. Einige Erfinder versuchten aber auch, »galvanisierte Leichen« mit der gleichen Methode ins Leben zurückzuholen.

OBEN: **Thomas Edison (1847–1931) wurde als Erfinder der Glühbirne und anderer praktischer Hilfsmittel weltbekannt, kaum aber als Mitentwickler des elektrischen Stuhls.**

Prozedur mit Mängeln

Diese erste Hinrichtung musste man als Fiasko betrachten – das Verfahren konnte nur verbessert werden. Dem Direktor des Sing-Sing-Gefängnisses im US-Bundesstaat New York standen am Morgen des 7. Juli 1891 gleich vier Versuchskaninchen zur Verfügung. James Slocum überlebte als Erster auf dem elektrischen Stuhl einen 27-Sekunden-Stromstoß, und erst ein zweiter von 26 Sekunden Dauer tötete ihn. Harris Smiler verabreichte man anschließend drei 10-Sekunden-Stromstöße, doch sein Puls blieb konstant – ein letzter Stromstoß von 19 Sekunden war erforderlich. Bei Joseph Wood benötigte man drei Durchgänge von 20 Sekunden, während es bei Shibuya Jugiro »nur« deren drei von 15 Sekunden waren. Bei allen befestigte man die untere Elektrode an einer rasierten Wade, was zum Standardverfahren wurde.

Die Suche nach Verbesserungen ging weiter, und Edison schlug vor, zwei Eimer mit Salzwasser an den Armlehnen zu befestigen, in die der Verurteilte seine Hände eintauchte, und die Elektroden darin zu platzieren. Dies sollte den Stromfluss durch den Körper des Todeskandidaten verstärken. Charles McElvaine diente im Februar 1892 als Versuchskaninchen für die neue Methode. Auf dem Stuhl festgeschnallt, rief er »Let her go!«. Selbst 50 Sekunden 1600-Volt-Strom reichten nicht aus, aber zum Glück hatte der Wärter das System mit den Kopf- und Wadenelektroden aufbewahrt, sodass die Hinrichtung nach weiteren 43 Sekunden zu Ende war.

OBEN: Leon Czolgosz, der Mörder von US-Präsident William McKinley, wurde am 29. Oktober 1901 hingerichtet.

Und als 1893 in Auburn William Taylor unwillkürlich die Beine zusammenzog, brach das Vorderbein des elektrischen Stuhls entzwei. Taylor kippte vornüber, während der Generator den Geist aufgab. Als die Ärzte erkannten, dass er noch bei Bewusstsein war, betäubten sie ihn mit Chloroform und Morphium. Der Gefängniselektriker verband den Stuhl mit dem Stromnetz der Stadt und exekutierte Taylor eine Stunde später. Auch Charles Becker, ein korrupter Polizist, der am 30. Juli 1915 im Gefängnis Sing Sing hingerichtet wurde, bekam die Unvollkommenheit der Technik zu spüren: Aufgrund unsachgemäßer Verkabelung war er erst nach neun Minuten tot. Und dann hatte auch noch der Leichenwagen auf dem Weg zum Friedhof eine Panne.

Bitte lächeln!

Als Besonderheit ist in den USA bei Hinrichtungen mit dem elektrischen Stuhl üblicherweise ein Pressevertreter zugegen, der der Öffentlichkeit Bericht erstattet. Fotografieren ist streng verboten, doch Tom Howard von der *Chicago Tribune* umging diese Einschränkung mit einer am Fußgelenk festgeschnallten Kamera. So konnte er 1928 für die Nachwelt festhalten, wie der Strom durch den Körper von Ruth May Snyder floss.

Snyder war ehrgeizig und fand, dass ihr Mann ihr nicht den Lebensstil ermöglichte, den sie ihrer Meinung nach verdiente. Deshalb schloss sie für ihn eine Lebensversicherung über 100 000 Dollar ab. Anschließend schlug sie ihm mit einem Bleigewicht den Schädel ein, betäubte ihn mit Chloroform und erdrosselte ihn mit Bilderdraht.

Ruth war vielleicht nicht die verführerischste Frau, aber sie hatte wohl etwas Besonderes an sich, denn während sie im Gefängnis Sing Sing auf ihre Hinrichtung wartete, erhielt sie über 150 Heiratsanträge. Ihre Hinrichtung verlief beinahe reibungslos. Sie fiel vorher in einen tranceartigen Zustand und zeigte nur eine gewisse Emotion, als ihre Wärterin kurz vor dem Umlegen des Schalters in Ohnmacht fiel.

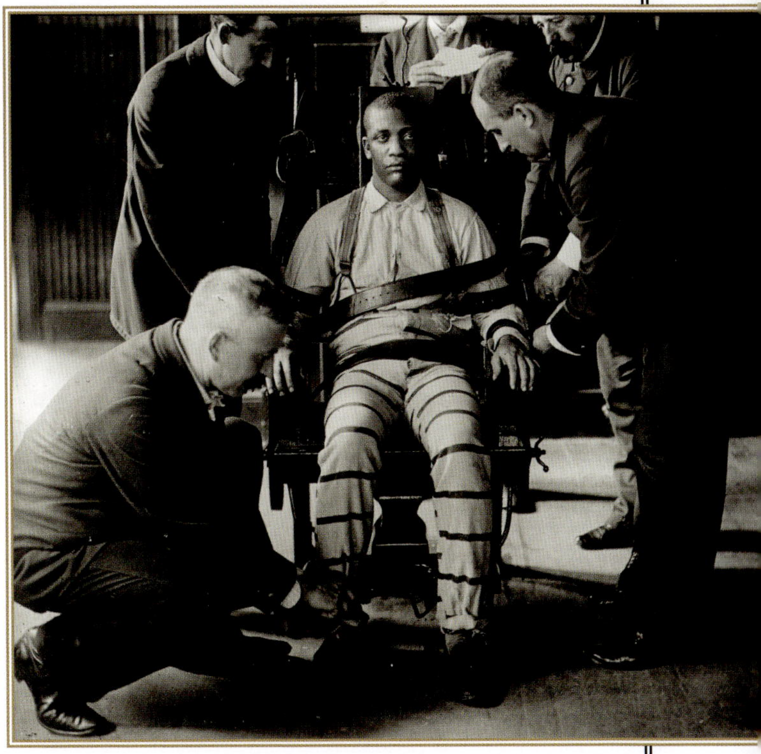

RECHTS: Ein Verurteilter wird in Sing Sing auf dem elektrischen Stuhl festgeschnallt.

Der ultimative Nervenkitzel

Der Serienkindermörder und Kannibale Albert Fish gehört zweifellos zu den bösartigsten Menschen, die je auf Erden wandelten, und wurde deshalb zum Tod auf dem elektrischen Stuhl verurteilt. Das Paradoxe daran: Fish freute sich auf die Hinrichtung, denn sie war der einzige Sadomaso-Kick, den er noch nicht erlebt hatte.

In mindestens fünf Fällen des Mordes verdächtigt, wurde Fish schließlich für den 1928 begangenen Mord an Grace Budd verurteilt. Er wäre womöglich auch in diesem Fall ungestraft davongekommen, hätte er nicht der Mutter des Opfers 1934 brieflich mitgeteilt, was mit ihrer geliebten Tochter geschehen war. Ein Logo auf dem Umschlag führte die Ermittler zu Fish. Die Verhöre förderten eine unglaubliche Verbrechensserie zutage, darunter die Ermordung des 1927 verschwundenen Billy Gaffney. Fish ließ keine Perversion aus. So tränkte er Watte in Benzin, rollte sie auf, steckte sie in den Anus seines Opfers und zündete sie an oder steckte Nadeln in Hoden und Gesäß – eine während der Haft gemachte Röntgenaufnahme zeigte 30 Objekte in seinem Beckenbereich. Fish gab zu, zwischen 1910 und 1934 Hunderte Kinder getötet zu haben – wahrscheinlich übertrieb er. Der pädophile Fish brachte die von ihm missbrauchten Kinder manchmal auch dazu, ihn zu schlagen. Außerdem praktizierte er Sodomie und Kannibalismus und aß menschliche Exkremente. Fish schilderte den Beamten, wie er kleine Jungen kastrierte, um seine eigene Schlechtigkeit zu sühnen.

Fishs Verteidiger plädierten auf unzurechnungsfähig, um die Todesstrafe abzuwenden, doch er selbst dankte dem Richter, nachdem jener das Urteil verkündet hatte. Der elektrische Stuhl sei der größtmögliche Nervenkitzel, der einzige, den er noch nicht ausprobiert habe. Am 16. Januar 1936 setzte sich Fish gespannt auf den Stuhl, die Elektroden wurden angebracht. Beim ersten Stromstoß wirkte er »beschwingt«. Die Metallgegenstände in seinem Körper sollen nach einigen Berichten einen Kurzschluss verursacht haben, aber das entspringt wohl journalistischer Fabulierfreudigkeit. Beim ersten Stoß stieg eine kleine blaue Rauchwolke auf, beim zweiten starb er.

Links: Albert Fish – Mörder, Kannibale, Nekrophiler, Lügner, Dieb, Masochist, Sadist und Pädophiler.

LEUCHTERS VERBESSERUNGEN

Trotz ständiger technischer Verbesserungen konnten die unerwünschten Nebenwirkungen des elektrischen Stuhls nur allmählich verringert werden. Der Stromstoß setzt den Körper unter enorme Belastung und zerstört die Zellen von Gehirn und zentralem Nervensystem. Sämtliche Muskeln verkrampfen sich, die Haut färbt sich knallrot und schwillt so stark an, dass die Augen aus ihren Höhlen treten. Falls der Todeskandidat auf dem Weg zum Stuhl Schweißausbrüche hatte, fängt er mit einiger Wahrscheinlichkeit Feuer, weil der Strom durch Haut, Haare und Kleidung fließt. Außerdem kommt es oft zu unwillkürlichem Stuhlgang und Urinieren, sodass die Verurteilten in Windeln in den Tod gehen.

Fred Leuchter (geb. 1943) durfte seinen Vater, einen Gefängniswärter und Gefängnistransportfahrer, manchmal zur Arbeit begleiten und überprüfte auf sein Geheiß insbesondere gern Instrumente wie den elektrischen Stuhl von Massachusetts, der zu Hinrichtungsterminen im ganzen Bundesstaat transportiert werden musste. Einmal sah Leuchter, wie ein anderer Junge sich beim Herumalbern auf den Stuhl setzte. Elf Jahre später saß jener als erwachsener Mann gegen seinen Willen daselbst: Er sollte wegen Mordes hingerichtet werden.

Diese Kindheitserlebnisse prägten Leuchter so stark, dass er sich ein Leben lang für Hinrichtungsinstrumente interessierte. Weniger günstig wirkten sich seine Vorliebe für Rechtsstreitigkeiten und für die fortgesetzte Holocaustleugnung auf Karriere und Glaubwürdigkeit aus. Beim Beobachten von Hinrichtungen auf dem elektrischen Stuhl fiel ihm auf, dass die Todeskandidaten oft entsetzlich litten, sodass er das – offenbar aufrichtige – Verlangen verspürte, ihnen ihr Sterben zu erleichtern. Ihm fielen zwei Lösungen ein: die Maschine für letale Injektionen und ein neuer, verbesserter elektrischer Stuhl.

RECHTS: **Ein stromlinienförmiger und robuster elektrischer Stuhl. Das Gerät war leicht zu reinigen und wurde am Boden verschraubt, sodass der Häftling gut gesichert war.**

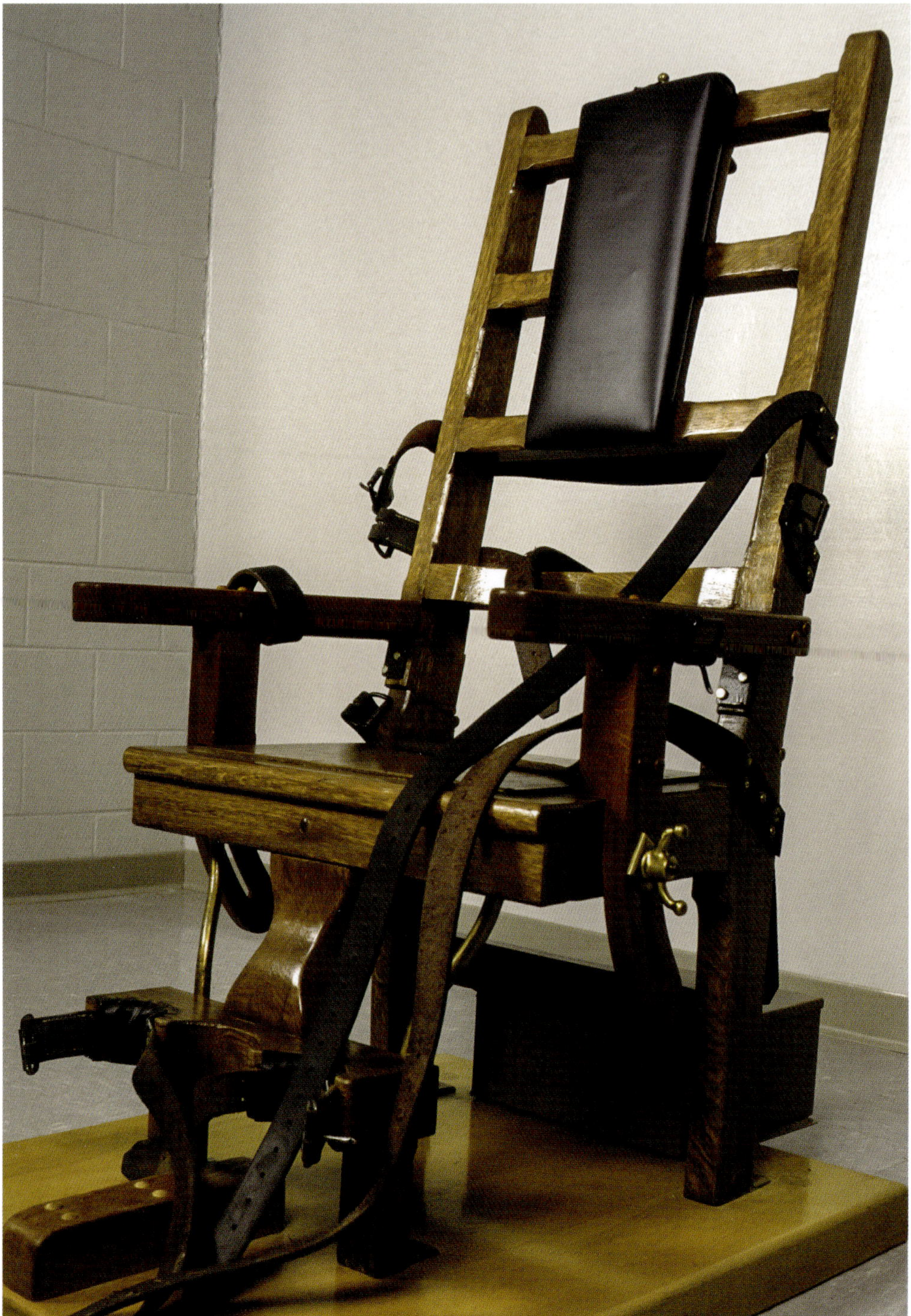

Er gründete mit den *Fred A. Leuchter Associates* sein eigenes Allround-Unternehmen für Hinrichtungsapparate, das nicht nur neuartige elektrische Stühle und Maschinen für letale Injektionen, sondern auch Galgen und Gaskammern lieferte. Schulungen und Installationsberatung sowie die laufende Wartung rundeten das Gesamtpaket der Dienstleistungen für Kunden im Strafvollzugswesen ab.

Da Leuchter erkannte, dass die meisten im Einsatz befindlichen elektrischen Stühle Kinder des 19. und frühen 20. Jahrhunderts waren, brachte sein Unternehmen in den Achtziger- und Neunzigerjahren zahlreiche »Verbesserungen« auf den Markt. Sein Motto lautete: »Todesstrafe statt tödliche Folter.« Als Hauptursache für verpfuschte Exekutionen auf dem elektrischen Stuhl identifizierte er einen mangelhaften Stromfluss durch die Elektroden, sodass der Widerstand des Körpers die Spannung herabsetzte. Die Henker erhöhten in der Folge die Stromstärke. Wie die Hinrichtung des Serienmörders Ted Bundy im Jahre 1989 belegt, führt dies zu Verbrennungen zweiten und dritten Grades, insbesondere auf dem Scheitel, sodass sich, wie bei ihm geschehen, das Fleisch ablöst und der Schädel zum Vorschein kommt. So genannte »Verbrennungsringe« waren ein weitverbreitetetes Phänomen. Bundy hatte außerdem eine 18 Zentimeter lange Brandwunde am linken Bein.

Leuchter stellte deshalb als erste große Verbesserung den reibungslosen Stromfluss durch die Elektroden sicher. Ein Netz in der Kopfelektrode verteilte den Strom breiter, während je eine Elektrode an beiden Unterschenkeln statt nur einer an einem Bein für einen gleichmäßigen Stromfluss durch Rumpf und Beckenbereich sorgte. So wurde das Nervensystem gleichmäßig ausgeschaltet – andernfalls erlitt der Verurteilte qualvolle Krämpfe. Die Dauerspannung von 2000 Volt beendete die Tätigkeit von Herz und Gehirn. Schwankte die Spannung, so konnte der Gefangene zwar hirntot sein, aber man maß infolge des möglichen Neustarts des Herzens auch weiterhin Lebenszeichen. Leuchter schätzte, dass sein Gerät mit kontrolliertem Strom die Bewusstlosigkeit in 4,16 Millisekunden herbeiführen konnte. Damit hielt er es für 24 Mal schneller, als das menschliche Nervensystem Schmerz registriert. Zumindest in der Theorie führte sein elektrischer Stuhl einen schmerzlosen Tod herbei.

LINKS: Noch immer in Betrieb: Der elektrische Stuhl im *Greensville Correctional Center*. In Virginia können die Verurteilten zwischen der Giftspritze und dem elektrischen Stuhl wählen.

DIE HENKER ERHÖHTEN DIE STROMSTÄRKE. DIES FÜHRTE ZU VERBRENNUNGEN ZWEITEN UND DRITTEN GRADES, INSBESONDERE AUF DEM SCHEITEL, SODASS SICH DAS FLEISCH ABLÖSTE UND DER SCHÄDEL ZUM VORSCHEIN KAM.

Leuchter schulte die Henker im Umgang mit dem neuen elektrischen Stuhl. Er empfahl zwei Stromstöße von je einer Minute Dauer. Einer reiche zwar in der Regel aus, aber der zweite sei für den Fall gedacht, dass das Herz nach der Ausschüttung einer Überdosis Adrenalin von Neuem zu schlagen beginne. Leuchter fügte auch einen Lappen aus Jeansstoff hinzu, der, an der Kopfelektrode befestigt, das Gesicht des Verurteilten verdeckte – eine große Verbesserung gegenüber jener Zeit, als man den Verurteilten in einigen Fällen sogar modifizierte Footballhelme aufsetzte.

Wegen der um sich greifenden Fettleibigkeit passten immer mehr Verurteilte nicht mehr auf das alte Modell. Leuchter baute daher seine Stühle größer und veränderte sie auch in anderer Hinsicht. Dreibeinig und aus Massivholz gefertigt, waren sie vorne an einer großen, schweren, ebenfalls hölzernen Bodenplatte festgemacht. Die Rückenlehne und die Armlehnen waren verstellbar, und ein Kissen stützte den Rücken. Außerdem hatte die Sitzfläche Löcher, damit die Exkremente des Gefangenen in einen abnehmbaren Behälter ablaufen konnten.

UNTEN: In einem spektakulären und außergewöhnlichen Fall wurden 350 Ampere durch den Körper des »Elektrozauberers« Bernays Johnson gejagt. Er überlebte. Der verwendete Stuhl war eine Nachbildung derer, die in staatlichen Gefängnissen verwendet werden.

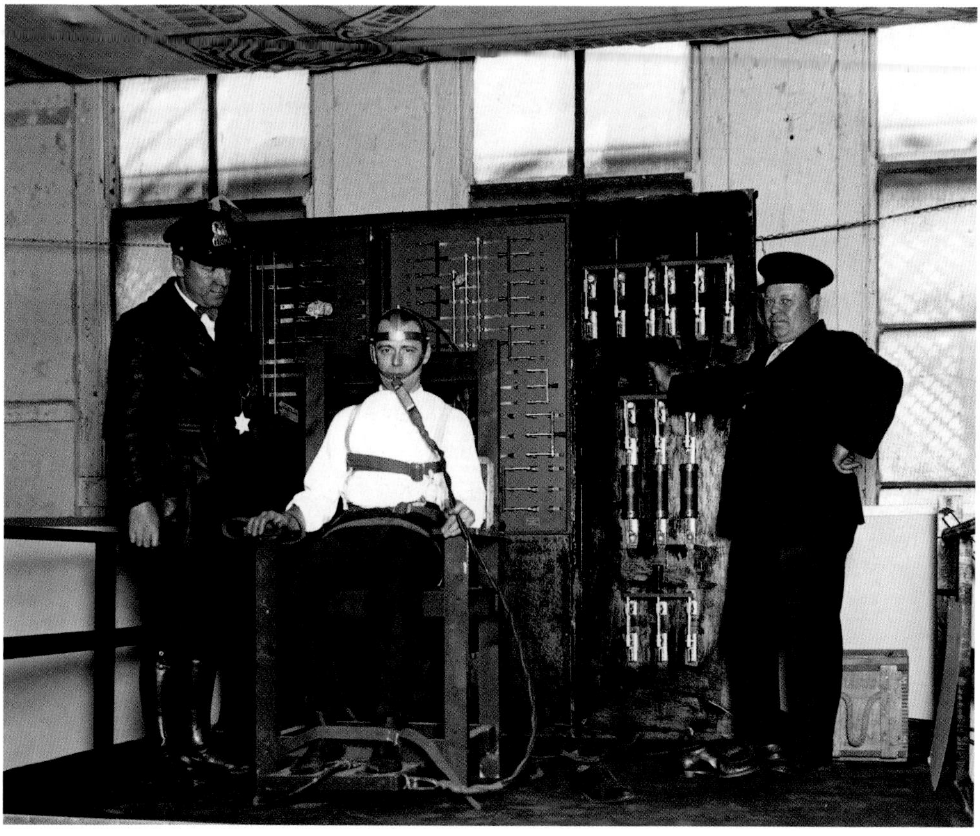

Auch die schweren Lederriemen, mit denen Brust, Arme und Beine des Verurteilten festgeschnallt wurden, verursachten Probleme. Die Wärter konnten die Schnallen insbesondere bei widerspenstigen Todeskandidaten nur schwer öffnen und rissen nach längeren Stromstößen nicht selten auch verkohlte Fleischstücke heraus. Prellungen und Risswunden sowie Blut waren die Mindestfolgen.

Zur Abhilfe ließ Leuchter den Gurt kreuzweise über den Brustkorb verlaufen und brachte in der Mitte eine breite Schnellverschlussschnalle an. Der Häftling wurde mit diesem Gurt fixiert, sodass die Wärter problemlos Arme und Beine festbinden konnten. Sobald der Gefangene für tot erklärt war, musste man nur die Schnalle in der Mitte drücken. Dies löste das Brustgeschirr, der Leichnam sackte nach vorne und konnte leicht entfernt werden. Die Knöchelelektroden waren Teil der Beinfesseln, was eine schnelle und genaue Platzierung ermöglichte. (Bei einem Vorgängermodell musste ein alter Armeestiefel herhalten, um die Elektrode am Knöchel des Gefangenen zu befestigen.)

Alle Leuchter'schen elektrischen Stühle hatten zwei Auslöseknöpfe, die von je einem Henker gedrückt wurden, damit sich keiner mit Sicherheit allein für den Tod des Verurteilten verantwortlich fühlte. Leuchter schätzte die Stromkosten für den Betrieb seines elektrischen Stuhls auf 31 Cent pro Hinrichtung. Der Hersteller bot eine umfassende Wartung sowie ein Schulungsprogramm an, das auch einen Tag in der Hinrichtungsstätte des Gefängnisses beinhaltete. Dabei wurde das gesamte Henkerkommando auch praktisch in der Verwendung der Schalterattrappen und anderen Vorgängen geschult sowie über mögliche Probleme während einer Hinrichtung und Ansätze zu deren Vermeidung oder Lösung unterrichtet. Auch empfohlene Methoden, um den Gefangenen mit minimalem Aufwand zur Hinrichtung zu bringen, wurden während dieser Schulung angesprochen.

Die Wärter lernten nicht nur mit den Verurteilten umzugehen, sondern auch die Ausrüstung zu warten und sie kurz vor der Hinrichtung zu testen. Auch ein wenig Medizin stand auf dem Unterrichtsplan: die Wirkung der Elektrizität auf den menschlichen Körper, verbunden mit der Aufklärung darüber, wie die neue Ausrüstung die Qualen des Todeskandidaten minimierte und zugleich die Hinrichtung effizienter gestaltete.

Jeder erfolgreiche Teilnehmer erhielt ein Zertifikat, das ihn als »Hinrichtungstechniker« für die entsprechenden Geräte auswies.

Leuchters Firma war eine Art Supermarkt für Hinrichtungshardware und bot Ausbildungen zum Techniker für die Tötung durch eine letale Injektion, für die Tötung durch Stromschlag, für das Erhängen und für die Tötung durch Gas an. Leuchter hatte sich zum Ziel gesetzt, jedem Todeskandidaten eine würdevolle und professionelle Hinrichtung zu gewährleisten. Er war der festen Überzeugung, dass diese fortlaufende Ausbildung auch rechtlichen Problemen vorbeugte.

Verpfuschte Hinrichtungen auf dem elektrischen Stuhl

Von den gar nicht so seltenen verpfuschten Hinrichtungen mit dem elektrischen Stuhl in den USA gingen nach Leuchter die meisten auf das Konto mangelbehafteter Elektroden oder von Fehlberechnungen der Stromstärke.

Einen besonders grausamen Tod starb Albert Clozza, der Hausmeister eines Wohnwagenparks, der wegen Vergewaltigung und Mordes an einem 13-jährigen Mädchen auf dem Parkgelände verurteilt worden war. Die Vollstreckungsbehörden behaupteten, die Hinrichtung am 24. Juli 1991 sei reibungslos verlaufen, doch davon kann keine Rede sein. Schadhafte Elektroden und falsche Spannung führten zu einem qualvollen Tod. Clozza wurde langsam gegrillt, während der Druck in seinem Schädel so stark anstieg, dass seine Augen heraustraten und Blut aus den Höhlen über die Brust lief. Erst nach vier Stromstößen war er tot.

1982 starb Frank J. Coppola aus Virginia erst nach zwei 55 Sekunden langen Stromstößen – beim zweiten begannen sein Bein und sein Kopf zu brennen. Der Raum füllte sich mit Rauch und dem Gestank von verbranntem Fleisch.

Als John Evans am 22. April 1983 auf dem elektrischen Stuhl saß, brachten die Vollstrecker die Elektroden sowohl an der Wade als auch am Kopf unsachgemäß an. Während des ersten Stromstoßes schlugen Funken und Flammen aus der Beinelektrode, bevor sie sich vom Gurt löste und in Flammen aufging. Auch Evans' linke Schläfe fing Feuer. Da die

UNTEN: Ein Priester erteilt 1928 in den USA einem zum Tode auf dem elektrischen Stuhl Verurteilten den Sterbesegen.

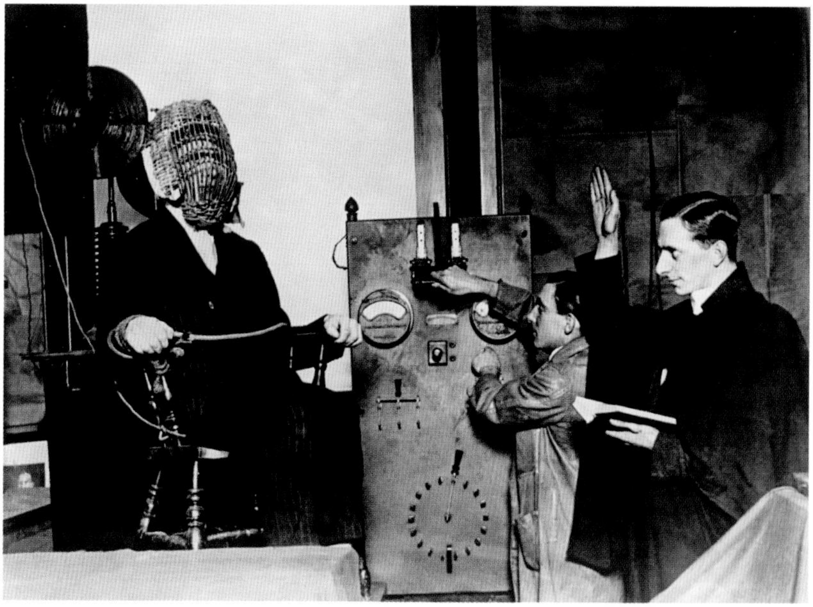

Ärzte noch einen Puls spürten, brachte man die Elektrode behelfsmäßig neu an und verabreichte Evans einen zweiten Stromstoß – der Verurteilte schwelte und rauchte erneut. Sein Herz schlug noch, also ließ man den Strom ein drittes Mal fließen. Als man ihn vom Stuhl nahm, lösten sich Teile des verkohlten Fleisches.

Ein mangelhaftes Verfahrensprotokoll verurteilte die Hinrichtung von Alpha Otis Stephens in Georgia 1984 im Voraus zum Scheitern. Als der erste Stromstoß von zwei Minuten ihn nicht tötete, ließ man ihn schlaff in den Gurten hängen, damit er abkühlte und die Ärzte ihn auf Lebenszeichen untersuchen konnten. Jene waren offenbar ziemlich ungeschickt, denn bis zur Diagnose vergingen acht Minuten, in denen Otis 23 Mal Luft holte. Der zweite Stromstoß tötete ihn zwar, aber die Hinrichtung hatte über 20 Minuten gedauert.

Wilbert Lee Evans hatte verständlicherweise Angst, als er sich am 17. Oktober 1990 auf den elektrischen Stuhl setzte. Aufgrund seines hohen Blutdrucks bekam er Nasenbluten, als der Strom eingeschaltet wurde. Das Blut strömte auf sein Hemd und verdampfte auf seinen Lippen mit einem zischenden Geräusch.

Pedro Medina erzielte 1997 bei seiner Hinrichtung in Florida einen makabren Rekord. Eine Flamme schoss ganze 30 Zentimeter aus seinem Kopf in die Höhe. Dabei wurde so viel giftiges Gas freigesetzt, dass die Zeugen im Zuschauerraum würgen mussten. Das manuelle Betätigen eines Schalters unterbrach den Stromkreis, und die Flammen erloschen, während Medina verstarb. Als wahrscheinliche Ursachen gelten eine korrodierte Kopfelektrode oder ein unsachgemäß angebrachter Schwamm.

Die Daniels Brothers

Clay und Willie Daniels wurden am 3. Dezember 1955 im *South Carolina Penitentiary* hingerichtet – Clay wehrte sich im Gegensatz zu seinem Bruder verbissen.

Sie hatten Danny Smith im Auto überfallen, seine neben ihm sitzende Freundin herausgezerrt, in einen Wald gebracht und vergewaltigt – zuerst der ältere Bruder, der die junge Frau anschließend festhielt, damit der jüngere es ihm gleichtun konnte. Die Polizei fand eine braune Mütze am Tatort, verfolgte die beiden Täter mit Bluthunden und entdeckte in ihrem Haus die Armbanduhren und eine Brieftasche der Opfer sowie andere belastende Beweise.

In den Südstaaten fiel das Urteil oft schnell, besonders wenn Schwarze auf der Anklagebank saßen. So dauerte auch dieser Prozess nur fünf Stunden, und nach nur zwölf Minuten Beratung befand die rein weiße Jury die Angeklagten für schuldig und empfahl die Todesstrafe. Auch heute gehören in South Carolina 72 Prozent der Hingerichteten Minderheiten an, 80 Prozent sind unter 30.

Das Urteil wurde ordnungsgemäß vollstreckt. Willie ging ruhig in den Tod, seine letzten Worte waren: »Ich hoffe, ich bin gerettet.« Clay dagegen sprang im letzten Moment auf und griff die Wachen an, biss und trat sie fluchend, nachdem er anfangs den Eindruck erweckt hatte, es seinem Bruder nachzutun. Die 20 Zeugen verfolgten mit, wie Hauptmann Fuller Goodman und zwei Leutnants den Mann zu bändigen versuchten, während der behandelnde Arzt und der Kaplan vor ihm zurückwichen.

Clay war völlig erschöpft, als man ihn nach 20 Minuten Widerstand anzuschnallen vermochte. Die beiden ersten Stromstöße trafen ihn noch vor seinen allfälligen letzten Worten, und es bedurfte noch dreier weiterer Stromstöße, bis er tot war. Mit 24 Minuten gilt seine Hinrichtung als bisher längste auf dem elektrischen Stuhl.

Jesse Joseph Tafero

Jesse Joseph Tafero wuchs im falschen Milieu auf, und es mangelte ihm an Menschenkenntnis. Wahrscheinlich zu Unrecht für zwei Morde verurteilt, wurde er zum Aushängeschild der Anti-Todesstrafe-Lobby.

Das amerikanische Justizsystem machte es Tafero zunächst leicht. Am 20. Februar 1976 wurde er nach nur sieben von 35 Jahren Haft auf Bewährung entlassen. Auf dem Weg nach West Palm Beach in Florida wurden Jesse, seine Freundin Sunny Jacobs, ihre beiden Kinder und der Mithäftling auf Bewährung Walter Rhodes von den Polizisten Phillip Black und Donald Erwin angehalten, die eine Waffe auf dem Rücksitz ausmachten und den Autoinsassen auszusteigen befahlen.

Was dann geschah, ist nicht in allen Details geklärt, doch die beiden Beamten wurden niedergeschossen, während Tafero und Rhodes mit den anderen im Streifenwagen davonfuhren und später einen Cadillac kaperten, bevor sie festgenommen wurden. Rhodes bezeichnete Tafero und Sunny als Schützen, obwohl Schmauchspuren an seiner Hand darauf hindeuteten, dass er mit einer Handfeuerwaffe geschossen hatte. Auch Taferos Hand wies Schmauchspuren auf, die aber darauf schließen ließen, dass er mit einer zuvor abgefeuerten Waffe hantiert hatte. Der wegen seiner harten Urteile als »Maximum Dan« bekannte Richter Daniel Futch, verurteilte Sunny und Tafero zum Tode, Rhodes »nur« zu dreimal lebenslänglich. Da Florida keinen Todestrakt für

LINKS: Neun Männer starben auf diesem elektrischen Stuhl, der sich heute im *West Virginia State Penitentiary* befindet. Er wurde ursprünglich von einem Häftling konstruiert.

Frauen hat, verbrachte Jacobs fünf Jahre in Einzelhaft, bevor ihre Strafe in lebenslange Haft umgewandelt wurde.

Tafero hatte weniger Glück. Am 4. Mai 1990 schnallte man ihn auf Floridas »Old Sparky« fest und legte den Schalter um. Allerdings handelte es sich beim Schwamm im Kopfstück nicht um einen Naturschwamm, sondern um einen synthetischen, der Lichtbögen verursachte und weniger Feuchtigkeit aufsaugte. Man munkelt, das sei mit Absicht geschehen. Um 7:07 Uhr schoss der erste Strom durch Taferos Kopf – ein Funken- und Flammenregen kam hinter seiner schwarzen Ledermaske hervor. Da er noch atmete, trafen ihn zwei Minuten später weitere 2000 Volt. Beim dritten Stromstoß schossen die Flammen 18 Zentimeter empor. Tafero krallte sich in die Armlehne, rieb sich die Finger wund und verkrampfte sich mehrmals, bevor er starb. Die Autopsie ergab: »Die ganze Oberseite von Herrn Taferos Kopf ist mit Wunden übersät. Neben einem dominanten verkohlten Bereich sind unzählige kleinere, zerfurchte, raue Bereiche rechts oberhalb und rechts unterhalb des großen verbrannten Areals festzustellen. Die verkohlte Stelle befindet sich links oben an der Seite des Kopfes. Sie ist größer als meine Hand.«

Old Sparky

In vielen US-Museen sind die unter anderem in Arkansas, Georgia, Kentucky und Florida im Volksmund »Old Sparky« genannten elektrischen Stühle ausgestellt. Nicht selten sprühen nämlich Funken (*to spark*) aus den am Kopf und an den Knöcheln befestigten Elektroden. Floridas »Old Sparky« ist bis heute im Einsatz – versengt seine Opfer aber immerhin nicht mehr in Massen. In Tennessee und an einigen anderen Orten nannte man den elektrischen Stuhl »Old Smokey« – gleichfalls ein sprechender Name, denn wenn ein Todeskandidat vom Strom zu sehr erhitzt wurde, breitete sich Rauch im Raum aus.

Abschaltung des elektrischen Stuhls

Insbesondere US-Bundesstaaten im Süden und Osten führten Hinrichtungen mit dem elektrischen Stuhl durch. Aber auch auf den Philippinen, damals noch US-Kolonie, kam er (als Ersatz für die Garrotte) zum Einsatz, zum letzten Mal in den 1960er-Jahren. Noch heute lassen South Carolina, Arkansas, Tennessee und andere Bundesstaaten Verurteilten die Wahl zwischen dem elektrischen Stuhl und der Giftspritze. Als bislang letzter Verurteilter wurde der 58-jährige Nicholas Sutton am 20. Februar 2020 in Tennessee auf dem elektrischen Stuhl exekutiert. In den anderen Bundesstaaten stehen die elektrischen Stühle heute im Museum wie der texanische »Old Sparky« im *Texas Prisons Museum* in Huntsville. Zwischen 1924 und 1964 traten 361 Häftlinge darauf vor ihren Schöpfer.

KAPITEL 10

Die Gaskammer

Im 20. Jahrhundert wollte man die Verurteilten möglichst schnell und schmerzlos hinrichten. Als der elektrische Stuhl sich in dieser Hinsicht als wenig geeignet erwies, wurde die Gaskammer erfunden. Sie verursachte neue Probleme.

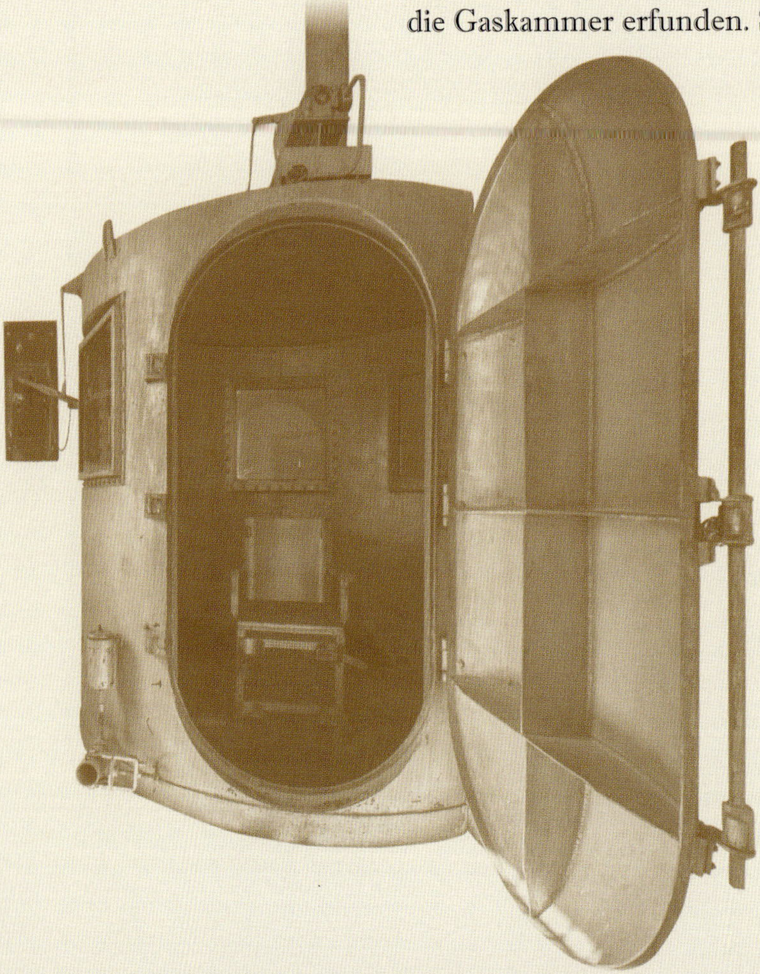

OBEN: Alliierte Infanteristen bereiten sich auf die Abwehr eines deutschen Angriffs im Ersten Weltkrieg vor. Die ersten Gasmasken waren unhandlich und wenig wirksam.

Gas im Krieg

Zu den Hauptinitianten der Verwendung von Gas für den Vollzug der Todesstrafe in den USA gehörte Major Delos A. Turner, der die fürchterlichen Giftgasangriffe an der Westfront im Ersten Weltkrieg miterlebt hatte, als flüssiges Chlor und Senfgas zum Einsatz kamen. Sie verursachten schlimmste äußere und innere Verletzungen und forderten sowohl bei der Entente als auch bei den Mittelmächten Zehntausende Opfer – insgesamt etwa 100 000, neben 1,2 Millionen Verwundeten.

Als Erste setzten die Deutschen am 22. April 1915 Giftgas bei der belgischen Stadt Ypern als Massenvernichtungswaffe ein: Sie bliesen 150 Tonnen Chlorgas in Richtung der französischen Linien ab. Unter den Franzosen machte sich Panik breit. Wer in die Gaswolke geriet, starb langsam und qualvoll, denn Chlor reagiert zu Salzsäure, wenn es zum Beispiel in Augen oder Lunge mit Feuchtigkeit in Berührung kommt. Die Säure zerfrisst die Organe und führt so entweder zur Erblindung oder zum langsamen Erstickungstod.

Noch stärker als Chlor waren Phosgen und Diphosgen, und nicht alle Gasmasken schützten davor. Diphosgen setzten die Deutschen erstmals 1916 in Verdun ein. Eine britische Krankenschwester sah hilflos zu, wie einer ihrer Patienten langsam erstickte:

Er saß auf dem Bett und rang nach Luft, seine Lippen waren pflaumenfarben. Ein Prachtkerl von einem jungen Kanadier, den das Chlor erstickte und ihm alle Hoffnung nahm. Ich werde den Blick nie vergessen, den er in seinen Augen hatte, als er sich zu mir umdrehte und keuchte: »Ich kann nicht sterben! Kann man denn wirklich nichts für mich tun?«

Die Ärzte waren machtlos gegen die neue Technologie.

Im Verlauf des Krieges wurden die Taktiken für den Einsatz dieser frühen Massenvernichtungswaffen immer ausgefeilter. Zu Anfang wartete man einfach auf günstigen Wind und öffnete dann die Ventile der großen Gasflaschen. Der Wind blies das Giftgas zu den feindlichen Grabensystemen, wo es sich in den Granatenkratern und Schützengräben setzte und die Soldaten dazu zwang, ins Freie zu kommen, wenn sie überleben wollten. Ein gleichzeitiger Beschuss mit Granaten sorgte dafür, dass die Truppen der Entente nirgendwo mehr sicher waren. Mitunter kamen auch Verzögerungszünder zum Einsatz, um das Gas erst freizusetzen, wenn die feindlichen Soldaten die Gefahr für gebannt hielten, und so mehr Feinde zu töten.

Die Antwort der Briten bestand in einem eigenen Entwicklungsprogramm unter Major Charles Howard Foulkes mit Tests von Senf-, Phosgen- und Zyanidgas auf dem Gelände des Kriegsministeriums im englischen Porton Down.

Senfgas war eine teuflische Waffe, denn es führte bei Kontakt mit feuchter Haut oder Gewebe zu verbrennungsähnlichen Blasen. Dank der im Laufe des Kriegs eingeführten Gasmasken konnte die ölige Substanz nicht zu den inneren Organen vordringen, griff aber freiliegende Haut, Achselhöhlen und Leisten an. Da sich die Symptome manchmal erst nach 24 Stunden bemerkbar machten, konnten Gewebeschäden bereits eingetreten

LINKS: Die Front verwandelte sich in Ödland, denn Luft und Boden waren durch Gase vergiftet. Auch Hunde, Pferde und andere Tiere brauchten hier eine Gasmaske.

OBEN: Gasbomben wie dieses englische Spigot-Projektil wurden mit hochexplosivem Sprengstoff vermischt. Durch die Detonation wurde alles oberhalb der Gräben getötet; das Giftgas raffte die Soldaten in den Gräben dahin.

sein, bevor das Opfer wusste, dass es dem Gas ausgesetzt gewesen war. Schon eine geringe Dosis reizte Augen und Rachen, was sich in Husten, Niesen und Entzündungen äußerte. Eine starke Exposition konnte zu Blindheit, scheußlichen Narben, Blasen, Erbrechen und schließlich zum Tod führen, denn die Lunge verwandelte sich in einen mit Blasen übersäten Klumpen aus Narbengewebe, der keinen Sauerstoff mehr in den Blutkreislauf zu leiten vermochte. Auch die britische Krankenschwester Vera Brittain, die sich freiwillig für die Westfront gemeldet hatte, war tief betroffen. Wie die meisten ihrer Generation zunächst vom »heldenhaften Kampf« begeistert, wurde sie schon bald eines Besseren belehrt. Zwei Dinge fielen Brittain besonders schwer: der Umgang mit den Eltern von verstümmelten Soldaten und die Behandlung von Senfgaswunden. In ihrer 1933 erschienenen Autobiografie *Vermächtnis einer Jugend* (in Deutsch erschienen 2018) beschrieb die britische Feministin die mit senffarbenem Eiter gefüllten Blasen, die die Haut der Verwundeten bedeckten, ihre mit schmierigem Schleim verklebten Augen und ihr ständiges Ringen nach Luft, während sich die Kehlen langsam zuschnürten. Manche hätten vor dem Ersticken kaum mehr ein paar geflüsterte Worte hervorgebracht.

Die Giftgase im Ersten Weltkrieg sollten feindliche Soldaten eigentlich außer Gefecht setzen und die medizinische Versorgung an der Front und die Ressourcen im rückwärtigen Bereich binden. In den USA wurden sie dann aber schon unmittelbar nach Kriegsende zum Einsatz bei gerichtlichen Hinrichtungen vorgeschlagen.

Tod durch Gas

In den Gaskammern des KZs Auschwitz-Birkenau wurde Blausäure erstmals in Form des Schädlingsvernichtungsmittels »Zyklon B« zur Tötung von Menschen – den industriellen Massenmord der Nazis – verwendet. Das hochgiftige Gas verätzte die Schleimhäute der Häftlinge, drang in die Blutbahn ein und unterbrach die Atmung, indem es den Sauerstofftransport verhinderte und den Stoffwechsel zum Stillstand brachte.

Die im Laufe der Evolution verfeinerte Standardreaktion der Säugetiere auf giftige Gase ist es, bei üblem Geruch sofort den Atem anzuhalten, bis sie wieder an der frischen Luft sind. Aus einer Gaskammer – ob nun im Gefängnis oder im NS-Vernichtungslager – gab es bzw. gibt es kein Entkommen. Dort eingesperrt, holt nach 15 bis 20 Sekunden oder nach etwas längerer Zeit unbedingt Luft.

Nach dem Einatmen des tödlichen Blausäuregases tritt keine sofortige Bewusstlosigkeit ein, stattdessen sind für einem Herzinfarkt oder einen epileptischen Anfall charakteristische Symptome zu beobachten. Der beschleunigte Atem (Hyperventilation) führt zu Schwindel. Bevor die Häftlinge nach etwa zwei bis drei Minuten das Bewusstsein verlieren, beginnen sie zu sabbern, die Augen treten hervor, und die Haut färbt sich lila, als würden sie zu Tode stranguliert. Es folgt die äußerst qualvolle Hypoxie. Der Körper reagiert auf den Sauerstoffmangel und legt – verbunden mit heftigen Krämpfen – Arme und Beine still. Die Opfer verlieren meist die Kontrolle über Blase und Darm. Ist die erlösende Bewusstlosigkeit endlich eingetreten, dauert es unter Umständen bis zu zwölf Minuten, bis der Tod eintritt.

LINKS: Eine der Gaskammern im KZ Auschwitz. Rudolf Höß experimentierte als Lagerkommandant als Erster mit Zyklon B. In anderen Vernichtungslagern wie Treblinka kam vor allem Kohlenmonoxid zum Einsatz.

DIE SICHERSTE TÖTUNGSMASCHINE ALLER ZEITEN?

1921 beschloss die Legislative von Nevada, dass zum Tode Verurteilte im US-Bundesstaat künftig durch eine Kombination tödlicher Gase hingerichtet werden, da sie dies für eine schmerzlose Tötungsart hielten. Dr. Chris Lange aus Pennsylvania ging sogar so weit zu schreiben, es handle sich dabei um eine so kurze und schmerzlose Hinrichtung, dass verurteilte Gefangene keine Angst haben müssten – gerade wie jemand, der altersschwach sanft in seinem Bett entschlafe.

Der Beitrag des US-Majors Turner zur Wissenschaft des Tötens bestand im Vorschlag, man könne Gase so verändern, dass sie sofort tödlich wirkten. Schon bald schläferten Forscher in Labors im ganzen Land Katzen und Hunde mit Blausäure ein.

Die Behörden von Nevada bestimmten Gee Jon, ein Mitglied der chinesischen Mafia, der als Mörder verurteilt worden war, zum ersten Todeskandidaten, der durch Gas sterben sollte. Seine Hinrichtung fand am 8. Februar 1924 im Staatsgefängnis von Nevada statt. Zunächst erwog man, das Gas direkt in Gees Zelle zu leiten, doch das hatte gleich mehrere offensichtliche Nachteile. So könnte man es unmöglich schnell genug und sicher beseitigen, damit andere Insassen nicht versehentlich auch eine – möglicherweise tödliche – Dosis abbekämen.

UNTEN: Die Gaskammer scheint eine weitere Touristenattraktion von Las Vegas gewesen zu sein. Diese Schaulustigen beobachten 1933 die Hinrichtung von Ray Elmer Miller, der seine Frau ermordet hatte.

OBEN: Gaskammer im *Wyoming Frontier Prison*. Als die Kammern in die Jahre kamen, hielt man die Dichtungen ihrer Türen mit einer dicken Schicht Vaseline geschmeidig.

So entschied man sich, ein altes Steingebäude, in dem früher der Gefängnisfriseur tätig gewesen war, möglichst gut abzudichten und in zwei Räume zu unterteilen – einen für zwei Hinrichtungsstühle, den anderen für die Beobachter. Als geeignetes Gas wurde die zum Vernebeln von Feldfrüchten und Zitrusbäumen verwendete Blausäure ausgemacht, die man mit einem kommerziellen Vernebelungsgerät der *California Cyanide Company* versprühen wollte. Doch da keine Eisenbahn das Gift nach Nevada zu transportieren bereit war, fuhr ein Adjutant des Gefängnisdirektors mit seiner Frau im LKW nach Los Angeles, um genug Säure für die erste Hinrichtung zu besorgen.

Als Henkersfrühstück wurde Gee Rührei mit Speck, Toast und Kaffee serviert, doch er hatte kaum Appetit. Man schleppte ihn schluchzend und tretend aus der Zelle über den Gefängnishof in den renovierten Schuppen und schnallte ihn auf dem Stuhl fest. 30 Zeugen, darunter Gefängnisbeamte, Journalisten, Politiker und Ärzte, sahen aus dem Nebenraum zu.

Die erste Hinrichtung mit tödlichem Gas war von Anfang an verpfuscht. Die Blausäure musste auf konstante 20 Grad Celsius gebracht werden, um zu verdampfen. Man hatte vor, die flüssige Chemikalie zu erwärmen und in den gasförmigen Zustand zu überführen, bevor sie in das Vernebelungsgerät gepumpt wurde. Der Morgen war jedoch besonders kalt, und so führte eine Fehlfunktion der Heizvorrichtung dazu, dass die Säure sowohl in flüssiger als auch in gasförmiger Form vor Gees Füße gepumpt wurde und sich eine tödliche Pfütze vor ihm bildete.

Zuerst hielt das keiner für ein Problem, denn Gees Kopf fiel beinahe augenblicklich nach vorne auf die Brust – er schien das Bewusstsein verloren zu haben. Doch dann sahen die entsetzten Zuschauer, wie sein Kopf hin und her rollte und er mindestens sechs Minuten lang weiteratmete. Vom grausigen Schauspiel gebannt, bemerkten sie nicht sofort, dass durch Risse in der Wand Gas in ihren Raum drang, doch sie wurden sicher evakuiert.

Eine zweckbestimmte Kammer

Eine luftdichte, vom Rest des Gefängnisses getrennte Kammer musste her, die zudem nach Vollzug der Hinrichtung ein schnelles Absaugen der tödlichen Gasmischung erlaubte. Die *Eaton Metal Products Company* aus Salt Lake City erhielt den Auftrag zum Bau der ersten richtigen Gaskammer und sollte zugleich einen »Sicherheitsleitfaden« zu ihrer Funktionsweise erstellen. Man entschied sich außerdem dafür, Kaliumcyanid (Zyankali) in eine Schwefelsäurelösung zu tropfen und so ein tödliches Gas freizusetzen, das den sofortigen Tod herbeiführen sollte. Diese Hoffnung erwies sich allerdings als verfrüht, als Allen Foster im Januar 1936 als Erster in Colorado mit diesem Gas hingerichtet wurde. Es dauerte elf Minuten, bis er tot war, und er litt solche Höllenqualen, dass einige Zeugen die Wiedereinführung des »humaneren« elektrischen Stuhls forderten.

Die meisten Kammern in den USA folgten demselben quadratischen Grundriss: Ihre Seitenlänge betrug etwa 2,5 Meter, und ein, zwei oder drei Hinrichtungsstühle waren auf dem Boden verschraubt.

UNTEN: Das Gaskammergebäude im *Missouri State Penitentiary.*

Mit der Gummidichtung und der großen runden Drehverriegelung glich der Zugang zur Gaskammer den Türen auf U-Booten. Das kugelsichere Fenster, das einen Großteil einer Seite einnahm und den Zeugen die Mitverfolgung der Hinrichtung ermöglichte, trug weiter zu dieser Ähnlichkeit bei. Anders als bei der Hinrichtung auf dem elektrischen Stuhl oder mit der Giftspritze wurde hier kein dicker Stoffvorhang, sondern ein Vorhang aus Kunststoff zugezogen, sobald der Verurteilte festgeschnallt war, da Kleidung giftige Gase aufnimmt und so später eine Gefahr für die Aufräumkommandos darstellt. Aus demselben Grund schor man den Gefangenen vor der Hinrichtung den Kopf und zog ihnen nur das Nötigste an. Die Fugen des Beobachtungsfensters und alle anderen waren vernietet, verschweißt und mit einer dicken Schicht Vaseline überzogen, um das Durchsickern von Gas zu verhindern. Die Kammer stand unter Druck, und alle Leuchtkörper waren versiegelt, damit keine elektrische Ladung die tödlichen brennbaren Dämpfe entzünden konnte. An die Hinrichtungskammer grenzte ein Raum mit ähnlichen Abmessungen für die Ausrüstung des Hinrichtungskommandos.

Weitere Geräte sorgten in der Gaskammer für mehr Sicherheit der Gefängnismitarbeiter. Ein Druckmessgerät in Form eines mit Quecksilber gefüllten Glasrohrs sorgte dafür, dass der Druck in der Kammer aufrechterhalten und allfällige Lecks entdeckt werden konnten. Wenn sich das Phenolphthalein in einem Fläschchen an der Wand rot färbte, hatten die oben an der Kammer angebrachten großen Ventilatoren das Gas nach der Hinrichtung abgesaugt. Ein System zur Regulierung der Lufttemperatur hielt diese konstant bei 26 Grad Celsius – die optimale Temperatur, bei der die Blausäure gasförmig bleibt und nicht auf einer Oberfläche zu gefährlichen Pfützen kondensiert.

Eine Schale unter dem Sitz, auf dem man den Todeskandidaten festschnallte, nahm verdünnte Schwefelsäure aus vier Teilen Säure und sieben Teilen warmem Wasser auf. Über diesem bis zur Hinrichtung leeren Behälter befanden sich Kügelchen mit Natriumcyanid, die darauf warteten, in die Lösung getropft zu werden, um eine tödliche Konzentration von Blausäuregas zu erzeugen.

LINKS: **In dieser Gaskammer im Staatsgefängnis von Jefferson City, Missouri, konnten zwei Verurteilte gleichzeitig hingerichtet werden.**

KLEIDUNG NIMMT GIFTIGE GASE AUF UND STELLT SO EINE GEFAHR FÜR DIE AUFRÄUMKOMMANDOS DAR. AUS DEMSELBEN GRUND SCHOR MAN DEN GEFANGENEN VOR DER HINRICHTUNG KOPF UND ZOG IHNEN NUR DAS NÖTIGSTE AN.

Vorbereitungen

In einigen US-Bundesstaaten sind die Gaskammern bis heute in Gebrauch. Aufgrund der extremen Gefährlichkeit der bei der Hinrichtung verwendeten Giftgase gilt vor und nach der Hinrichtung ein strenges Protokoll. Zuvor werden alle Dichtungen, Rohre, Ventilatoren und Rohrleitungen sowie der Luftdruck in der Kammer genau überprüft. Für den Fall eines Lecks liegen Atemschutzgeräte sowie Erste-Hilfe-Kästen für die Zuschauer bereit, und ein Krankenwagen steht vor dem Gebäude.

Der Verurteilte wird in eine Arrestzelle neben der Kammer verlegt, wo zwei Wärter rund um die Uhr auf ihn aufpassen, damit er keinen Selbstmord begeht. Vor der Hinrichtung serviert man dem Todeskandidaten eine Henkersmahlzeit seiner Wahl – am häufigsten frittiertes Huhn mit Beilagen. Der 1992 hingerichtete Robert Alton Harris bat um einen Eimer mit 21 Stück *Kentucky Fried Chicken*, zwei große Pizzen (wahrscheinlich schön scharf), sechs Dosen Pepsi, einige *Jelly Beans* und eine Schachtel *Camel* – ob mit oder ohne Filter ist nicht bekannt.

Der Verurteilte ging in einem weißen Hemd (mancher auch oben ohne) und einer Hose ohne Taschen barfuß in den Tod. Dies sollte Gasrückstände verhindern. Dank eines Stethoskops und eines elektronischen Herzmonitors auf der Brust des Hinzurichtenden konnte der Arzt seinen Tod feststellen, ohne die Todeskammer zu betreten.

OBEN: Die in U-Booten zur Abdichtung eingesetzte Technik wird auch in Gaskammern verwendet, damit keine giftigen Gase austreten.

RECHTS: Henker bereiten 1936 Jack Sullivan für die Gaskammer im *Arizona State Penitentiary* vor. Sullivan raucht eine Zigarre und lächelt vor seiner Hinrichtung.

Das Exekutionsritual

Rasiert und geschoren wird der Verurteilte in die Todeskammer eskortiert und auf einen der Stühle mit Löchern und dem Gefäß mit den tödlich wirkenden Natriumcyanidkristallen darunter gesetzt. Dann zurrt man ihn um Brust, Knöchel, Oberschenkel und Arme fest – möglichst eng, um die bevorstehenden schrecklichen Krämpfe und Zuckungen in Grenzen zu halten. Elektroden werden mit Stethoskop und Herzmonitor verbunden, damit der Arzt stets über den Zustand des Kammerinsassen informiert ist. Er muss letztlich das Ausbleiben von Lebenszeichen und damit den Tod feststellen. Sobald die Wärter den Raum verlassen, schlägt die riesige Stahltür auf die Gummidichtungen auf und wird durch Drehen an einem radähnlichen Mechanismus luftdicht verschlossen.

OBEN: **Diese Gaskammer ist heute ein Exponat im *Museum for Police Artifacts* in Miami Beach, Florida.**

Jetzt kann die Hinrichtung beginnen. Die Mischung aus Schwefelsäure und destilliertem Wasser wird durch einen luftdichten Schlauch in die leere Schale unter dem Stuhl geleitet. Sobald diese voll ist, geht der Vorhang auf, damit Pressevertreter, Angehörige allfälliger Opfer und des Verurteilten sowie Staatsanwälte und Verteidiger den Vorgang mitverfolgen können. Der Verurteilte wird zu einem letzten Wort aufgefordert.

Nach seinen letzten Worten erhält der Scharfrichter das Signal, das Zyanid in die bereitstehende Lösung zu geben. Er zieht einen Sicherungsstift heraus und betätigt einen Hebel, worauf die tödlichen Brocken in die Lösung fallen. Die verdünnte Schwefelsäure reagiert mit dem Natriumcyanid, sodass es sich in Blausäuregas zersetzt. Nach und nach füllt sich die Kammer mit dem hochgiftigen Gas.

DER LEICHNAM KANN NOCH GEFAHREN BERGEN. SEIN HAAR WIRD DURCHGEKÄMMT UND DER BRUSTKORB ZUSAMMENGEDRÜCKT, UM RESTGAS AUS DER LUNGE ZU PRESSEN. ZUM SCHLUSS WIRD DIE KLEIDUNG ENTFERNT UND VERBRANNT.

Nach dem Tod

Da alle Gase flüchtig sind, müssen besondere Vorsichtsmaßnahmen getroffen werden, damit das Personal, das den Leichnam entfernt, sich nicht versehentlich selbst vergiftet. Sobald der zuständige Arzt den Hingerichteten für tot erklärt, saugen leistungsstarke Ventilatoren die Blausäure durch einen großen Schornstein ab, der in einiger Entfernung vom Rest des Gefängnisses emporragt. Um die Beseitigung auch kleiner Spuren des Giftes in der Luft der Kammer sicherzustellen, wird sie insgesamt fünfmal mit Frischluft ausgetauscht. Erst dann betritt der Reinigungstrupp wie in einem Science-Fiction-Film mit Gasmaske, Spezialanzug und Sauerstoffflasche auf dem Rücken die Kammer. Das Reinigungsmittel, das der Trupp in der ganzen Kammer versprüht, um alles Gift zu neutralisieren, ist fast so gefährlich wie das Tötungsmittel und besteht aus wasserfreiem Ammoniak. Alle Instrumente und Oberflächen werden gründlich gesäubert. Auch der Leichnam kann noch Gefahren bergen. Sein Haar wird gründlich durchgekämmt und der Brustkorb zusammengedrückt, um Restgas aus der Lunge zu pressen. Zum Schluss wird die Kleidung entfernt und verbrannt.

Trotz dieser Vorsichtsmaßnahmen läuft nicht immer alles nach Plan. Als Pete Catalina und Angelo Agnes 1939 gemeinsam hingerichtet wurden, war die Kammer undicht und die beinahe 60 Beobachter mussten die Flucht ergreifen.

Das willige Opfer: David Mason

David Edwin Mason litt an einem Kindheitstrauma als Folge von häufigem physischem und psychischem Missbrauch durch seine strengen, fundamentalistisch-christlichen Eltern. Schon mit fünf Jahren versuchte er sich zum ersten Mal das Leben zu nehmen und war mit der Zeit immer mehr vom Feuer besessen. In keinem Lebensbereich erfolgreich, war auch keiner von Masons 25 registrierten Selbstmordversuchen von Erfolg gekrönt. Im Bestreben, ihn unter Kontrolle zu bringen, ließen seine Eltern in einem Zimmer an Tür und Fenstern sichere Schlösser anbringen und bezeichneten es fortan als »Kerker«. Außerdem musste der chronische Bettnässer die verschmutzten Unterhosen auf dem Kopf tragen. Die physischen Misshandlungen und Demütigungen führten dazu, dass bei Mason schon im Alter von acht Jahren eine posttraumatische Belastungsstörung diagnostiziert wurde. Sein vorgezeichneter Weg führte darauf von kleinen bewaffneten Überfällen und kurzen Gefängnisaufenthalten bis zum Mord an vier Menschen, darunter sein schlafender Liebhaber, im Jahre 1980.

Für seine Verbrechen zum Tode verurteilt, schien Mason seine Hinrichtung im August 1993 im kalifornischen *San Quentin State Prison* mit Gelassenheit zu erwarten. Am Tag vor seinem Tod sah er ruhig fern und telefonierte mit Familienangehörigen und Freunden. Mason hatte seinen Anwalt entlassen, nachdem er das Leben seines Mandanten mit Berufungen um mindestens drei Jahre hatte verlängern wollen. Allerdings musste Mason sich dieses Recht vor dem Bundesgericht erstreiten, indem er darlegte, dass die Schwere seiner Verbrechen das Todesurteil rechtfertigen.

Er wurde immer wieder daran erinnert, dass er jederzeit Einspruch erheben könne. Selbst als man ihn in der Gaskammer auf dem Stuhl festschnallte, fragte man ihn noch einmal, ob man fortfahren solle, doch er blieb bei seinem Wunsch zu sterben. Zwei Minuten vor seiner Hinrichtung rief ein Bundesrichter in San Quentin an und erkundigte sich, ob Masons Anwalt anwesend sei, falls Mason die Hinrichtung doch noch stoppen wolle. Schließlich betrat der Gefängnisdirektor Daniel Vasquez die Kammer und fragte den festgeschnallten Gefangenen, ob er seine Meinung ändern möchte. »Nein, Herr Direktor«, erwiderte jener. »Ich möchte fortfahren, danke.« Um 12:09 Uhr begann die Hinrichtung, und 14 Minuten später wurde Mason für tot erklärt. Er sprach nicht nur die höflichsten bekannten letzten Worte, sondern verlangte auch keine Henkersmahlzeit und begnügte sich mit einem Glas kaltem Wasser.

TROTZ AUGENZEUGEN- UND ZEITUNGSBERICHTEN ÜBER GRAUENVOLLE UND LANGWIERIGE HINRICHTUNGEN MIT GAS SPIELTEN VIELE GERICHTSORGANE DAS LEIDEN IN DER GASKAMMER HERUNTER UND BEHAUPTETEN, DIE HINRICHTUNGEN SEIEN »SAUBER« VERLAUFEN.

DIE UNGEDULDIGE: BARBARA GRAHAM

Auch Barbara Graham hatte es eilig mit dem Sterben, doch nicht etwa, weil sie sich für schuldig hielt, sondern um das quälende Warten auf die Hinrichtung zu verkürzen. Obwohl sie ausgesagt hatte, nur eine Komplizin gewesen zu sein, hatte das Gericht sie für den Mord an einer älteren Frau zum Tode verurteilt. Ihre Hinrichtung war für den 3. Juni 1955 um zehn Uhr anberaumt.

In einem schicken beigen Wollanzug, braunen Schuhen (obwohl ihr natürlich die Kleidung vor dem Gang in die Kammer ausgezogen würde) und gut geschminkt erschien sie tapfer zur Hinrichtung und erklärte: »In einer solchen Situation klagt und bettelt und fleht man nicht. Man versucht, Frau zu sein.« Doch die unsensiblen Behörden hätten ihre Entschlossenheit beinahe zunichtegemacht. Ein Einspruch in letzter Minute verzögerte die Hinrichtung um eine Dreiviertelstunde, und gerade als sie um 10:43 Uhr schon zum Stuhl gehen wollte, wurde ein weiterer Aufschub

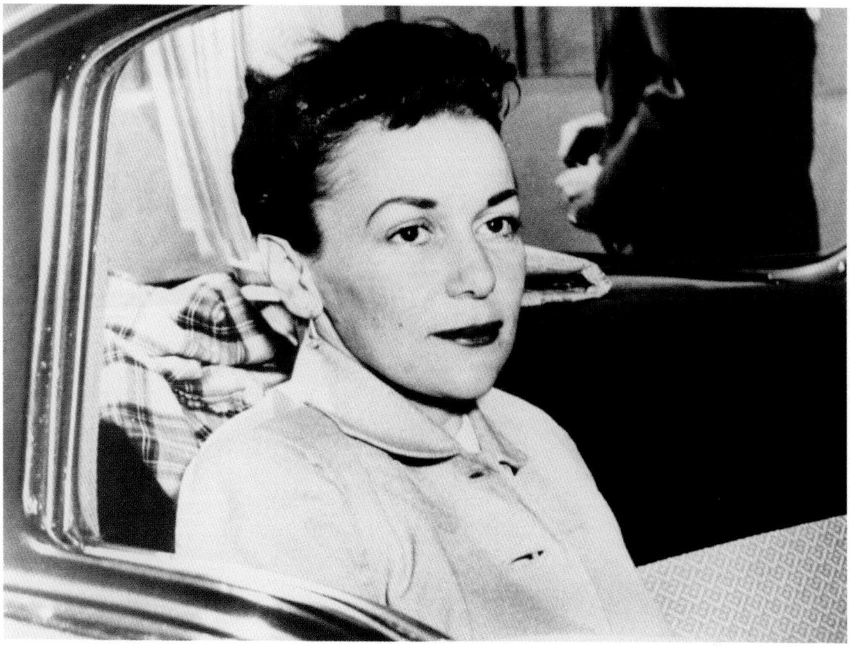

gewährt. »Warum quälen Sie mich? Ich war um zehn Uhr bereit zu gehen.« Als sie um 11:30 Uhr endlich festgeschnallt wurde, sagte ihr der Wärter, sie solle tief einatmen, dann werde das Gas ihr nichts ausmachen. »Woher zum Teufel wollen Sie das denn wissen?«, schnauzte sie ihn für diese Bemerkung an.

OBEN: Barbara Graham auf dem Weg nach San Quentin, wo sie tags darauf hingerichtet wurde. Ihre beiden Komplizen, Jack Santo und Emmett Perkins, gingen zwei Stunden nach ihr in die Gaskammer.

Pannen mit dem Gas

Trotz Augenzeugen- und Zeitungsberichten über grauenvolle und langwierige Hinrichtungen mit Gas spielten viele Gerichtsorgane das Leiden in der Gaskammer herunter und behaupteten, die Hinrichtungen seien »sauber« verlaufen. Hier einige gegenteilige Berichte:

Allen Foster

1936 wurde der 19-jährige Allen Foster als Erster in Colorado durch Gas getötet. Die Hinrichtung des wegen Vergewaltigung zum Tode verurteilten Foster war so grauenvoll, dass sie eigentlich die letzte dieser Art hätte sein sollen. Dreißig Zeugen sahen mit an, wie man ihn auf dem hochlehnigen Stuhl festband. Dann fielen die Kügelchen in die Schwefelsäure, und Foster verfolgte mit, wie die dicken grauen Gasschwaden emporstiegen. Als sie seinen Kiefer erreicht hatten, atmete er tief ein,

OBEN: Da die Gaskammern luftdicht sein mussten, hatten sie nur kleine Fenster. So konnte kein größeres Publikum die Hinrichtungen mitverfolgen.

murmelte »Goodbye« und versuchte zu lächeln. Dann begann sein Leiden. Die Augen weiteten sich, und er warf den Kopf in den Nacken. Während er nach Luft schnappte, hob sich Fosters Brustkorb ruckweise, er begann sich in den Gurten zu winden und warf den Kopf hin und her, bevor er sich endlich streckte, seine Augen glasig wurden und er das Bewusstsein verlor.

Die Zuschauer waren zutiefst schockiert von der Brutalität, die bei diesem »barmherzigen« Tod zutage getreten war. Bürger schrieben massenweise Briefe an den Gouverneur und verlangten wie zahlreiche Gesetzesvorlagen das Verbot der Gaskammer und die Wiedereinführung des elektrischen Stuhls. Doch erst im Jahr 2000 wurde die Gaskammer schließlich abgebaut und ins Museum gebracht.

Jimmy Lee Gray

Jimmy Lee Gray starb 1983 in der Gaskammer von Mississippi. Sein Henker T. Berry Bruce erledigte seinen Job, für den er 250 Dollar erhielt, kaltblütig, denn Gray hatte ein dreijähriges Mädchen entführt, anal vergewaltigt und getötet. Bruce bezeichnete den Todeskandidaten mehrmals als »Hurensohn«, was den Verdacht nahelegt, dass er die Hinrichtung absichtlich verpfuschte. Zudem war er einigen Quellen zufolge betrunken.

Bei Gray wurden die üblichen Symptome des Todes durch Blausäure beobachtet: Er schüttelte sich heftig, verkrampfte sich und schnappte nach Luft. Er hatte insgesamt elf solcher Anfälle, sein Kopf wurde hin und her geworfen und schlug schließlich gegen eine Metallstange hinter dem Stuhl. Gray wand sich in den Gurten und stöhnte so laut, dass die entsetzten Zuschauer es hören konnten. Die Kügelchen fielen um zehn Minuten nach Mitternacht, und acht Minuten später erklärte der Arzt, Grays Herz habe zu schlagen aufgehört. Doch sein Kampf zog sich offenbar noch viel länger hin, denn erst um 00:47 Uhr, fast 40 Minuten nach Beginn der Hinrichtung, wurde er für tot erklärt. Journalisten und Grays Rechtsvertreter führte man weg, als sein Kopf gegen die Metallstange zu schlagen begann. Der Vorhang fiel, doch laut Zeugen rang er noch immer nach Luft, als man sie zum Gehen aufforderte. Nur die Wärter wussten, was zwischen 00:18 und 00:47 Uhr geschah. Und Bruce hatte danach einiges sauber zu machen, denn Gray hatte uriniert und defäkiert.

Donald Eugene Harding

Die Hinrichtung von Donald Eugene Harding in der Gaskammer hinterließ 1992 tiefe Spuren bei den Zeugen. Einige Reporter konnten wochenlang nicht schlafen, wurden krank und fielen in eine Art vegetativen Zustand – klassische Symptome einer posttraumatischen Belastungsstörung. Dem grausamen Mörder Harding hätte wohl kein Psychologe mehr helfen können, den Zeugen seines Todes schon.

Als man Donald Eugene am 6. April 1992 um Schlag Mitternacht in die Kammer des *Arizona State Prison* in Florence gebracht hatte, sah es zunächst so aus, als würde alles nach Plan verlaufen. Die Wärter schnallten ihn mit Nylongurten auf dem Stuhl fest, gingen nach draußen und schlossen die Tür der unter Druck stehenden Gaskammer luftdicht. Ein Hebel wurde betätigt und das Natriumcyanid in die Schwefelsäure freigesetzt. Das Blausäuregas stieg auf und nebelte Harding ein. Kurz bevor er es einatmete, beschimpfte er den Staatsanwalt und zeigte ihm den Stinkefinger.

Eugenes Todeskampf dauerte zehn Minuten. Er drehte und wand sich mit hochrotem Kopf, keuchte und stotterte. Seine Herzfrequenz sank zuerst von 140 Schlägen pro Minute auf 30, und man glaubte schon, er würde bald sterben. Dann schnellte sie jedoch wieder auf 60 hoch, sodass sein Herz erst um 00:18 Uhr zu schlagen aufhörte – 18 Minuten nach Beginn der Hinrichtung.

John Gilbert Graham

John Gilbert Graham brachte 44 Flugpassagiere um, darunter seine Mutter Daisie King und ein 13 Monate altes Baby. Von seiner Mutter in ein Waisenhaus abgeschoben, hatte John einen abgefeimten Plan zu Weihnachten ausgeheckt. Nachdem sie einen Flug vom Flughafen Stapleton im US-Bundesstaat Colorado aus gebucht hatte, schloss er eine Lebensversicherung über 37 500 Dollar für sie ab, wickelte 6,5 Kilo Dynamit samt Zündkapseln in Weihnachtspapier ein und legte das »Geschenk« in ihr Gepäck. Wenige Minuten nach dem Start explodierte das Flugzeug und riss fünf Besatzungsmitglieder und 39 Passagiere in den Tod; die Wrackteile fand man in einem Umkreis von drei Kilometern. Spuren von Dynamit in Daisie Kings Gepäck führten die Fahnder schließlich zu Graham.

Bei seiner Hinrichtung am 11. Januar 1957 fanden nicht alle Angehörigen von Grahams Opfern im Beobachtungsraum Platz. Als die Blausäuredämpfe seinen nackten Oberkörper einnebelten, hielt er den Atem an, solange er konnte. In Colorado schritten die Verurteilten nur mit einer kurzen Hose bekleidet zur Hinrichtung, um die Gefahr tödlicher Gase in der Luft nach ihrem Tod zu minimieren. Als Graham schließlich atmen musste, würgte er und warf den Kopf von einer Seite zur anderen, bevor er einen lang gezogenen schrillen Schrei ausstieß.

UNTEN: Vermutlich wird kein Verbrecher mehr das Innere dieser Gaskammer im *New Mexico Penitentiary* bei Santa Fe zu sehen bekommen. Die Todesstrafe wurde in diesem Bundesstaat 2009 abgeschafft.

OBEN: Auch wenn das KZ Dachau kein Vernichtungslager war, starben doch Tausende in seiner Gaskammer.

Das Aus für die Gaskammer

Die amerikanische Juristengemeinde erkannte schließlich doch, dass der langsame und qualvolle Tod durch Giftgas als »grausame und ungewöhnliche Strafe« bezeichnet werden kann. So entschied ein Gericht in San Francisco 1994, dass der Einsatz der Gaskammer gegen die Menschenrechte verstößt. Hinzu kam, dass die alten Gaskammern aus der Zeit vor dem Zweiten Weltkrieg Jahr für Jahr immer gefährlicher wurden. Die Dichtungen wurden spröde, sodass Gas austreten konnte, die Rohre korrodierten, und die Geräte zur Einleitung und Verteilung der Gase genügten heutigen Ansprüchen an ihre Effizienz nicht mehr. Die Kammern durch eine modernere Version zu ersetzen, konnte sich die öffentliche Hand nicht leisten, sodass die meisten US-Bundesstaaten ihre Gaskammern stilllegten oder sie Museen schenkten.

Sieben Staaten lassen zum Tode Verurteilten noch heute die Wahl zwischen Gaskammer und Giftspritze. Die meisten entscheiden sich für die Injektion. Walter LaGrand gehörte zur Minderheit, die den Tod durch Gas statt durch die Giftspritze wählte. Sein auch als politischer Protest gegen die Todesstrafe gedachter Todeskampf am 3. März 1999 dauerte 18 Minuten.

Kapitel 11

Die Giftspritze

Das Unbehagen über die unbeschreiblichen Qualen der zum Tode Verurteilten auf dem elektrischen Stuhl oder in der Gaskammer war in der amerikanischen Gesellschaft so groß, dass man sich erneut auf die Suche nach einer humaneren Hinrichtungsmethode machte. Die Giftspritze (letale Injektion) ist bis heute die bevorzugte Vollzugsart der Todesstrafe in den 27 US-Bundesstaaten, die sie noch nicht abgeschafft haben.

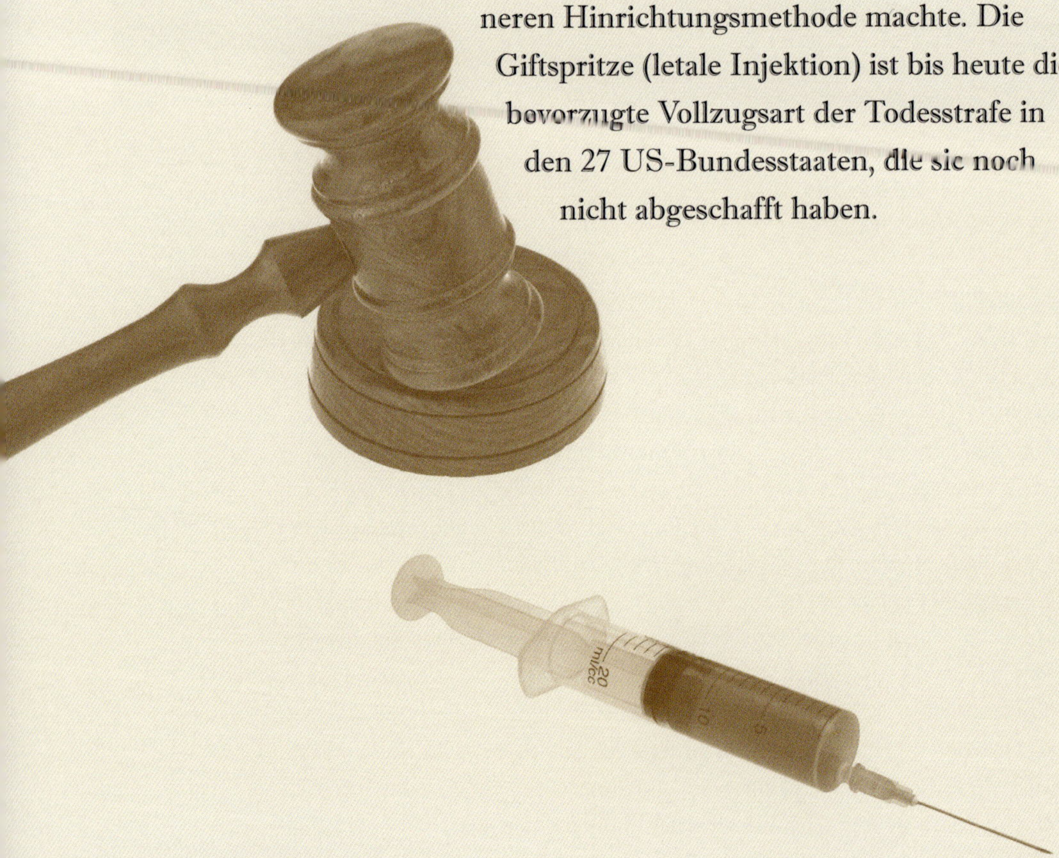

Eine wissenschaftliche Lösung

1972 wurden Hinrichtungen auf dem elektrischen Stuhl und in der Gaskammer verboten, da sie als »grausame und ungewöhnliche Strafe« gegen den achten Zusatzartikel der US-Verfassung verstießen. 1976 revidierte der Supreme Court sein Urteil und erlaubte die Todesstrafe wieder. Der Republikaner William J. Wiseman aus Oklahoma suchte nach einer Lösung für das Problem der »grausamen und ungewöhnlichen Strafe«. Die meisten Mediziner fühlten sich an ihren hippokratischen Eid gebunden und waren deshalb nicht bereit, ihm zu helfen, doch Jay Chapman, der leitende Gerichtsmediziner des US-Bundesstaates kam ihm zu Hilfe. Da er die Giftspritze für eine humane Form der Hinrichtung hielt, erstellte er das »Chapman-Protokoll«: Dem Gefangenen wird in beide Arme ein Venenkatheter (einer zur Reserve) gelegt; durch einen davon wird ihm ein Betäubungsmittel verabreicht, gefolgt von einem Muskelrelaxans, das die Körperfunktionen zum Stillstand bringt, und einem herzlähmenden Mittel. Oklahoma genehmigte das Protokoll; Texas übernahm es und richtete 1982 Charles Brook als Ersten nach der neuen Methode hin. Wiseman vertrat die Meinung, die Giftspritze verursache »keine Schmerzen, keine Krämpfe, keine Gerüche oder Geräusche – nur Schlaf und dann den Tod«.

UNTEN: In der »Todeskammer« der *Texas Department of Criminal Justice Unit* in Huntsville fanden seit 1982 mehr als 532 Hinrichtungen statt.

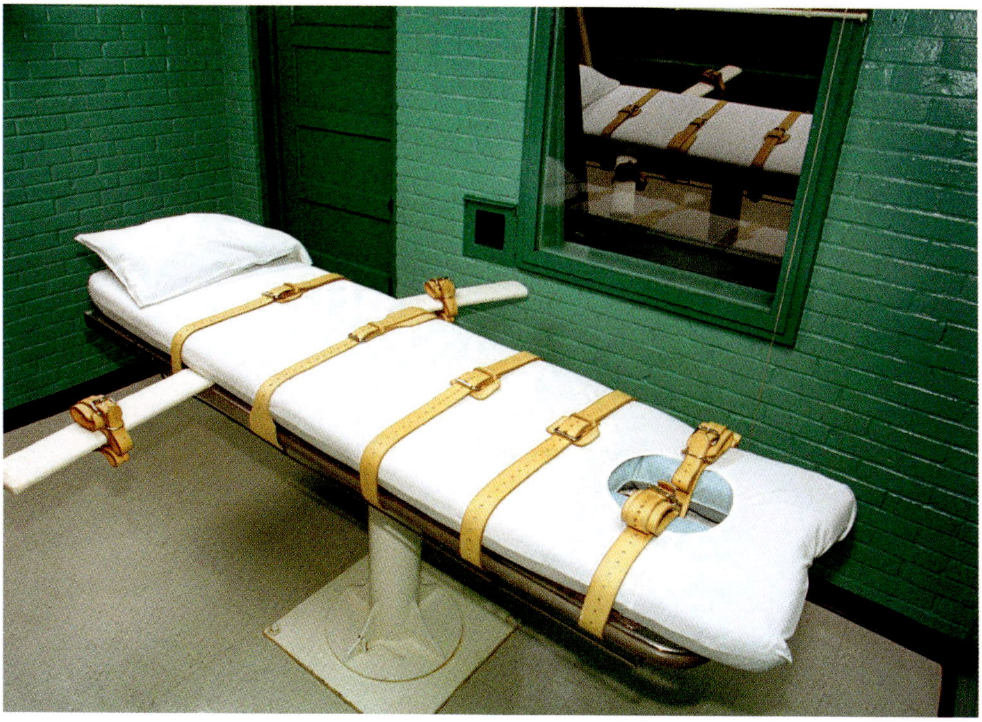

Das erste Injektionssystem

Fred Leuchter (siehe Seite 185–189) baute 1979 das erste System zur Verabreichung der tödlichen Injektion, das aus zwei Modulen bestand.

Das Steuermodul hatte einen doppelt vorhandenen Schalter, von denen der Computer nach dem Zufallsprinzip einen als tatsächlichen Auslöser wählte. Die Auslöseknöpfe wurden gleichzeitig betätigt, damit keiner der beiden Vollzugsbeamten wusste, wer von ihnen die Injektion der drei Medikamente eingeleitet hatte. Wenn sie ihren Finger vom Knopf zurückzogen, ertönte ein lautes Klicken – die Hinrichtung hatte begonnen. Kurz darauf leuchteten auf dem Schaltpult ein Lämpchen nach dem anderen auf, wenn die Kolben die Medikamente in die Schläuche drückten. Wurde ein Medikament nicht automatisch verabreicht, konnte ein manueller Schalter betätigt werden, und versagte auch dieser, stand noch ein manueller Hebelmechanismus zur Verfügung – alles in zweifacher Ausführung, damit auch hier die Beamten nicht wussten, welcher mit dem Verabreichungsmodul verbunden war.

Das Verabreichungsmodul bestand aus drei mit den Medikamenten gefüllten Spritzen sowie drei weiteren mit einer Kochsalzlösung, um die Schläuche vor der Verabreichung des nächsten Medikaments durchzuspülen. Da sich das System als sehr zuverlässig erwies, kauften 17 Staaten es für den Einsatz als Hinrichtungsinstrument – ein durchaus überraschender Erfolg angesichts der Tatsache, dass Leuchter weder über eine medizinische noch eine technische Ausbildung verfügte und die Geräte in seiner Garage gebaut hatte. Seine Maschine ist der Prototyp der bis heute in begrenztem Umfang im Einsatz befindlichen Giftspritzen-Systeme.

Ein Medikamentencocktail

Üblicherweise wird den Todeskandidaten ein Cocktail aus drei Medikamenten injiziert. Am Anfang steht eine hohe Dosis des Schlafmittels Thiopental zur Betäubung (fünf Milligramm pro Kilo Körpergewicht im Vergleich zu drei Milligramm in der Chirurgie). Dann wird der Schlauch mit einer Kochsalzlösung ausgespült, bevor 100 Milligramm Pancuroniumbromid die Muskeln des Verurteilten lähmen und ihn in der Folge ersticken, während die Lunge kollabiert. Zum Schluss bringt eine Kaliumchloridinjektion das Herz zum Stillstand.

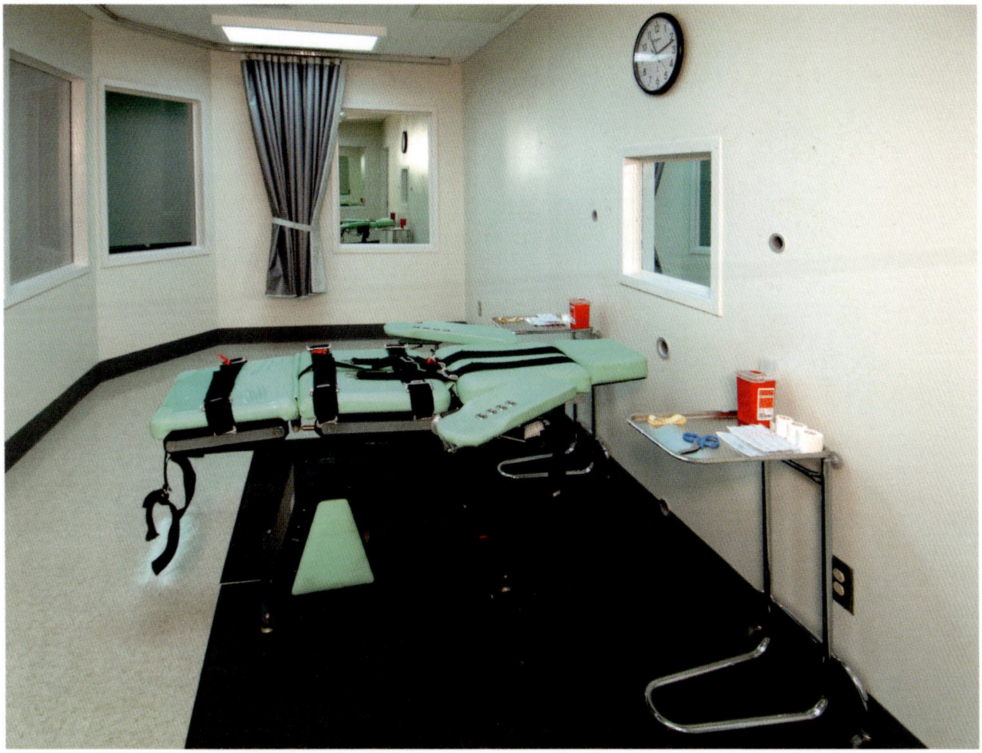

OBEN: **Diese hochmoderne Anlage wurde 2010 vom kalifornischen Justizministerium eingerichtet. In den Löchern in der Wand befinden sich die Infusionsschläuche und Geräte zur Überwachung der Vitalfunktionen.**

Die Hinrichtung

Der Verurteilte wird auf einer einfachen, nur leicht modifizierten Krankenhausliege fixiert. Der Infusionsständer für die Medikamente befindet sich am oberen rechten Ende, während mindestens vier Nylonfesseln mit Klettverschlüssen zu beiden Seiten dem Festbinden von Armen und Beinen dienen. Mit schweren Lederriemen mit konventionellen Schnallen werden widerspenstige Häftlinge fixiert. Der Verurteilte liegt auf einer zusammengefalteten Decke und wird mit einem Laken bedeckt, das alle Fesseln verbirgt und nur das Gesicht sichtbar lässt.

Vielerorts finden Hinrichtungen mit der Giftspritze in Kammern statt, in denen zuvor Verurteilte durch Gas oder Strom getötet wurden; Laken oder Vorhänge trennen die ältere Technologie vom Bereich mit der Liege. Am Tag der Hinrichtung können die Todeskandidaten die Dienste eines Geistlichen in Anspruch nehmen und erhalten eine letzte Mahlzeit. Auf der Liege wird ein Herzfrequenzmessgerät an der Brust angebracht und eine Kanüle in einen Arm gelegt, um die Medikamente zu verabreichen, der andere Arm wird an einen zweiten Tropf gehängt.

Ungewöhnliche Qualen

Als Erster starb in den USA am 7. Dezember 1982 Charles Brooks durch die Giftspritze. Seine Hinrichtung im *Texas State Penitentiary* in Huntsville verlief reibungslos – ein gutes Omen für die neue Hinrichtungsmethode. 27 weitere US-Bundesstaaten folgten schon bald. Nicht alle Hinrichtungen verliefen jedoch ohne Probleme.

Das Verfahren ist zwar eher unkompliziert, doch auch hier spielt die Vorstellung »ungewöhnlichen Qualen« eine Rolle. Fertig ausgebildete Ärzte lehnten eine Beteiligung in Berufung auf den Eid des Hippokrates meist ab. Deshalb führten Gefängniswärter mit oft nur minimaler medizinischer Ausbildung die emotional belastenden Hinrichtungen mit der Giftspritze durch. In einigen Fällen durchstachen sie mit der Kanüle die Vene, sodass sie in die Muskeln eindrang – mit der Folge von starken Schmerzen. Schlimmstenfalls wird die Einleitung des Medikaments ganz unterbrochen, und die Pfleger reagieren mit Panik, während sie dem benommenen Todeskandidaten einen neuen intravenösen Zugang legen. Nicht nur bei Drogenabhängigen oder Fettleibigen fällt manchmal das Auffinden einer geeigneten Vene schwer, und der Druck der injizierten Medikamente kann die Vene zum Platzen bringen. 1985 fand man beim Serienmörder Stephen

UNTEN: Ein Priester gibt dem 33-jährigen Todeskandidaten Manuel Martínez in Guatemala die letzte Ölung. Priester spenden Delinquenten oft in ihren letzten Momenten Trost.

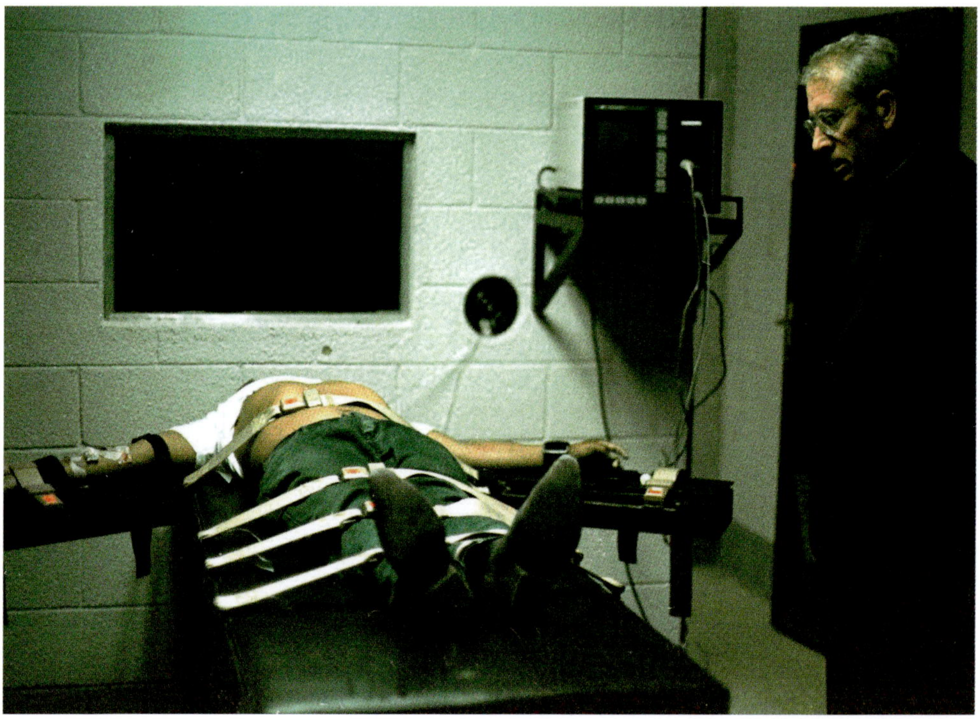

Morin erst nach einer Dreiviertelstunde an der Leiste eine geeignete Vene. Im August 1986 stellten sich die Vollzugsbeamten als unfähig heraus, und Randy Woolls musste ihnen die Vene für die Kanüle selbst zeigen. Und der 120 Kilo schwere Christopher Newton war so lange auf der Trage festgeschnallt, während man nach einer geeigneten Vene suchte, dass man ihn für eine Toilettenpause losbinden musste. Erst nach zwei Stunden und zehn erfolglosen Versuchen war am 24. Mai 2007 die Kanüle schließlich gesetzt, und der Verurteilte starb nach kurzer Zeit.

Joseph Rudolph Wood

»Warum haben sie ihm nicht die Kugel gegeben? Warum haben wir ihm nicht Rohrreiniger gegeben?«, kommentierte 2014 ein Angehöriger eines Opfers das zwei Stunden dauernde Sterben von Joseph Rudolph Wood. 1989 für den Mord an Debbie und Gene Dietz verurteilt, saß er 25 Jahre lang im Todestrakt ein, bis er alle Berufungsmöglichkeiten ausgeschöpft hatte. Auch in letzter Minute legte er noch einmal Berufung ein und behauptete, die ihm verabreichten Medikamente würden nicht wie vorgesehen wirken. Er sollte recht behalten – seine Hinrichtung dauerte beinahe zwei Stunden (1 Std. 59 Min.). Da sie sich derart in die Länge zog, setzten seine Anwälte einen Notantrag auf, um die Bundesbehörden zum Stoppen der Hinrichtung zu bewegen.

Zu Anfang verlief Woods Hinrichtung ganz nach Plan, denn die Vollzugsbeamten hatten keine Probleme damit, bei diesem Mörder eine geeignete Vene zum Einleiten der tödlichen Medikamente auszumachen. Wood schenkte den Opferangehörigen und seinem Diakon ein Lächeln, bevor ihm das erste Medikament injiziert wurde und er das Bewusstsein zu verlieren schien. Nach zehn Minuten sackte jedoch sein Unterkiefer nach unten, der Brustkorb weitete sich, und der Todeskandidat begann alle fünf bis zwölf Sekunden heftig zu keuchen. Ein Arzt untersuchte ihn und stellte dabei fest, dass er bewusstlos war. Nach anderthalb Stunden hörte er schließlich ganz auf zu atmen und wurde zwölf Minuten später für tot erklärt. Die Autopsie ergab, dass die Kanülen korrekt gelegt worden waren und die Medikamentenkombination offenbar an den Problemen schuld war. Man hatte ihm als Versuchskaninchen 15 Dosen eines experimentellen Medikamentencocktails injiziert, weil europäische Pharmafirmen die bewährten »Killermedikamente« nicht mehr zum Zweck der Hinrichtung lieferten. Seine Anwälte beantragten beim Obersten Gerichtshof von Arizona telefonisch den Abbruch der Hinrichtung, was bei den Angehörigen von Woods Opfern aber auf wenig Verständnis stieß. Jan Brewer erklärte als Gouverneurin von Arizona: »Er ist auf rechtmäßige Weise gestorben und … hat nicht gelitten. Dies steht in krassem Gegensatz zu den grauenvollen und schändlichen Qualen, die er seinen beiden Opfern zugefügt hat – und dem lebenslangen Leid, das deren Familie zu erdulden haben.«

Clayton Lockett

Als Clayton Lockett am 29. April 2014 im *Oklahoma State Penitentiary* hingerichtet wurde, verfolgten die Zeugen seine Qualen mit nur wenig Mitgefühl. Lockett und zwei Komplizen waren in das Haus von Bobby Bornt eingebrochen, hatten mit einem Gewehrkolben auf ihn eingeschlagen, ihn gefesselt und ins Schlafzimmer seines neun Monate alten Sohns geworfen. Summer Hair und ihre Freundin Stephanie Neiman, die zur falschen Zeit zu Besuch waren, packte und schlug das Trio, bevor es die Frauen wiederholt vergewaltigte. Anschließend luden Lockett und seine Komplizen die Gefangenen auf ein paar Pick-ups und fuhren sie an einen abgelegenen Ort. Dort vergewaltigten die Entführer Hair erneut wiederholt, während sie Neiman in ein frisches Grab legten, bevor Lockett sie erschoss und begrub, während die anderen ihr Stöhnen und Ringen nach Atem hörten.

Schon vor seiner Hinrichtung musste Lockett mit einem Taser betäubt werden, weil er sich die Pulsadern aufzuschneiden drohte. Als man ihn auf der Liege festgeschnallt hatte, fand man erst nach einer knappen Stunde eine für die Injektion geeignete Vene in seiner Leiste. Die Kanüle wurde jedoch offenbar nicht richtig gesetzt, sondern durchstach die Vene, die darauf riss. Eine mögliche Dehydratation Locketts könnte den Vorgang erschwert haben.

Zehn Minuten nach Verabreichung des ersten Medikaments wurde er um 18:33 Uhr für bewusstlos erklärt. Dennoch hatte Lockett offenbar starke Schmerzen und war verzweifelt. Er hob den Kopf, öffnete die Augen und sagte: »Oh Mann! Ich bin nicht …«, und womöglich sogar noch: »Irgendwas stimmt hier nicht.« Um 18:37 Uhr begann er sich auf der Liege zu winden und versuchte, sich aufzusetzen. Um 19:06 Uhr wurde er schließlich für tot erklärt – infolge eines Herzinfarkts.

Der pensionierte Bezirksstaatsanwalt Mark L. Gibson sagte: »Wenn jemals jemand die Todesstrafe verdient hat, so ist es Lockett. Clayton Lockett war böse. Clayton Lockett verletzte diese Menschen, schlug diese Menschen und vergewaltigte diese Menschen und empfand dabei auch noch Genuss.« Und Gloria Brown, eine lokale Journalistin, fügte an: »Auch wenn die Hinrichtung verpfuscht war, hat er rein gar nichts gelitten im Vergleich zu dem, was er ihr angetan hat.«

LOCKETT MUSSTE MIT EINEM TASER BETÄUBT WERDEN, WEIL ER SICH DIE PULSADERN AUFZUSCHNEIDEN DROHTE. ALS MAN IHN AUF DER LIEGE FESTGESCHNALLT HATTE, FAND MAN ERST NACH EINER KNAPPEN STUNDE EINE FÜR DIE INJEKTION GEEIGNETE VENE IN SEINER LEISTE.

Ángel Nieves Díaz

Ángel Nieves Díaz, genannt »Papo la Muerte« (»Mein Kumpel der Tod«), war am 13. Dezember 2006 so aufgebracht über seine bevorstehende Hinrichtung, dass er sich weigerte, eine letzte Mahlzeit zu bestellen. Er war für den Mord an einem Stripclub-Manager in Florida zum Tode verurteilt worden, wobei die Aussage seines Zellengenossen, der sie später widerrief, die Hauptrolle spielte.

Da Díaz auf der Liege auch eine halbe Stunde nach der Injektion des Narkosemittels noch nicht bewusstlos war, injizierten die Wärter ihm eine zweite Dosis. Aber auch diese betäubte ihn offenbar nicht, denn als die tödlichen Drogen in seinen Körper flossen, schnitt er für weitere 24 Minuten schmerzverzerrte Grimassen, und seine Hinrichtung dauerte über eine Stunde. Die Gefängnisbeamten schoben die Schuld auf Díaz' schlecht funktionierende Leber, doch die Autopsie ergab, dass dies nicht der Fall sein konnte. Schuld waren die Vollzugsbeamten, die die Kanülen quer durch die Venen gestochen hatten, sodass das Barbiturat in das weiche Fleisch des Arms eindrang. Dieser in der Medizin als Infiltration bezeichnete Prozess führte zu starken Verbrennungen unter der Haut – in einem Ausmaß, dass sie bei der Autopsie an beiden Armen abblätterte. Die 28 x 12 Zentimeter große betroffene Zone war mit tiefen Bullae (flüssigkeitsgefüllte Blasen) übersät, und große Teile der Haut hatten sich gelöst, sodass rosa und weiße subkutane Haut und gelbe Fettablagerungen offen lagen. Eine ähnliche Wunde fand man auch am linken Arm. Die Obduzierenden verglichen die Verbrennungen mit einem folgenschweren Sturz ins Lagerfeuer.

Der Grund für diese massiven Gewebeschäden ist bekannt: Das Thiopental wird als stark basische Lösung injiziert, die bei richtiger Handhabung im Blutkreislauf verdünnt wird. Im Muskelgewebe dagegen führt sie zu umfassenden Schäden. Selbst wenn diese zum Teil erst nach dem Tod entstanden – die Lösung wurde eine halbe Stunde vor der Bewusstlosigkeit injiziert –, dürfte Díaz stark gelitten haben.

Wahrscheinlich war er während der gesamten Prozedur bei Bewusstsein. Zuerst wurden alle drei Medikamente in den linken Arm injiziert, doch der Kolben ließ sich aufgrund des Widerstands nicht ganz nach unten drücken. Auch nach der zweiten Runde, jetzt in den rechten Arm, blieb das Herz nicht stehen, sodass man alle drei Medikamente noch einmal in den linken Arm injizierte. Da das Thiopental ihn nicht betäubte, bekam Díaz vermutlich mit, wie das Pancuroniumbromid Muskeln und Lunge lähmte. Schwellungen am Hals deuteten darauf hin, dass er nach Atem rang. Das Bromid konnte seine Wirksamkeit durch Ausbreitung im Muskelgewebe entfalten, während das Kaliumchlorid das Herz in einer massiven Dosis durch das Kreislaufsystem erreichen musste. Díaz war wahrscheinlich bei vollem Bewusstsein und litt grauenvolle Schmerzen, während das Pancuroniumbromid seinen Körper langsam herunterfuhr und ihn erstickte.

Andere bemerkenswerte Fiaskos

Bei David James Autrys Hinrichtung im März 1984 in Texas verfolgten die Beobachter entsetzt mit, wie er sich nach Verabreichung des Pancuroniumbromids unter Krämpfen wand, da das Thiopental ihn zuvor nicht betäubt hatte. Ein Gerinnsel hatte sich in der Vene gebildet, sodass die Medikamente nur ganz langsam in Autrys Kreislauf sickerten. Bei vollem Bewusstsein litt er mindestens zehn Minuten lang.

Bei einer weiteren Hinrichtung in Texas am 13. Dezember 1988 war Raymond Landry erst 24 Minuten nach der ersten Dosis tot. Zwei Minuten nach dem Setzen der Injektion erfolgte ein sogenannter »Blowout«: Die Kanüle schnellte heraus und verspritzte in der ganzen Kammer tödliche Chemikalien und Blut. Der Vorhang zwischen Publikum und Hinrichtungskammer wurde für 14 Minuten geschlossen, um die Kanüle neu zu legen. Landry stöhnte während dieser Zeit immer weiter.

Die texanische Pannenserie nahm kein Ende: Stephen McCoy wurden am 4. Mai 1989 die Medikamente zu schnell verabreicht. Sein Körper reagierte heftig: McCoy keuchte gut hörbar, und sein Torso wölbte sich ruckartig empor, obwohl er eng an die Liege gefesselt war. Außerdem hob und senkte sich sein Brustkorb.

1990 starb Charles Walker einen qualvollen Tod, denn ein Knick in den Schläuchen zum Zuführen der Medikamente blieb unentdeckt, und die in Richtung seiner Finger eingeführte Kanüle verlängerte die Prozedur noch zusätzlich.

Die Hinrichtung von John Wayne Gacy am 10. Mai 1994 verpatzte das unerfahrene Personal, indem es die Chemikalien im Schlauch, der zum Katheter führte, fest werden ließ. Der Vorhang wurde zum Austausch des verstopften Schlauchs für zehn Minuten geschlossen.

Menschliches Versagen ließ auch die Hinrichtung von Emmitt Foster am 3. Mai 1995 in Missouri zum Desaster werden. Zuerst lief alles nach Plan, doch sieben Minuten nach der Einleitung des ersten Medikaments begann Foster, sich vor Schmerz zu winden und zu keuchen. Der Vorhang wurde geschlossen und erst wieder geöffnet, als Foster nach insgesamt 33 Minuten tot war. Wie sich herausstellte, hatte ein Strafvollzugsbeamter die Riemen an Fosters Handgelenken so fest angezogen, dass das Blut nur noch eingeschränkt zirkulierte. Der Gerichtsmediziner musste die Kammer betreten und einen Wärter anweisen, die Riemen zu lockern.

Tommie J. Smith kam mit sehr schmalen Venen zur Welt. Als die Strafvollzugsbeamten von Indiana 1996 eine Kanüle legen wollten, fanden sie zuerst keine geeignete Vene. Der zu Hilfe gerufene Arzt verabreichte Smith ein Lokalanästhetikum, denn man beschloss, die Medikamente in eine geeignete Halsvene zu injizieren. Doch auch dieser Versuch schlug fehl. Schließlich brachte man einen Spezialkatheter an seinem Fuß an, und die Hinrichtung konnte nach 50 Minuten beginnen. Nachdem die Kanüle gelegt war, dauerte es immer noch 19 Minuten, bis die Medikamente Smiths Tod herbeiführten.

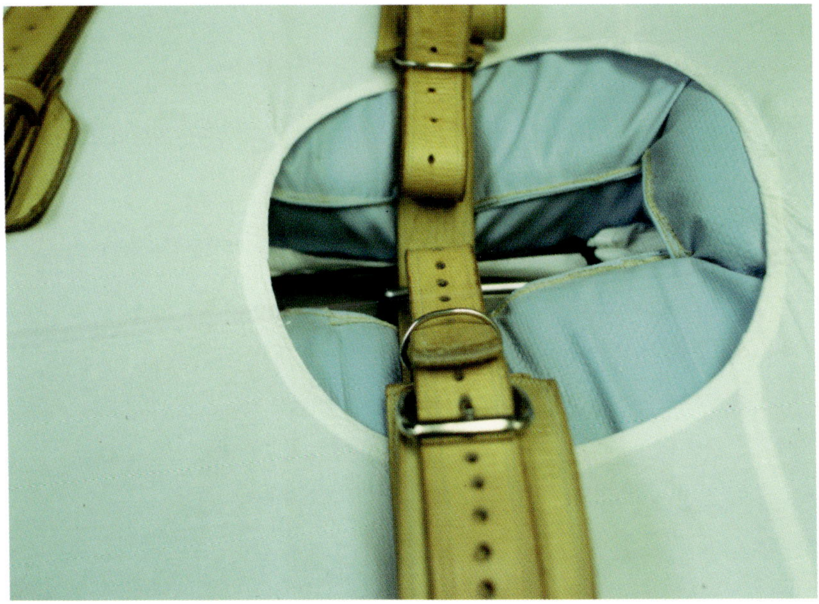

OBEN: Die Gurte der Hinrichtungsliege in Texas sind bei Weitem nicht auf dem neuesten Stand und deshalb schwer zu verstellen sowie von Erbrochenem oder Urin zu reinigen.

DER SORGSAME HENKER

Der in den Achtzigerjahren für die Hinrichtungen in Missouri verantwortliche Bill Armontrout erarbeitete in Zusammenarbeit mit Fred Leuchter das Missouri-Protokoll, das Fehler bei Hinrichtungen minimierte. Es kam erstmals am 23. August 1991 bei Maurice Byrd zur Anwendung, dem trotz eines kleinen Problems mit der *Leuchter Lethal Injection Machine* ein langsamer, qualvoller Tod erspart blieb. In Übereinstimmung mit dem Protokoll probte das Team den Ablauf zuvor dreimal mit einem Wärter von ähnlicher Statur, damit insbesondere die Gurte fest saßen: Er wurde in die Todeszelle gebracht und auf der Liege festgeschnallt. Auch die Injektionsmaschine wurde vor der Hinrichtung dreimal auf ihre reibungslose Funktion hin getestet. Leuchtanzeigen auf dem Steuerpult und in der Hinrichtungskammer signalisieren den Vollzugsbeamten, wann ein Medikament verabreicht und das nächste fällig ist. Während des Tests nahmen die beiden Teammitglieder am Steuerpult und auch der Chefvollzugsbeamte die Zeit, bis jede der drei Spritzen mit den Medikamenten leer war. Als Armontrout während der Hinrichtung bemerkte, dass eine Spritze ihren Inhalt nicht zum richtigen Zeitpunkt abgab, wies er die Männer am Steuerpult an, sie manuell zu bedienen, damit das Medikament rechtzeitig verabreicht wurde. So erhielt Byrd jedes der drei Medikament zum vorgesehenen Zeitpunkt, und seine Hinrichtung lief ohne größere Probleme ab.

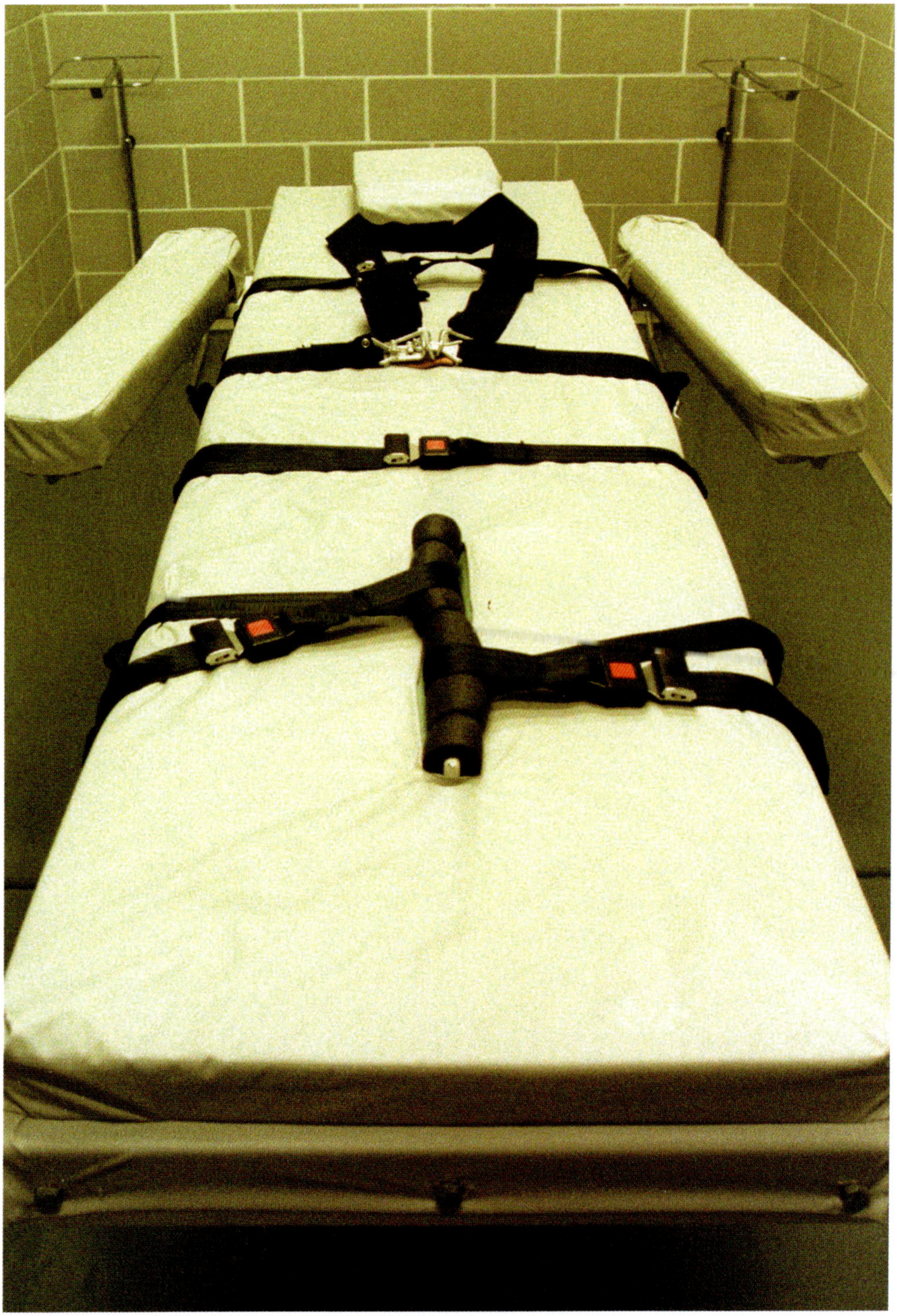

Andere Verfahrensschritte sollten die psychischen Folgen für Personal und Verurteilte auf ein Minimum reduzieren. Die Verkündung von Missouri-Todesurteilen erfolgte meist erst zehn Tage vor dem Hinrichtungstermin. Der Verurteilte wurde darauf möglichst umgehend in die »Death Watch«-Zelle verlegt, damit er keinen Selbstmordversuch unternehmen oder von einem anderen Gefangenen befreit werden konnte. Da Byrd mit Selbstmord gedroht hatte, erfolgte seine Verlegung in die Todeszelle umgehend. Doch weil andere Insassen des Todestrakts die Todeskandidaten nicht selten zum Selbstmord ermutigten, überwachte ein Wärter sie rund um die Uhr und hielt alle Besucher, Anrufe, Mahlzeiten und Unterhaltungen schriftlich fest. Er wohnte sogar zeitweilig in einer Zelle mit dem Verurteilten, auch wenn die beiden ein Drahtgeflecht trennte, das den Raum in zwei Hälften teilte.

Der Missouri-Kokon

Für Fehlverhalten wurden Insassen des Todestrakts von Missouri in den »Kokon« gesteckt – zwischen zwei Bahren festgeschnallt, aus denen nur die Füße und der Kopf herausschauten –, stundenlang an eine Wand gehängt – auch kopfüber – oder auch geschlagen.

Die Todeskandidaten hatten freien Zugang zur Kantine – inklusive Zigaretten, Softdrinks und Süßigkeiten in unbegrenzter Menge. Auf einem für sie reservierten Videogerät und Fernseher konnten sie sich den neuesten Streifen mit Stallone, Schwarzenegger oder Jackie-Chan-Filme anschauen. Außerdem durften sie, solange sie wollten, mit ihrem Anwalt telefonieren, ihre Akte mit in die Todeszelle nehmen und bis zu zwei Besucher auf einmal empfangen, die aber am Tag vor der Hinrichtung um sechs Uhr morgens gehen mussten.

Die anschließende Vorbereitung auf die Hinrichtung folgte einem strengen Zeitplan. Es mag als »grausame und ungewöhnliche Bestrafung« erscheinen, dass der Verurteilte den ganzen Tag und bis tief in die Nacht auf seine Hinrichtung warten musste, doch Armontrout hatte gute Gründe für eine Hinrichtung kurz nach Mitternacht: Falls Probleme auftraten, blieben ihm fast 24 Stunden Zeit, um seinen Job zu machen. Es gab aber auch weitere Gründe für eine Hinrichtung am frühen Morgen: Mögliche Demonstranten wurden, insbesondere, wenn sie Kinder hatten, von einer Mahnwache abgehalten, während der Rest der Gefängnisinsassen schlief und daher die Wahrscheinlichkeit eines Aufruhrs geringer war.

Ärzte sahen sich zwar infolge des Eids des Hippokrates zum Legen der Infusionen außerstande, aber sie überwachten vor Ort die Lebenszeichen und stellten den Tod des Verurteilten fest. Meist legten speziell ausgebildete Anästhesisten die Infusionen. Nicht selten mussten sie dabei einen Schnitt in die Haut machen und eine Vene herausheben, um das Einführen der Kanüle zu erleichtern.

LINKS: Der Raum für die Hinrichtung mit der Giftspritze in Arizona. Die Schnallen an den Gurten ermöglichen eine schnelle Fixierung des Verurteilten. Die Länge der Gurte wird vor der Hinrichtung berechnet.

KAPITEL 12

ERSCHIESSUNG

ERSCHIESSUNGSKOMMANDOS KOMMEN VOR ALLEM BEIM MILITÄR ZUM Einsatz. Man kann sie mit der römischen Praxis der Dezimierung vergleichen, bei der jeweils einer von zehn (lateinisch *decem* »zehn«) Legionären stellvertretend für die Feigheit seiner Einheit auf dem Schlachtfeld büßen musste. Schon Jahrhunderte vor der Erfindung von Feuerwaffen wurden Verurteilte erschossen – der Märtyrerheilige Sebastian zum Beispiel im späten 3. Jahrhundert mit Pfeilen. In einer Reihe von Ländern ist die Erschießung bis heute die bevorzugte Hinrichtungsmethode. Ihre Befürworter halten sie für human, da der Tod schnell eintritt –vorausgesetzt, der Verurteilte wird ins Herz oder in den Kopf getroffen.

OBEN: ***Die Erschießung des Kaisers Maximilian*** **von Édouard Manet. Ein Kriegsgericht verurteilte den Kaiser von Mexiko zum Tod durch Erschießen.**

DER TÖDLICHE SCHUSS

Heutige militärische Erschießungskommandos sehen überall auf der Welt ähnlich aus: Sechs bis zwölf Schützen stehen etwa sechs bis zehn Meter vom Verurteilten entfernt, der in der Regel mit verbundenen Augen an einer Wand steht oder an einen Pfahl gebunden ist. Die Gewehre sind mit scharfer Munition geladen, nicht selten einige nach dem Zufallsprinzip auch mit Platzpatronen – zur Erleichterung des Gewissens, da die Schützen sich nicht sicher sein können, ob sie den Kameraden getötet haben.

Allerdings ist der Rückstoß von Musketen und Gewehren geringer, wenn eine Platzpatrone abgefeuert wird, sodass geübte Schützen den Unterschied erkennen müssten.

Eine der frühesten Darstellungen einer Füsilierung (siehe Seite 229) stammt aus dem Dreißigjährigen Krieg (1618–1648). Sie weist schon alle Merkmale einer modernen militärischen Erschießung auf: verurteilte Soldaten, die zuschauen, und ein Erschießungskommando, dem ein Offizier hoch zu Ross durch eine Handbewegung oder ein Codewort den Schießbefehl erteilt. Diesem Offizier kam traditionell auch die Aufgabe zu, dem Verurteilten den Gnadenschuss zu geben – ihm aus nächster Nähe

Sterbewillig

Der Oberste Gerichtshof der Vereinigten Staaten erklärte 1972 die im US-Bundesstaat Georgia praktizierte Hinrichtung auf dem elektrischen Stuhl als »grausame und ungewöhnliche Bestrafung« für verfassungswidrig. Nach dieser Entscheidung wurde keiner der in den US-Todestrakten Inhaftierten mehr hingerichtet – die Todesstrafe war im ganzen Land inoffiziell ausgesetzt, und viele Todesurteile wurden in lebenslängliche Haftstrafen umgewandelt.

Doch der Kleinkriminelle und »Berufsgefangene« Gary Gilmore (1940–1977) sorgte für eine Wende. Mit 15 Jahren zum ersten Mal inhaftiert, wurde er nur sieben Jahre später wegen bewaffneten Raubüberfalls zu 15 Jahren Gefängnis verurteilt. Am 9. April 1976 auf Bewährung entlassen, geriet Gilmore schon bald wieder auf die schiefe Bahn, handelte mit Handfeuerwaffen, ging nicht zur Arbeit und betrank sich. In der Nacht des 19. Juli 1976 schoss er einem 24-jährigen Tankwart zweimal in den Hinterkopf und machte sich mit etwa 100 Dollar aus dem Staub. In der folgenden Nacht ermordete er einen jungen Motel-Manager und erbeutete 125 Dollar. Beim Versuch, die Waffe loszuwerden, schoss Gilmore sich selbst in eine Hand. Er bat Verwandte telefonisch um Hilfe, doch jene informierten sofort die Polizei.

Während Gilmores Prozess rief die Verteidigung keine Zeugen auf. Er bekannte sich ohne einen Hauch von Reue schuldig. Im Oktober 1976 verhängte das Gericht von Utah gegen ihn wegen Doppelmordes die nach einer Revision der Statuten wiedereingeführte Todesstrafe – zum ersten Mal seit dem Urteil von 1972.

Gilmore teilte seinen Anwälten mit, er wünsche die Todesstrafe und keine Berufungen. Von den in Utah angebotenen Optionen Hängen oder Erschießung entschied er sich für letztere. Da jene jedoch nicht entsprechend handelten, entließ er sie postwendend. Seine neuen Vertreter legten dar, Gilmore bezeichne sich selbst als gewalttätigen Rückfalltäter ohne Hoffnung auf Besserung und habe bereits zu lange im Gefängnis gesessen. Er wolle, dass das Gesetz seinen Lauf nehme.

Gilmore bekam, was er wollte. Am 17. Januar 1977 band man ihn auf einem alten roten Lederstuhl vor ein paar Sperrholzplatten, ein paar Sandsäcken und einer alten Matratze fest. Seine letzten Worte lauteten: »Tun wir's.« Dann wurde eine Maske über sein Gesicht gestülpt, und fünf Polizeischützen feuerten aus sechs Metern Entfernung vier Kugeln in sein Herz (in einer Pistole befand sich eine Platzpatrone). Gilmore starb nach ein oder zwei Minuten, und die Todesstrafe wurde in den USA fortan wieder verhängt.

Nur in Utah, Oklahoma, Missisippi und South Carolina werden derzeit Tötungen durch Erschießen auf speziellen Hinrichtungsstühlen vollzogen.

OBEN: Diese Illustration aus dem Dreißigjährigen Krieg gehört zu den frühesten bekannten Darstellungen einer Massenerschießung.

in den Kopf zu schießen –, damit der Tod auch dann sofort eintrat, wenn die Kugeln der Schützen ihr Ziel verfehlt hatten.

Das obige Bild zeigt auch, wie die Soldaten in einem offenen Viereck um das Erschießungskommando herum strammstehen und der Hinrichtung zusehen mussten. Der Kommandant der Einheit verlas Anklage und Urteil, der Gefangene wurde an einen Pfahl gebunden oder auch an eine Mauer gestellt, und die Soldaten des Erschießungskommandos zielten auf ein Stück Stoff oder eine ähnliche Markierung über dem Herzen des Verurteilten. Das makabre Spektakel sollte die Befehlsgewalt der Offiziere über ihre Männer stärken und die Bedeutung der Disziplin in der Armee untermauern.

Hier wurde natürlich nur eine von Hunderten Varianten der Füsilierung geschildert. Während der Napoleonischen Kriege auf der Iberischen Halbinsel (1808–1814, in Spanien als Spanischer Unabhängigkeitskrieg und in Großbritannien als *Peninsular War* bekannt), in denen die Franzosen gegen die Spanier, Briten und Portugiesen kämpften, wurden britische Deserteure gezwungen, ihre eigenen Gräber auszuheben und sich vor ihren offenen Särgen hinzustellen. Sobald die Kugeln sie trafen, stürzten sie in ihren Sarg. Ein ähnliches Schicksal ereilte britische Deserteure im Ersten Weltkrieg: Sie wurden in der Regel weit hinter der Front erschossen – oft nach einer Verurteilung durch ein Scheingericht.

NUR IN UTAH UND OKLAHOMA WERDEN DERZEIT TÖTUNGEN DURCH ERSCHIESSEN AUF SPEZIELL DAFÜR KONSTRUIERTEN HINRICHTUNGSSTÜHLEN VOLLZOGEN.

Erschiessung von verurteilten Straftätern

Im Gegensatz zum Erhängen, dem elektrischen Stuhl oder der Giftspritze ist der Anteil der verpatzten Hinrichtungen bei Erschießungen niedrig, denn ein Dutzend gut ausgebildete Scharfschützen machen nur selten etwas falsch. In vielen asiatischen Ländern war die Tötung durch Erschießen lange Zeit üblich, in einigen ist sie es bis heute. In China wird die Todesstrafe auf verschiedene Weise vollzogen, seit den Neunzigerjahren bevorzugt mit der Giftspritze. Davor erfolgte die Tötung mittels Genickschuss. Wenn eine traditionelle Bestattung gewünscht wurde, ging man anders vor. Nach der chinesischen Tradition muss der Verstorbene mit einem weitgehend intakten Körper ins Jenseits gehen, um ein harmonisches Leben nach dem Tod zu erlangen. Deshalb entschieden sich viele Chinesen dafür, mit einer Pistole erschossen zu werden, die man ihnen in den Mund steckte und ins Gehirn abfeuerte, wo die Kugel zersplitterte, ohne großen äußerlichen Schaden zu verursachen.

In Malaysia wird der Verurteilte mit dem Herzen direkt vor den Lauf eines Maschinengewehrs gesetzt, das auf einem Stativ montiert ist. Ein schwarzes Tuch trennt die Waffe vom Verurteilten. Auf ein bestimmtes Signal hin wird das Maschinengewehr abgefeuert, und bis zu 20 Kugeln durchsieben sein Herz.

In etwa 70 Ländern, darunter Kuba, Südkorea, Uganda, Vietnam und Nordkorea, werden zum Tode Verurteilte derzeit durch Erschießen hingerichtet – in Nordkorea als einzigem Land in aller Öffentlichkeit. Es wurde auch von Fällen berichtet, in denen das derzeitige Regime von ihm als solche bezeichnete Staatsfeinde mit schwerkalibrigen Flakgeschützen eliminierte – ein wahrhaftes Beispiel für Overkill.

UNTEN: Die bei Erschießungen am häufigsten verwendete Waffe ist das Gewehr.

Erschiessungen in Indonesien

In Indonesien werden zum Tode Verurteilte auf der Insel Nusakambangan erschossen. Sie müssen 72 Stunden vor ihrem Transport zum Erschießungsplatz auf der Insel davon informiert werden.

Die Australier Andrew Chan und Myuran Sukumaran wurden am 29. April 2015 wegen Drogenhandels hingerichtet. Als man sie aus dem Gefängnis auf der Insel Bali holte, verfolgte ein Heer von Medienvertretern jede ihrer Bewegungen, während man ihnen Handschellen anlegte, sie in gepanzerte Autos steckte und sie eskortiert von einem langen Militärkonvoi zum Flughafen Denpasar fuhr. Nach zehn Jahren in der Todeszelle zwang die Polizeiführung die verstörten Männer auf ihrem Flug zur Todesinsel auch noch zum Posieren für Schnappschüsse, die sie an die Presse weiterreichte. Quälend muss für die Männer auch die Entscheidung gewesen sein, ob sie im Stehen, Sitzen oder Liegen und ob sie mit oder ohne Augenbinde erschossen werden wollten. Außerdem hatten sie die Wahl zwischen einer Kapuze auf dem Kopf oder dem Blick auf das Erschießungskommando, der Fesselung der Hände vor oder hinter dem Körper sowie zusammengebundenen oder mit Gummibändern an Brettern befestigten Beinen.

Doch das Grübeln über die am wenigsten schmerzhafte Todesart war nicht ihre einzige Sorge. Da Indonesien die psychologischen Folgen für die Erschießungskommandos sehr ernst nimmt, hat hier von zwölf Mitgliedern nur einer eine scharfe Patrone im Lauf, und die Exekutionen finden nachts statt. Ein von vielen Todeskandidaten geschilderter wiederkehrender Albtraum beinhaltet daher die Angst, dass der einzelne scharfe Schuss danebengeht und ein Gnadenschuss in die Schläfe erforderlich wird. Offenbar entbehren solche Befürchtungen nicht einer gewissen Grundlage, denn nach verlässlichen Quellen dauerte es bei den sechs im Januar 2015 Hingerichteten viele Minuten, bis sie nach dem einzigen Schuss in die Herzgegend tot waren. Am schnellsten starb mit Rani Andriani die einzige erschossene Frau, die nach sechs Minuten für tot erklärt wurde. Die indonesischen Erschießungskommandos folgen exakt dem festgelegten Ablauf. Der Gefangene erhält weiße Kleidung mit einer schwarzen Markierung über dem Herzen. Der Trupp stellt sich vor dem Verurteilten auf, und der Kommandeur nimmt seinen Platz an der rechten Seite ein. Sobald er sein Schwert zieht, zielen die Schützen auf den Verurteilten, und wenn er es emporhebt, sind sie schussbereit. Sie drücken ab, wenn der Kommandeur das Schwert wieder senkt, und stehen wieder stramm, wenn er es wieder in der Scheide steckt. Anschließend geht der anwesende Arzt zum Erschossenen. Sollte dieser noch leben, wird angeordnet, dass »eine Pistole für einen letzten Schuss, unmittelbar über dem Ohr an die Schläfe gesetzt wird«. Laut dem auch bei der Erschießung von Chan und Sukumaran anwesenden Leichenbestatter Suhendro Putro war dieser Gnadenschuss nicht oft erforderlich.

KAPITEL 13

NACH DEM TOD

ETWAS IST IN DER LANGEN GESCHICHTE DER HINRICHTUNGEN IMMER gleich geblieben: die Verachtung, mit der man die Toten behandelte. So wurden die Leichen zerstückelt und als Souvenirs oder magische Amulette verkauft, auf den Müll geworfen oder an die Schweine verfüttert. Falls sie begraben wurden, fanden viele ihre letzte Ruhestätte in einem namenlosen Grab auf einem verlassenen Gefängnishof. Am schlimmsten traf es diejenigen, die durch das Schwert umkamen: Das Letzte, was sie zu sehen bekamen, war die Schlange geifernder Zuschauer, die darauf warteten, einen Becher des Blutes zu ergattern, das aus dem Hals des Hingerichteten strömte.

MENSCHENFETT UND -HAUT

Seit grauer Vorzeit bis in die jüngste Vergangenheit erfreuten sich bei Händlern, die menschliche Körperteile zu medizinischen Zwecken verkauften, die Hingerichteten besonderer Beliebtheit, deren Leichnam unmittelbar nach der Exekution zerlegt wurde. Schädel wurden verkauft, nachdem der Henker sie von Haut, Fleisch und Hirn befreit hatte, Knochen zu »menschlichen Körnern« zermahlen, Fett und Salz durch Kochen des Leichnams gewonnen und Streifen menschlicher Haut konserviert, um sie später zur Schmerzlinderung auf Gelenke oder den Bauch von Schwangeren zu legen.

In der Renaissance galt bei den Italienern Menschenfett insbesondere dann als ungemein wertvoll, wenn es von einem lebenden Menschen stammte. Oft stellte seine Gewinnung den letzten Schritt einer langen und qualvollen Folter vor der Hinrichtung dar. Dieses Armsünderfett wurde durch Auskochen gereinigt und in flüssiger oder fester Form als schmerzstillendes Mittel verkauft. Gefragt waren auch Zähne, versengte Schädel, Haare und Nabel.

Armsünderfett zum Einreiben galt als Wunderheilmittel zur Linderung von Hautkrankheiten und zur Behandlung von Wunden und wurde in ganz Europa verkauft. Auch gegen Rheuma, Gicht, Krämpfe, Krebs, Angstzustände und Depressionen sollte es helfen.

In Kosmetik fand es ebenfalls Verwendung. So wurde aus menschlichem Fett, Terpentin und Bienenwachs eine Masse zur Kaschierung von Pockennarben im Gesicht hergestellt. Für die englische Königin Elisabeth I. gehörte sie zur Morgentoilette. Als besonders geeignet galt in diesem Zusammenhang das Fett von Säuglingen, doch es gibt kaum verlässliche Quellen zu den Methoden seiner Gewinnung.

Salben mit Menschenfett galten insbesondere zur Behandlung von Verwundungen auf dem Schlachtfeld als Mittel der Wahl. Ein Rezept für eine solche Salbe beinhaltete Schädelmoos, Menschenfett, Blut, getrocknetes Menschenfleisch (Mumie), Terpentin und Leinöl. Diese Mischung musste man auf die Klinge des Schwertes oder Messers schmieren, das die Wunde verursacht hatte, denn nur so konnten sich nach damaliger Überzeugung die Lebensgeister beider verbinden, und die Verletzung heilte.

Das äußerst begehrte Menschenfett musste aber nicht

UNTEN: Reagenzglas mit *Adeps Humanus*, sprich Menschenfett. Dieses Fläschchen gehörte einem deutschen Apotheker.

unbedingt von Hingerichteten stammen. Als sich 1736 ein Mann im englischen Norfolk nach einem Streit mit seiner Frau erhängte, stellte man offiziell fest, dass es sich um Selbstmord handelte und der Tote deshalb an einer Kreuzung begraben werden sollte. Seine Frau hatte jedoch anderes mit ihm vor und bot seinen Leichnam zum Preis von einer halben Guinee einem Chirurgen an mit den Worten: »Er eignet sich gut für Ihren Zweck, er ist so fett wie Butter.« Der Handel war besiegelt, der Chirurg steckte den toten Ehemann in einen Sack und brachte ihn weg.

Totenkleider

Da Überbleibseln von Hinrichtungen lange Zeit übernatürliche Kräfte zugeschrieben wurden, verkauften Henker Teile der Leiche und der Schlinge oder Kleidungsstücke – je berüchtigter der Gefangene, desto teurer. Nicht selten entschieden sich die Verurteilten für die Reise zum Galgen im Leichentuch, um dem Henker ein Schnippchen zu schlagen.

1763 entkleidete sich die junge Irin Hannah Dagoe auf dem Weg zum Londoner Tyburn-Galgen und warf ihre Kleider in die Menge. Das war kein leichtes Unterfangen, denn sie musste zuerst ihre Hände aus den Fesseln befreien. Am Galgen entledigte sie sich auch noch der letzten Kleider, damit der Henker sie nicht in die Finger bekam. Splitternackt bot sie dem Publikum eine beachtliche Show und rammte dem Henker

UNTEN: **Hannah Dagoe wehrte sich auf ihrem Weg zum Galgen. Der Scharfrichter hatte sich sein Honorar redlich verdient.**

Für die Medizin bestimmt

Auch bei Chirurgen waren Leichen gefragt – zum Sezieren. Einige Verurteilte verkauften die ihre schon vor dem Tod und kauften sich mit dem Geld schicke Kleider für ihren letzten öffentlichen Auftritt. Andererseits hielten viele die Sezierung für eine weitere, unverhältnismäßige Strafe, weil der sezierte Körper beim Jüngsten Gericht Mühe hätte, in den Himmel zu kommen. Deshalb fuhr 1721 in London John Casey zusammen mit seinem Bruder im Wagen zum Galgen, um sicherzugehen, dass die Chirurgenhäscher ihn nicht in die Hände bekamen, und im 18. Jahrhundert reiste Oliver Whites Vater 420 Kilometer vom nordenglischen Carlisle in die Hauptstadt, um sein Grab zu bewachen.

In England durften Chirurgen und Anatomen sechs »in der Luft gehängte« Leichen pro Jahr sezieren. Sie stellten eine willkommene Nebenerwerbsquelle dar, denn Apotheker brachten oft Patienten zu ihnen, um sie mit der Leiche zu behandeln. So bat der Apotheker Kellet den Gelehrten und Astrologen Robert Fludd (1574–1637), eine Dame mit einem Krebsgeschwür im Bauch durch Berührung und Streicheln mit der Hand eines Toten behandeln zu dürfen, denn die Erfahrung habe ihn gelehrt, dass diese Methode solch schreckliche Geschwüre beseitigen helfe.

Später bedankte sich ihr Gatte für die Genesung seiner Frau. Man glaubte, auch den Kropf mit dieser Methode heilen zu können.

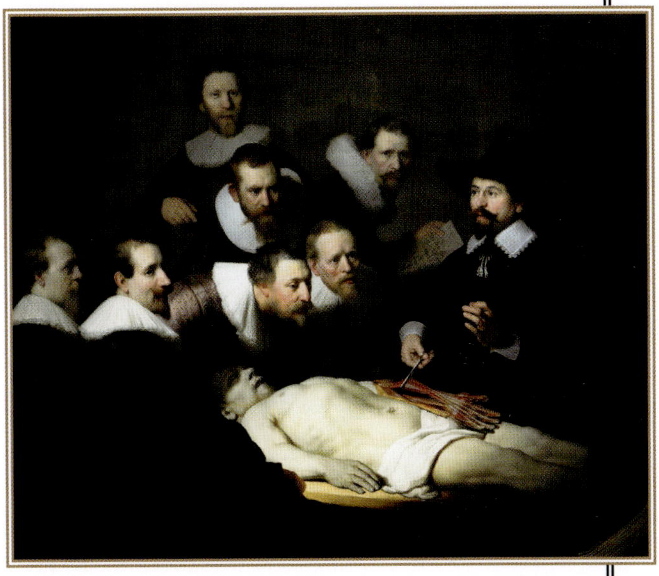

RECHTS: Rembrandts *Die Anatomie des Dr. Tulp* (1632). Der auf dem Tisch liegende Leichnam wird gemeinhin als Aris Kindt (eigentlich: Adriaan Adriaanszoon), ein gewalttätiger Straßenräuber identifiziert, der an jenem Morgen erhängt worden war.

Thomas Turlis auch noch die Knie in den Unterleib, bevor er ihr schließlich die Schlinge um den Hals legen konnte.

Auch 1447 wurde der Scharfrichter, der fünf Männer gemäß Urteil hängen und zerstückeln sollte, beinahe um seinen verdienten Lohn gebracht. Sie wurden entkleidet und kurz gehängt, doch dann traf die Begnadigung aus dem Londoner Tower ein. Der Scharfrichter wollte aber partout nicht auf seinen Gewinn verzichten und weigerte sich, die Kleider zurückzugeben. So mussten die fünf nackt und frierend nach Hause gehen.

Das Berühren der Toten

Der Körper wurde üblicherweise eine Stunde hängen gelassen, bevor man ihn herunterholte. Während dieser Zeit eilten oft Frauen herbei und legten die noch warme Hand des Gehenkten an Brust oder Wangen – das sollte gegen Hautkrankheiten, Wassersucht, Hämorrhoiden und Gicht wirken. Kranke Kinder drückte man an die Leiche, damit sie der Todesschweiß heile.

Die Leichen mussten jedoch nicht frisch sein. In London wurden die berüchtigtsten Verbrecher im Apothekerviertel in der Nähe von Bucklersbury gehängt und zur Schau gestellt. So führte mancher Apotheker seine Kunden zu den baumelnden Leichen, um sie zu berühren. Außerhalb von München wurde ein hingerichteter Verbrecher von 1697 bis 1702 am Rad hängen gelassen, bei Hannover die rußgeschwärzten Überreste eines Hingerichteten für über ein Jahrzehnt. In Deutschland wurden die Leichen der Geräderten in so viele Stücke zerlegt, wie der zum Tode Verurteilte Morde begangen hatte – es existieren Berichte von 14 und sogar 18 Teilen.

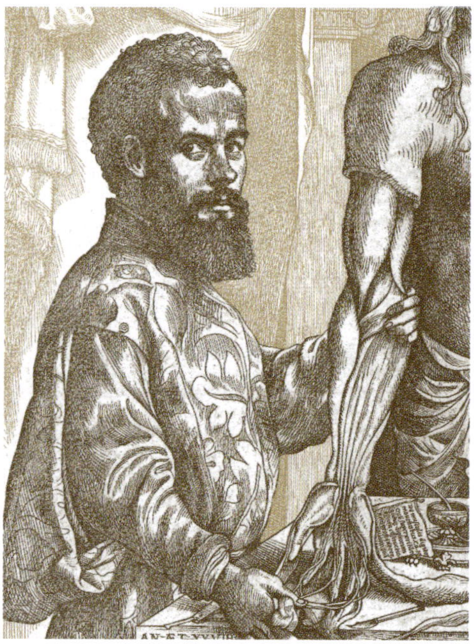

LINKS: Frühe Anatomen versuchen die Funktionsweise des menschlichen Körpers zu verstehen.

RECHTS: Teile von Hingerichteten waren wegen ihrer Bedeutung für die Medizin heiß begehrt. Hier nimmt eine Spanierin einem Gehängten die Zähne heraus.

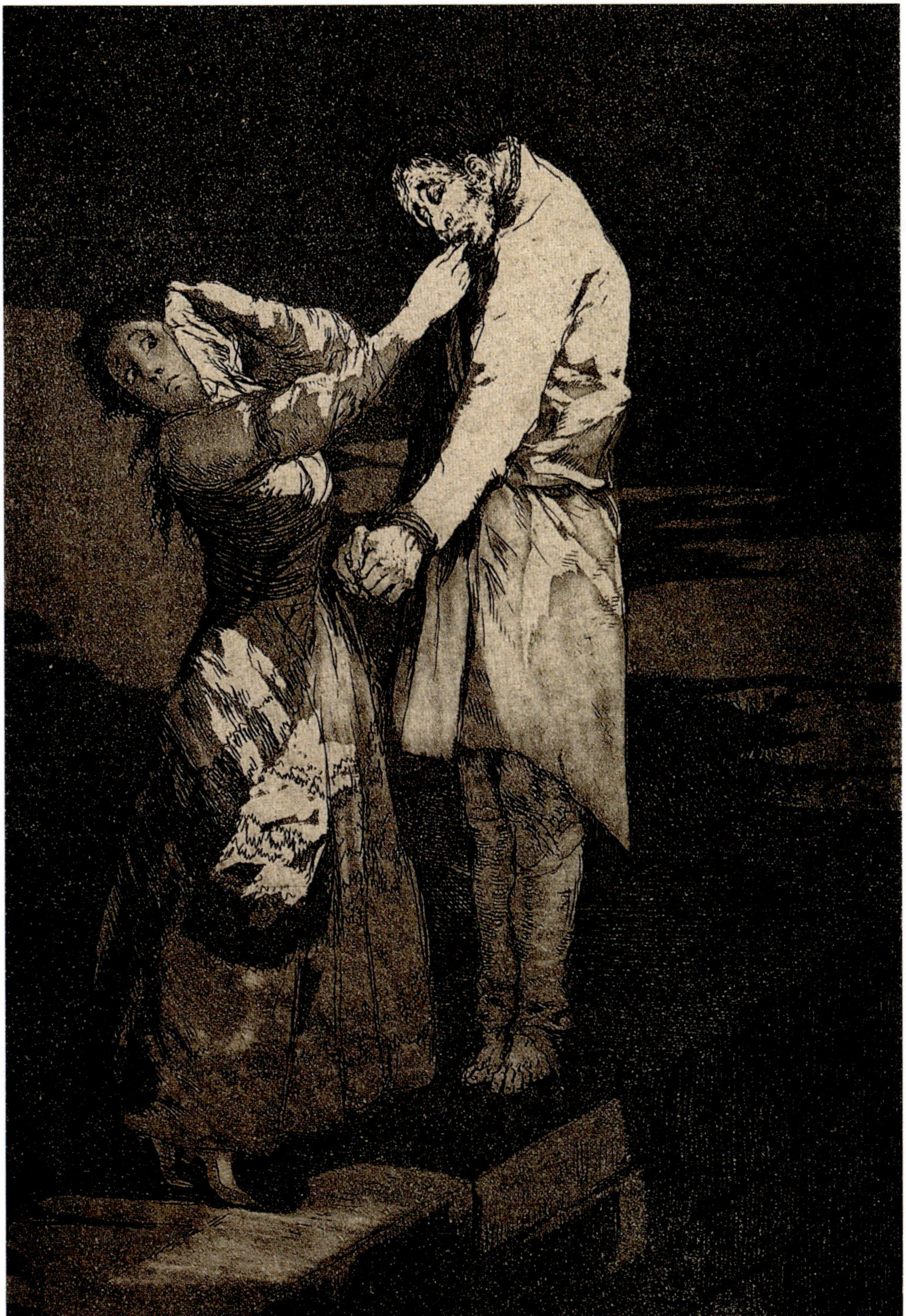

Reliquien

Viele Katholiken, die in England im 16. Jahrhundert während ihrer Verfolgung den Märtyrertod starben, endeten als Reliquien. So wurden 1581 die irdischen Überreste von Everald Hanse und die blutbefleckte Erde unter dem Schafott als Reliquien an die getreuen Mitgläubigen verkauft. Und der katholische Priester William Hart, der 1583 den Märtyrertod erlitt, entging der Vierteilung, da er von ergebenen Anhängern zerrissen wurde, als man ihn vom Yorker Galgen heruntergeholt hatte.

Der Scharfrichter, der 1611 Bischof Cornelius O'Devany enthauptete, konnte seinen Kopf nur durch Zufall festhalten. Während er den Kleriker vierteilte, stürzten sich die braven Bürger auf den Leichnam, um kleine Andenken zu ergattern. Sie rissen ihm Haarsträhnen aus, tauchten ihre Taschentücher in sein Blut, schnitten Finger und Zehen ab und zerrten die verbliebenen Kleider von der verstümmelten Leiche. Außerdem schabten sie Späne vom Galgen und schnitten das Seil in Stücke.

Schon in frühchristlichen Zeiten blühte der Handel mit Reliquien von Märtyrern. Haare, Blut, Knochen und Schädel von Heiligen wurden als wichtige Einnahmequelle

UNTEN: Teile des menschlichen Körpers hatten schon immer auch religiöse Bedeutung. Auf dem berühmten Gemälde von Caravaggio präsentiert Salome triumphierend das Haupt Johannes' des Täufers.

IN DEUTSCHLAND VERKAUFTEN DIE HENKER DEN BLUTGETRÄNKTEN SAND UNTER DEM SCHAFOTT. EINMAL STÜRMTE DAS VOLK DEN RICHTPLATZ, ZERTRÜMMERTE DEN RICHTSTUHL UND NAHM DESSEN EINZELTEILE MIT.??

von Kathedralen und Klöstern in prachtvollen Schreinen aufbewahrt. Pilger zahlten große Summen für den Besuch der berühmtesten Reliquien, denn sie versprachen sich davon wundersame Heilung. Um die begehrtesten Reliquien wurde heftig gestritten. So biss der später heiliggesprochene Hugo von Lincoln zwei kleine Stücke aus dem Arm der heiligen Maria Magdalena und nahm sie als Reliquien in sein Kloster mit.

Glücksbringer und Amulette

Die getrocknete Haut von Hingerichteten wurde zu hohen Preisen als Glücksbringer verkauft. Man glaubte, ein um den Kopf gewickeltes Henkersseil lindere Migräne, Holz vom Galgen, das man am Zahnfleisch rieb, wirke gegen Zahnschmerzen und eine Schlinge um den Hals halte viele Krankheiten fern. Ein Amulett aus einem Stück Galgenseil bringe beim Spiel Glück. In Deutschland verkauften die Henker den blutgetränkten Sand. Einmal stürmte das Volk sogar den Richtplatz, zertrümmerte den Schemel des Henkers und nahm dessen Einzelteile mit. Der Finger eines Toten in der Tasche hielt angeblich Läuse fern. Gastwirte legten einen abgetrennten Finger eines Hingerichteten in ein Bierfass, um Kunden anzulocken. Und Blut an den Türen schützte angeblich vor Hexen, Blitzen und Feuer, während die Berührung mit dem Zahn eines toten Verbrechers einen kranken Zahn wieder gesund machen sollte.

Die Überreste von Hexen galten als besonders wirksame Amulette. Bei der Hängung von Mary Bateman, der »Hexe von Yorkshire«, wollte 1809 eine riesige Menschenmenge mitverfolgen, wie ihre übernatürlichen Kräfte ihr aus der Schlinge zu verschwinden erlaubten – was natürlich nicht eintrat. Die *Leeds General Infirmary* verlangte von den 2500 Schaulustigen, die sie vor der Sezierung sehen wollten, je drei Pence Eintritt. Nach der Sezierung zog man ihr die Haut ab, gerbte sie und schnitt sie in kleine Stücke, um sie an Interessenten zu verkaufen.

Auch den Henkern schrieb man besondere Kräfte zu. Legenden zufolge besiegten Henker mit ihren Schwertern, von denen noch das Blut frisch hingerichteter junger Männer tropfte, Werwölfe und Vampire und vertrieben böse Geister. Und der Nürnberger Scharfrichter Meister Franz soll sich im späten 16. Jahrhundert mit geheimen Rezepten und Heilmitteln ausgekannt haben, ebenso wie sein Hamburger Kollege Meister Valentin Matz, der als Experte für Heilkräuter galt.

Eine helfende Hand

Im 18. Jahrhundert schrieb man in Deutschland der abgetrennten Hand eines Gehängten ähnliche Wunderkräfte zu wie ihrer englischen Entsprechung – der »Hand of Glory«. Diese konnte man auf verschiedene Weise verstärken. Nach dem Abtrennen ließ man die Hand ausbluten, wickelte sie in Stoff ein und legte sie in eine Schale mit Drachenkraut. Dann goss man aus menschlichem Fett und Sesam eine Kerze, deren Docht aus den Fasern einer Schlinge oder dem Haar eines Toten bestand. Die Finger wurden so zurechtgebogen, dass die Hand als Kerzenhalter diente. Dann trocknete man sie. Bei einem anderen Zauber fädelte man nach dem Trocknen der Hand einen Docht aus dem Haar eines Toten, das zuvor ins zerlassene Fett eines schwarzen Katers getaucht worden war, durch die Finger, um fünf Kerzen zu erhalten. Da man zu diesem Zweck auch die Hände von Ungeborenen verwenden konnte, wurden viele schwangere Frauen ermordet.

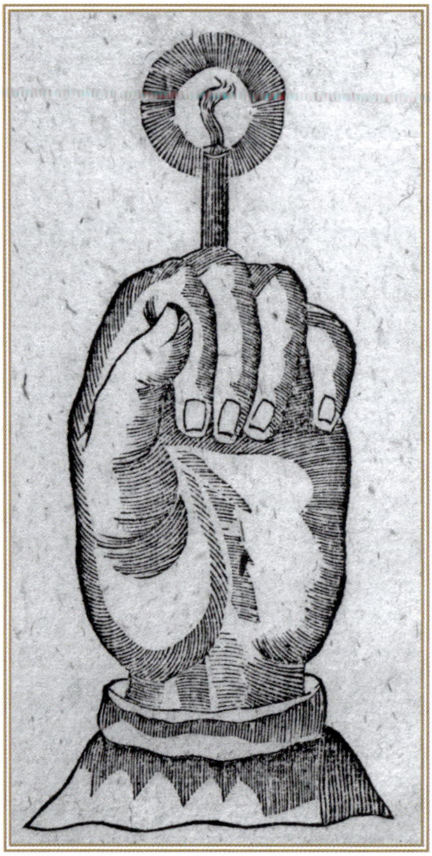

LINKS: Kriminelle in ganz Europa machten von der »Hand of Glory« Gebrauch. Man glaubte, eine brennende Kerze mache wie ein Zaubermantel unsichtbar.

BLUT

Der Glaube an die positive Wirkung des Blutes getöteter junger Männer hat seinen Ursprung im republikanischen Rom. Dort scheitelte man der Braut für mehr Fruchtbarkeit das Haar mit einem blutigen Speer, der kurz zuvor einen Gladiator durchbohrt hatte. Einige Chirurgen empfahlen, die Leber eines Gladiators an neun aufeinanderfolgenden Morgen stückweise zu verzehren. Einem Verliebten riet man dazu, Brotstücke ins Blut eines Gladiators zu tauchen und zu Boden fallen zu lassen, um vor dem Schlafengehen eine Handvoll blutbefleckter Erde ins Haus seiner Angebeteten zu werfen. Am nächsten Morgen sollte er feststellen, dass die junge Dame seine Zuneigung erwiderte. Plinius der Ältere schreibt in seiner *Naturgeschichte* (28, 2):

> *Man trinkt nämlich gegen die Fallsucht sogar das Blut der Fechter gleichsam aus lebendigen Bechern, während es uns doch schaudert, wenn wir die wilden Tiere dies auf demselben Kampfplatze tun sehen. Ja, wahrhaftig das warme und vom Atem beseelte Blut aus dem Menschen.*

UNTEN: Der Boden einer Arena war mit Sand bedeckt, der das Blut der Gladiatoren und Tiere band und so verhinderte, dass die Kämpfer ausrutschten.

In Europa war im 16. Jahrhundert der Glaube weitverbreitet, menschliches Blut wirke gegen Verstopfung, Blähungen, Epilepsie, Menstruationsschmerzen und viele andere Beschwerden. Je frischer und jünger das Blut, desto stärker die Wirkung – am meisten schätzte man dasjenige von kürzlich hingerichteten jungen Männern. Die Kranken bezahlten bei Hinrichtungen für einen Platz in der Reihe der für diese Trinkkur Anstehenden. In Deutschland und Skandinavien reichen die Berichte über die Blutabnahme bei Hingerichteten bis ins 19. Jahrhundert. 1668 wurde ein britischer Reisender in Deutschland Zeuge der Hinrichtung eines jungen Mannes. Als nach seiner Enthauptung auf dem Richtstuhl Blut aus dem Halsstumpf spritzte, eilte jemand mit einem Krug herbei und füllte ihn mit dem Blut. Sobald er voll war, trank der Mann ihn aus und verschwand dann umgehend. In ähnlicher Weise trank 1755 der Dresdner Johann Georg Weidmann vom Blut eines Hingerichteten und machte sich aus dem Staub. In Hannover sammelten 1812 Frauen mit ihren Taschentüchern Blut und verabreichten es auf sie wartenden Epileptikern, bevor alle durch die Menge davonliefen. In der Hansestadt Stralsund wurde 1814 das Blut eines Enthaupteten in einem Krug aufgefangen und einem Kranken eingeflößt, der es austrank, bevor er von zwei Reitern umgeworfen und im Galopp mitgeschleift wurde.

UNTEN: Das Blut der Hingerichteten war wegen seiner angeblichen Heilkraft sehr gefragt. Ein sauberer Schwerthieb ließ es hervorschießen.

1859 VERSUCHTEN SOLDATEN, DIE DEN ENTHAUPTETEN KÖRPER EINER FRAU BEWACHTEN, DIE ZUSCHAUERMENGE ZURÜCKZUHALTEN, DIE MIT TÜCHERN DAS BLUT DER FRAU AUFWISCHEN WOLLTE.

Dieses seltsame Verhalten des Davonrennens nach dem Bluttrinken hatte durchaus seinen Grund: Man glaubte, eine so hohe Dosis jugendlicher Vitalität führe zu zügellosem und gewalttätigem Verhalten. Also versuchte man sie durch Laufen abzubauen, um schlimme Nebenwirkungen zu verhindern. Außerdem galt insbesondere das noch warme Blut als wohltuend, das man durch körperliche Betätigung im Körper verteilte.

Eine Anekdote über eine Massenhinrichtung in Bremen im Jahre 1592 verdeutlicht, welch starke Wirkung der Blutkur zugeschrieben wurde. Ein Henker sollte 40 Söldner enthaupten und machte bei der ersten Tötung einen so schlimmen Fehler, dass die Menge drauf und dran war, ihn zu lynchen. Also rief er seinen Gehilfen herbei und sagte ihm, er solle Blut für ihn holen. Nach zwei Bechern führte er seine Arbeit guten Mutes weiter und enthauptete die 39 verbliebenen Söldner in einem Zug.

An einigen Orten tauchten die Henker ihr blutiges Schwert in Wein und tranken diesen, was als ausreichend betrachtet wurde, um die Wirkung des Blutes zu entfalten. In Dänemark und Schweden vertraute man so sehr auf die Kraft des Menschenblutes als Heilmittel, dass die Verurteilten gemäß Statuten vor der Hinrichtung immer gefragt wurden, ob sie die Verwendung ihres Blutes als Heilmittel genehmigen.

In Deutschland hielt sich dieser blutige Aberglaube bis in jüngere Zeit. So warteten 1843 bei einer Hinrichtung in Stockhausen bei Göttingen sechs Epileptiker mit Bechern in der Hand sehnsüchtig auf ihre Blutdosis. Auf ärztlichen Rat hin lehnte die Stadtverwaltung ihr Begehren jedoch ab. Die Behörden von Göttingen zeigten 1858 mehr Verständnis für die gleichlautende Bitte von Epileptikern und erlaubten ihnen, dem Scharfrichtergehilfen Gläser in die Hand zu drücken, mit denen er das sprudelnde Blut auffing und die er ihnen anschließend zurückgab. Und in Hanau erhielt 1861 ein Epileptiker die Erlaubnis, drei Mundvoll warmes Blut aus der Leiche eines hingerichteten Straftäters zu trinken. Berliner Henker verkauften noch 1864 blutgetränkte Taschentücher. 1859 versuchten Soldaten, die den enthaupteten Körper einer Frau bewachten, die Zuschauermenge zurückzuhalten, die mit Tüchern das Blut der Frau aufwischen wollte.

1741 sah ein Besucher in Florenz, der einer Hinrichtung beiwohnte, dass man dem wegen Mordes an seiner Frau zum Tode Verurteilten und Gehenkten die Adern aufschnitt; das Blut wurde an Epileptiker oder Menschen mit unheilbaren Krankheiten abgegeben.

Mixturen und Medikamente

Die Leichen von Hingerichteten, insbesondere Haare, Speichel, Leber, Urin, Ohrenschmalz, Fäkalien und Herz, fanden im Mittelalter und in der Renaissance in Europa in großem Stil Verwendung in der Medizin. Die Fäkalien wurden getrocknet und bei Augenbeschwerden als Pulver ins Gesicht geblasen.

Die damals meist Fallsucht genannte Epilepsie gehörte zu den eher häufigen Leiden. Zu den zahlreichen Heilmitteln, die angeblich gegen diese Krankheit wirkten, gehörte ein Tonikum, bestehend aus zermahlenem menschlichem Schädel, Gold, Perlen, Bernstein, Koralle, Bezoar (Magenstein: Verklumpung aus unverdaulichen Materialien wie Haaren aus dem Magen von Greifvögeln oder Katzen) und Pfingstrosensamen. Dieses mussten die Patienten in Kräutertee sieben Tage lang hintereinander einnehmen. Für einen männlichen Patienten wurde ein weiblicher Schädel benötigt und umgekehrt. Als weiteres Heilmittel gegen Epilepsie galten getrocknetes Menschenherz und ein Tee aus Lilienwasser, Malvasier, Lavendel und anderthalb Kilo menschlichem Gehirn. Der angesehene Naturphilosoph Sir Kenelm Digby (1603–1665) schlug als garantiert wirksames Mittel gegen die Fallsucht ein Pulver aus dem Schädel eines gewaltsam zu Tode gekommenen Mannes, 60 Gramm Zehen- oder Fingernägeln und getrockneter Mistel vor. Auch Menstruationsblut schrieb man die Fähigkeit zu, epileptische Anfälle zu stoppen, wenn man die Füße damit einrieb.

Der deutsche Mediziner Johann Schröder legte in seinem *Artzney-Schatz,* dem wichtigsten deutschsprachigen Arzneibuch des 17. Jahrhunderts, dar, dass man aus dem frischen Leichnam eines Getöteten »göttliches Wasser« herstellen könne. Zunächst musste man dazu die ganze Leiche (Eingeweide, Fleisch und Knochen) in kleine Stücke hacken und zu einer amorphen Masse pulverisieren. Es folgte die Destillation und Umwandlung in

LINKS: Kenelm Digby kämpfte im Englischen Bürgerkrieg auf Seiten der Royalisten. Vom Parlament ins Exil geschickt, bereiste er den Kontinent und studierte Medizin.

Männerschinken

Nach einem Rezept, das der Arzt Edward Bolnest 1672 ausstellte, sollten zwei Kilo Oberschenkel-Muskelfleisch eines kräftigen jungen Mannes, der Mitte August hingerichtet wurde, vier Tage lang in Alkohol eingelegt werden. Dann solle man es mit Salz bedeckt auf ein Glas legen und im Freien gut trocknen lassen. So konnte man es lange lagern, um es in Form von kleinen Spänen oder Pulver in Medikamenten zu verwenden.

eine reichhaltige Flüssigkeit. Der Patient musste diese dann nur noch mit etwas eigenem Blut mischen und die Medizin oral einnehmen, um jede Krankheit zu heilen.

Der deutsche Arzt, Pharmazeut und Alchemist Oswald Croll (1563–1609) suchte für seine Medizin gezielt nach den Leichen gehängter oder geräderter gut gebauter rothaariger 24-jähriger Männer. Diese ließ er einen Tag und eine Nacht ruhen und schnitt sie in Scheiben, die er mit Myrrhe und Aloe einrieb, bevor er sie in Spiritus einlegte. Anschließend wurden die Scheiben luftgetrocknet. Dass es sich beim Getöteten um einen Mann mit den oben erwähnten Eigenschaften handeln musste, hatte seine aus heutiger Sicht eher abwegig wirkenden Gründe. Man ging davon aus, dass die Leiche eines in jungen Jahren, aber nicht zu früh Getöteten eine große Menge akkumulierter Lebenskraft barg, die man bis zu sieben Jahre nach ihrem vorzeitigen Tod »ernten« konnte. Zudem sprach man rothaarigen Menschen mehr Lebenskraft zu, und ein makelloser junger Körper hatte noch nichts davon durch Krankheit oder Staupe eingebüßt. Das galt auch für die Leiche eines Erhängten, da dabei kein Blut vergossen wurde.

Die Scharfrichter konnten aber nicht nach Lust und Laune verfahren. So sorgte der Münchner Martin Leichnam im 17. Jahrhundert für einen Skandal, als er nach der Enthauptung einer Kindermörderin ihr Herz verkaufte, bevor er die Leiche den Eltern für ein christliches Begräbnis zurückgab. Und in Frankreich verlor Charles-Henri Sanson (1739–1806) während des Revolutionsterrors das Vorrecht, die Kleidung seiner Opfer zu verkaufen, weil sie den Armen gespendet wurde. Er verkaufte jedoch weiterhin Leichen an Chirurgen, das Haar an Perückenmacher und kochte das Fett der Leichen ein, um daraus Rheumamittel herzustellen.

Die Leiche der 1828 mit 22 Jahren im englischen Lancaster Castle gehängten Jane Scott kaufte ein gewisser Dr. Thomas Monk aus Preston. Für den Giftmord an ihrer Mutter zum Tode verurteilt, nahm sie keine Nahrung mehr zu sich. Man brachte sie völlig entkräftet auf das Schafott, band sie auf einem Kinderhochstuhl fest und legte die Schlinge um ihren Hals. Kaum hatte man sie losgebunden, trat sie auch schon dem Schöpfer gegenüber. Monk entfernte das Fleisch durch Kochen von den Knochen und ließ das Skelett für den Gebrauch in seiner Praxis verdrahten. Später erwarb es ein gewisser Livesey, dessen Familie es »Old Jane« taufte. Weiß getüncht diente sie seinen Enkeln als Spielkameradin.

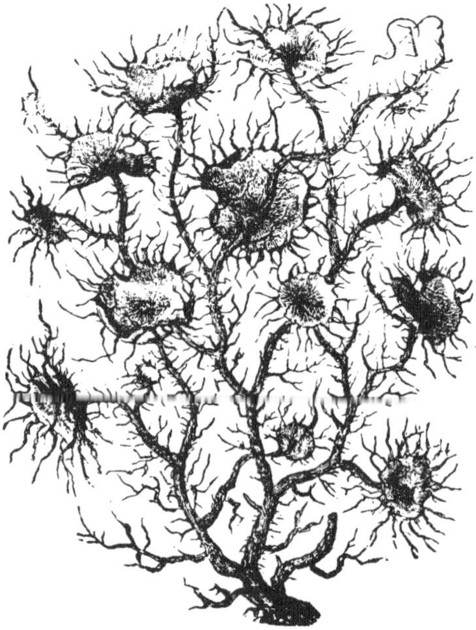

Schädelmoos

Ein weiteres Zeugnis für die bizarre Logik der Medizin im Mittelalter und in der Renaissance ist der Verkauf von Usnea, einer auf Schädeln wachsenden Flechte, mit der man Blutungen stillte. Der Schädel musste allerdings von einem im Kampf Gefallenen oder Hingerichteten stammen. Da man den Kopf für den Hauptsitz der Lebenskräfte hielt, zwang ein gewaltsamer Tod diese an die Schädeldecke. In der Folge konnten die auf dem Schädel wachsenden Flechten diese reiche Elementarnahrungsquelle bis zu sieben Jahre lang anzapfen, so die damalige Überzeugung. Bei der Hinrichtung durfte aber kein Blut geflossen sein, da sonst ein Teil der Lebenskraft entwichen und die Heilwirkung dadurch vermindert war. Die Vorstellung, dass das Gehirn als Quelle aller reinen Energie bei der Verwesung des Körpers vom Schädel absorbiert wurde, machte jenen zum mächtigen Speicher positiver Heilkräfte. Die Flechten wurden regelmäßig geerntet und bewirkten angeblich wundersame Heilungen. Derselben Logik folgend wurde auch Pulver aus zermahlenen Schädeln gewaltsam zu Tode Gekommener als Heilmittel gegen alle Arten von Krankheiten angesehen.

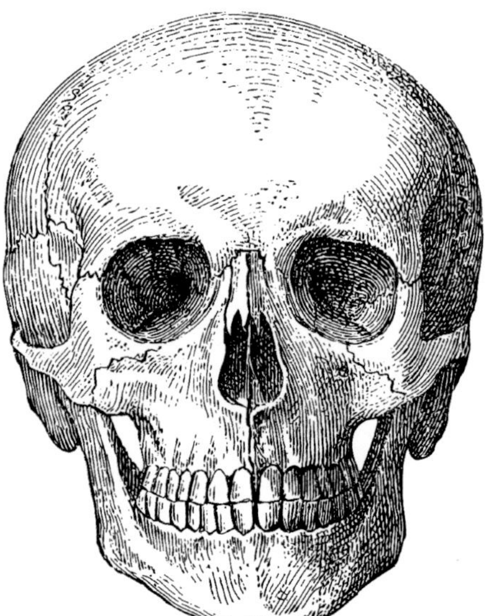

LINKS: Ob ein Apotheker seinen Beruf in Ehren hielt, sah man einst an den verrottenden Schädeln auf den Regalen. Er erntete das darauf wachsende Schädelmoos und verkaufte es für gutes Geld.

Wie man später feststellte, besitzen einige Usnea-Arten tatsächlich antiseptische Eigenschaften, und auch die Behandlung des damals ebenfalls häufigen Nasenblutens, indem man Moos in die Nase stopfte, scheint nicht ganz abwegig, denn es stoppte die Blutung unabhängig von seiner Beschaffenheit. Ein niederländischer Arzt schlug stattdessen vor, Kreide oder warmen Schweinekot in die Nase zu stopfen.

Eine schaurige Warnung

In einigen Ländern wurde die Leiche vom Galgen genommen, andernorts ließ man sie als schaurige Warnung hängen. In England wurde sie zuerst zur Konservierung mit Teer bestrichen und dann in einem Eisenkäfig aufgehängt. Wegelagerer wurden oft in der Nähe des Tatorts zur Schau gestellt. Zahlreiche Berichte erzählen von braven Bürgern, die nur im Londoner Hyde Park spazieren gingen, um die dort zur Schau gestellten Leichen zu bestaunen. Manchmal brach ein zum Tode Verurteilter, der zuvor der Hinrichtung ruhig entgegengesehen hatte, in Tränen aus, wenn der Schmied die Maße für den Eisenkäfig nahm.

In Hamburg waren sowohl auf dem Rabenstein, der aufgemauerten Hinrichtungsstätte für Enthauptungen und das Rädern, als auch am Galgen Leichenteile zur Schau gestellt. Die Leichen wurden im Mittelalter und in der Renaissance oft auf dem Schafott liegen gelassen, bis sie verwesten oder vom Galgen

UNTEN: Vor den Toren der meisten europäischen Städte stand ein Galgen, an dem die Hingerichteten zur Warnung tagelang hingen.

OBEN: In vielen Städten beging eine Straftat, wer Körperteile von den Leichen Hingerichteter stahl. Wer sich am Schafott zu schaffen machte, konnte selbst dort landen.

zu Boden fielen. Im 16. Jahrhundert stand der damals vierseitige Nürnberger Galgen auf einem Sockel aus Ziegel und Stein mit einer Beingrube in der Mitte. In diese Grube schaufelten der Henker oder seine Gehilfen die Überreste der Gehenkten, wenn sie verwest und zu Boden gefallen waren. In der Umgebung der Stadt standen an gut sichtbaren Orten Pfähle zum Aufspießen der Köpfe und anderer Körperteile von Hingerichteten oder zum Befestigen aufs Rad Geflochtener, die die Reisenden auf Schritt und Tritt vor Übeltaten warnten.

Durch die Zurschaustellung sahen sich jedoch einige Nürnberger dazu ermutigt, die Leichen zu schänden, indem sie Teile davon abschnitten und als Souvenirs mitnahmen oder ihnen Kleidungsstücke stahlen. So wurde Georg Solens Überresten nach acht und Hans Schnabels nach 14 Tagen am Galgen die Kleidung gestohlen. Solens Oberkörper blieb hängen, nachdem der Kleiderdieb ihm die Beine abgerissen hatte, und erregte beim Publikum solchen Ekel, dass man ihn vorzeitig vom Galgen nahm und in die Grube warf. Leinhard Bardtmann hing drei Tage am Galgen, bevor jemand seinen Körper herunterriss, um an die Kleidung zu kommen – der Kopf blieb in der Schlinge hängen. Ein gut bestückter Gehenkter wurde bis auf die Strümpfe entkleidet, worauf einige Damen der Stadt zum Galgen kamen, um ihn in Augenschein zu nehmen. Daraufhin ließen die Behörden ihm Beinlinge überziehen.

George »Big Nose« Parrott

Das ausgehende 19. Jahrhundert war im Wilden Westen die Zeit der Outlaws. Einer der berüchtigtsten, Big Nose George (eigentlich: George Parrott) ermordete 1878 mit seiner Bande in Wyoming zwei Gesetzeshüter, als die Männer vom Schauplatz eines missglückten Zugüberfalls am Medicine Bow River zu fliehen versuchten.

LINKS: Hier ist leicht zu erkennen, wie »Big Nose« George zu seinem Spitznamen kam.

Die örtlichen Ordnungskräfte jagten die Bande, bis man sie schließlich 1880 in Montana dingfest machte, wo die Männer betrunken mit den Morden herumprahlten. Am 2. April 1881 wurde Big Nose George zum Tode durch den Strang verurteilt, versuchte jedoch, aus dem Gefängnis in Rawlins, Wyoming, zu fliehen. Darauf holte ein zweihundertköpfiger Lynchmob Parrott mit vorgehaltener Waffe aus dem Gefängnis und knüpfte ihn an einem Telegrafenmast auf.

Bei der Obduktion suchten die Ärzte Thomas Maghee und John Eugene Osborne in Parrotts Gehirn nach Anzeichen für kriminelles Verhalten. Dazu sägten sie seinen Schädel recht ungelenk im oberen Bereich rundherum auf und schenkten die Kappe einem 15-jährigen Mädchen namens Lilian Heath, die später als erste Frau in Wyoming den Arztberuf ausübte und Parrotts Schädel als Aschenbecher, Stifthalter und Türstopper benutzte.

Man entfernte die Haut von Georges Oberschenkeln, Brust und Gesicht und schickte sie samt der Brustwarzen des Toten an eine Gerberei in Denver, wo sie zu einem Paar Schuhe und einer Arzttasche verarbeitet wurde. Genau diese Schuhe trug John Eugene Osborne bei seinem Antrittsball nach seiner Wahl zum ersten demokratischen Gouverneur des Staates Wyoming. Parrotts zerstückelte Leiche lag etwa ein Jahr lang in einem Whiskeyfass in Salzlösung, bevor man sie auf dem Hof hinter Maghees Büro beerdigte. Die aus der Haut von Big Nose George gefertigten Schuhe sind heute zusammen mit dem Schädelunterteil des Outlaws und seiner ohrenlosen Totenmaske im *Carbon County Museum* in Rawlins ausgestellt – der Kleinkriminelle wurde als Sinnbild einer boshaften Natur für die Nachwelt erhalten.

Weiterführende Literatur

Abbott, Geoffrey. *Female Executions: Martyrs, Murderesses and Madwomen.* Chichester: Summersdale, 2006.

Abbott, Geoffrey. *Lords of the Scaffold: A History of the Executioner.* Cranbrook, Kent: Eric Dobby, 2001.

Abbott, Geoffrey. *Rack, Rope, and Red-Hot Pincers.* Cranbrook, Kent: Eric Dobby, 1997.

Arnold, Catharine. *Necropolis: London and Its Dead.* London: Simon & Schuster, 2007.

Borman, Tracy. *Witches: A Tale of Sorcery, Scandal, and Seduction.* London: Jonathan Cape, 2013.

Brooke, Alan, und Brandon, David. London: *The Executioner's City.* Stroud, Gloucestershire: The History Press, 2007.

Brooke, Alan, and Brandon, David. *Tyburn: London's Fatal Tree.* Stroud, Gloucestershire: The History Press, 2005.

Dash, Mike. *Thug: The True Story of India's Murderous Cult.* London: Granta, 2005.

Fielding, Steven. *Pierrepoint: A Family of Executioners.* London: John Blake, 2008.

Figes, Orlando. *Tragödie eines Volkes. Die Epoche der russischen Revolution 1891-1924.* Berlin: Berlin Verlag, 1998.

Flannery, Tim, *Im Reich der Inseln: Meine Suche nach unentdeckten Arten und andere Abenteuer im Südpazifik .* Frankfurt: S. Fischer, 2013.

Haining, Peter (Hrsg.). *Das große Gespensterlexikon. Geister, Medien und Autoren.* München: Econ, 1988.

Halliday, Stephen. *Newgate: London's Prototype of Hell.* Stroud, Gloucestershire: The History Press, 2012.

Harrington, Joel F. *Der Scharfrichter – Ein Henkersleben im Nürnberg des 16. Jahrhunderts.* München: Bassermann, 2019.

Hogg, Garry. *Cannibalism and Human Sacrifice.* Stroud, Gloucestershire: The History Press 2007.

Kerrigan, Michael. *Die Instrumente der Folter.* Berlin: Edition Plus, 2003.

Opie, Robert Frederick. *Guillotine*. Stroud, Gloucestershire: The History Press, 2006.

Pierrepoint, Albert. *Executioner Pierrepoint: An Autobiography*. Cranbrook, Kent: Eric Dobby, 2005.

Sarat, Austin. *Gruesome Spectacles: Botched Executions and America's Death Penalty*. Palo Alto, California: Stanford University Press, 2014.

St. John, Joe. *Throw Away the Key: Australian Justice System's Shame*. London: New Holland, 2014.

Sugg, Richard. *Mummies, Cannibals and Vampires*. Abingdon, Oxfordshire: Routledge, 2011.

Meadows Taylor, Philip. *Confessions of a Thug*. New Delhi: Rupa, 2001.

Trombley, Stephen. *The Execution Protocol: Inside America's Capital Punishment Industry*. London: Century, 1993.

Wachsmann, Nikolaus. *KL: Die Geschichte der nationalsozialistischen Konzentrationslager*. München: Pantheon, 2018.

INDEX

Fett gesetzte Seitenzahlen verweisen auf Bildunterschriften.

A

B

C

D

E

F

Bildnachweis

4, 69, 70, 72, 73 (oben), 87, 89, 91, 93, 119, 120, 175, 237 © Wellcome Library, London | Iconographic Collections

5 © Shutterstock | lynea

6, 9, 121, 160, 174, 179, 180 © LOC | Public domain

11 © Shutterstock | Jerry-Rainey

12, 232, 251 © Shutterstock | Sergey Kohl

25 © Alamy | North Wind Picture Archives

27 (oben), 42, 67, 248 © Alamy | INTERFOTO

27 (unten), 73 (unten links und rechts) © Creative Commons | Anagoria

34, 108, 172, 182 © Alamy | The Art Archive

35 © Alamy | Artokoloro Quint Lox Limited

40, 107, 124 © Getty Images | Hulton Archive

46 (oben) © Wellcome Library, London | James Basire

49 © Creative Commons | P Jeganathan

50, 51, 54, 144, 246 (oben), 256 © Shutterstock | Morphart Creation

55, 60, 199, 205, 209 © Getty Images | Bettmann

56 © Wellcome Library, London | John Fox

58, 247 © Alamy | World History Archive

59 (oben), 88 (oben), 90 © Wellcome Library, London | Wellcome Images

59 (unten) © Creative Commons | Rama

61 © Alamy | The Print Collector

71 © Creative Commons | Clayton Tag

78, 79, 99, 127, 162 © Shutterstock | Everett Historical

82, 113, 115, 140, 236 © Wellcome Library, London | Rare Books

84 © Alamy | Chronicle

86 (unten) © Wellcome Library, London | Medical Photographic Library

96 © Alamy | Classic Image

103 © Creative Commons | VladoubidoOo

114 © Alamy | Heritage Image Partnership

117 © Alamy | Granger Historical Picture Archive

126 © Shutterstock | Smit

130 © Alamy | Glenn Harper

133 © Alamy | Amoret Tanner

138, 190 © Getty Images | Keystone-France

141, 165 © Alamy | Mary Evans Picture Library

163 © Getty Images | ullstein bild

170 © Creative Commons | Stephencdickson

183 © Getty Images | George Eastman House

185 © Alamy | Oliver Leedham

186 © Shutterstock | Rob Crandall

188 © Getty Images | George Rinhart

192 © Shutterstock | Keith McIntyre

194, 200, 202 © Shutterstock | Nagel Photography

197 © Creative Commons | Europeana

198 © Shutterstock | pösztös

201 © Dreamstime | Michael Snow

204 © Creative Commons | Ken Piorkowski

206 © Getty Images | Barry Lewis

210 © Getty Images | Robert W. Kelley

212 © Creative Commons | Shelka04

213 © Shutterstock | Katherine Welles

214 © Shutterstock | AVN Photo Lab

215 © Alamy | epa

218 © Getty Images | Jorge Uzon

223 © Getty Images | Andrew Lichtenstein

224 © Getty Images | Mike Fiala

226 © Shutterstock | Marzolino

230 © Shutterstock | chippix

240 © Mary Evans Picture Library

242 © Alamy | SOTK2011

246 (unten) © Shutterstock | Hein Nouwens